***ACCESO GRATIS** a la Lectura en la Nube*

Para visualizar el libro electrónico en la nube de lectura envíe junto a su nombre y apellidos una fotografía del código de barras situado en la contraportada del libro y otra del ticket de compra a la dirección:

ebooktirant@tirant.com

En un máximo de 72 horas laborables le enviaremos el código de acceso con sus instrucciones.

La visualización del libro en **NUBE DE LECTURA** excluye los usos bibliotecarios y públicos que puedan poner el archivo electrónico a disposición de una comunidad de lectores. Se permite tan solo un uso individual y privado.

DESERTIFICACIÓN, CUANDO EL TERRITORIO HACE AGUAS

Procedimiento de selección de originales, ver página web:
www.tirant.net/index.php/editorial/procedimiento-de-seleccion-de-originales

DESERTIFICACIÓN, CUANDO EL TERRITORIO HACE AGUAS

Jaime Martínez Valderrama
Autor / Author

Carlos Mario Gómez Gómez
Prólogo / Foreword

tirant lo blanch
Valencia, 2024

Contacto:
comunicacion@forodelaeconomiadelagua.org

EDITA: TIRANT LO BLANCH
C/ Artes Gráficas, 14 - 46010 - Valencia
TELFS.: 96/361 00 48 - 50
FAX: 96/369 41 51
Email: tlb@tirant.com
www.tirant.com
Librería virtual: www.tirant.es
DEPÓSITO LEGAL: V-687-2024
ISBN: 978-84-1197-786-9
MAQUETA: Innovatext

Si tiene alguna queja o sugerencia, envíenos un mail a: *atencioncliente@tirant.com*. En caso de no ser atendida su sugerencia, por favor, lea en *www.tirant.net/index.php/empresa/politicas-de-empresa* nuestro procedimiento de quejas.

Responsabilidad Social Corporativa: http://www.tirant.net/Docs/RSCTirant.pdf

COMITÉ ACADÉMICO DEL FORO DE LA ECONOMÍA DEL AGUA

Índice

Introducción 11

Glosario 17

Prólogo 19

1. HISTORIAS DE DESERTIFICACIÓN 25

2. LAS ZONAS ÁRIDAS, EL TELÓN DE FONDO DE LA DESERTIFICACIÓN 33

3. DESERTIFICACIÓN, DE LA SOLVENCIA A LA AMBIGÜEDAD 41

4. ALGUNOS CASOS DE DESERTIFICACIÓN (Y DE DESARROLLO) 55

4.1. EL SÍNDROME DEL MAR DE ARAL, CUANDO LAS AGUAS DESAPARECEN. 55

4.2. PRADERAS HECHAS POLVO, DEL *DUST BOWL* AL DECLIVE DE LOS «MARES» DE ESPARTO 58

4.3. CUANDO EL AGUA ACTÚA COMO UN POTENTE AGENTE EROSIVO 61

5. AGUA Y DESERTIFICACIÓN: MILAGROS Y RELACIONES ADICTIVAS 67

5.1. DESIERTOS Y ERIALES CONVERTIDOS EN EDENES 69

5.2. LA CONVERSIÓN DE LA AGRICULTURA EN UN ACTIVO FINANCIERO 74

5.3. DESARROLLO Y DESERTIFICACIÓN, DOS CARAS DE LA MISMA MONEDA 77

6. LA CONSTRUCCIÓN DE UNA SOLUCIÓN POLIFACÉTICA 83

6.1. LOS INOCUOS PLANES DE ACCIÓN NACIONAL. 83

6.2. LA NEUTRALIDAD DE LA DEGRADACIÓN DE LAS TIERRAS. 86

6.3. LA LUCHA CONTRA LA DESERTIFICACIÓN A TRAVÉS DE OTROS ODS 91

6.4. PEDAGOGÍA PARA COMBATIR LA DESINFORMACIÓN 93

7. EN UN MUNDO GLOBAL 99

7.1. TELEACOPLAMIENTO, CUANDO LO GLOBAL DETERMINA LO LOCAL 99

7.2. CAMBIO CLIMÁTICO Y DESERTIFICACIÓN 102

8. EPÍLOGO 109

Agradecimientos 113

Referencias 115

Biografía 121

Introducción

El **Foro de la Economía del Agua** es un Think Tank de ámbito internacional, prescriptor reconocido y reconocible en la gestión integral del ciclo urbano del agua desde una perspectiva económica, social, ambiental y de buena gobernanza. Avalado por universidades como la Universidad de Granada, Universidad de Alcalá de Henares, Universidad Católica de Chile, entre otras y con un marcado carácter académico y científico, promueve foros independientes de reflexión y dialogo, publicaciones y asesoramiento en la gestión sostenible del agua.

Los **Foros de la Economía del Agua** son espacios de intercambio de conocimientos, experiencias y mejores prácticas para logar un uso más eficiente y sostenible del agua por lo que contamos con la aportación de expertos, académicos, representantes de organizaciones gubernamentales y no gubernamentales, empresas y otros actores.

Los **'Escritos del Agua'** buscan la divulgación de reflexiones académicas y científicas, desde una óptica multidisciplinar, sobre la gestión sostenible y eficiente del recurso, con especial énfasis en la gestión a nivel urbano del agua y sus diferentes conexiones con otros desafíos globales identificados en la Agenda 2030.

El **Foro de la Economía del Agua,** como organización independiente de reflexión y dialogo, engloba diferentes miradas y puntos de vista, incluso contenidos que pudieran ser contradictorios, todas ellas sustentadas en investigaciones y en estudios científicos y académicos de los que se nutre para conformarse como un espacio de diálogo abierto, cooperativo y multidisciplinar.

Por ello, queremos señalar que los contenidos, opiniones e informaciones de **'Escritos del Agua'** son de responsabilidad exclusiva de sus autores, y no refleja necesariamente la línea editorial ni la postura del Foro de la Economía del Agua.

'Escritos del Agua 1' "La Economía Circular y el sector del agua en España. Análisis Jurídico-Económico" (marzo, 2023), es una obra de los profesores Joaquín Melgarejo Moreno, María Inmaculada López Ortiz y Andrés Molina Giménez, del Instituto del Agua y de las Ciencias Ambientales de la Universidad de Alicante (IUACA), y se centra en la reutilización del agua: el mecanismo que pretende simular el ciclo hidrológico natural, transformándolo en circular, eficiente y sostenible.

'Escritos del Agua 2' "Derecho de aguas: los modelos de España y Chile" (diciembre, 2023), ha sido elaborado por dos académicos de referencia del Derecho de aguas de España y Chile como son Ángel Menéndez Rexach, Catedrático de Derecho administrativo de la Universidad Autónoma de Madrid y Alejandro Vergara Blanco, Profesor Titular (Catedrático) de Derecho administrativo de la Pontificia Universidad Católica de Chile y abogado.

En este segundo cuaderno sus autores realizan un profundo análisis descriptivo de los dos modelos regulatorios de ambos países, que va más allá de la mera exposición del régimen jurídico de las dos naciones.

En **'Escritos del Agua 3'** "Desertificación, cuando el Territorio hace aguas" el investigador Jaime Martínez-Valderrama repasa los fundamentos conceptuales e históricos de la desertificación y presenta el vanguardista planteamiento de la Neutralidad de Degradación de las Tierras, una propuesta muy personal, ambiciosa y original.

Para más información visite: www.forodelaeconomiadelagua.org

FRANCISCO LOMBARDO ENRÍQUEZ
Presidente del Foro de la Economía del Agua

ESTANISLAO ARANA
Director Académico del Foro de la Economía del Agua

Desertificación, cuando el territorio hace aguas

Jaime Martínez Valderrama

RESUMEN

La desertificación se define formalmente como la degradación de las tierras áridas, semiáridas y subhúmedo secas, como consecuencia de las variaciones climáticas y las actividades humanas. Esta definición encierra una complejidad insospechada, que ha derivado en concepto ambiguo y poco operativo. La cima de esta deconstrucción se pone de manifiesto con el último Atlas de Desertificación Mundial, donde lo primero que se hace es justificar la ausencia de mapas de desertificación. Este largo proceso de decadencia, que arranca en los orígenes coloniales del concepto, explica la pérdida de influencia de la Convención de Naciones Unidas de Lucha contra la Desertificación, una trayectoria opuesta a la de sus Convenciones hermanas, la de Cambio Climático y Biodiversidad, y el fracaso de las soluciones implementadas hasta la fecha. La deriva ha ido cristalizando en una serie de tópicos y medias verdades que este libro pretende aclarar. Especial interés merece la relación entre la desertificación y el agua o, más específicamente, con el uso del agua en un territorio que se caracteriza, de acuerdo a la definición, por su escasez hídrica.

El texto repasa los fundamentos conceptuales e históricos de la desertificación, ilustrando con varios ejemplos cómo la confluencia de diversos factores (ambientales, tecnológicos o políticos) desemboca en graves procesos de degradación ambiental que liquidan para siempre la capacidad productiva de un territorio. Además, con afán de presentar un plano más optimista de la desertificación y de la Convención, se presenta el vanguardista planteamiento de la Neutralidad de la Degradación de las Tierras, una propuesta muy ambiciosa incardinada en los Objetivos de Desarrollo Sostenible de Naciones Unidas. Con ella se trasciende tanto el ámbito climático de la desertificación, como la que parece consolidarse como la única estrategia para abordar este importante problema y el cambio climático, la reforestación de los ecosistemas. Con ayuda de ejemplos veremos cómo las soluciones para abordar la desertificación no son simples, están más cerca de las innovaciones éticas o socioeconómicas que de las tecnológicas, y requieren de una precisa coordinación administrativa y sectorial.

A los tres soles que caldean mi vida: Julia, Jaime y Paula

«The more you explain it, the more I don't understand it»
Mark Twain

«La tierra, fatigada y manoseada por esa cultura impaciente,
quedaba en pocos años exhausta: el desierto confuso y embarrado
se metía en las plantaciones»
Jorge Luis Borges. *El atroz redentor Lazarus Morell,*
Historia universal de la infamia

«We all know what to do, but we don't know how
to get re-elected once we have done it»
Jean-Claude Juncker. Ex Primer Ministro de Luxemburgo y expresidente del Eurogrupo.
The Economist (2007), «The Quest for Prosperity», March 15th.

Glosario

AMD	Atlas Mundial de Desertificación
CE	Convergencia de Evidencias
CNULD	Convención de Naciones Unidas de Lucha contra la Desertificación
CMNUD	Conferencia Mundial de Naciones Unidas de Desertificación
ETP	Evapotranspiración potencial
FAO	Organización de las Naciones Unidas para la Agricultura y la Alimentación
GBV	Gran Barrera Verde del Sahara y el Sahel
IA	Índice de aridez
INE	Instituto Nacional de Estadística
IPCC	Panel Intergubernamental sobre el Cambio Climático
MEDALUS	Mediterranean Desertification and Land Use
NDT	Neutralidad de la Degradación de las Tierras
ODS	Objetivos de Desarrollo Sostenible
PAND	Programa de Acción Nacional contra la Desertificación
RCP	Representative Concentration Pathway Scenarios
RUSLE	Revised Universal Soil Loss Equation
SOC	Soil Organic Carbon
SURMODES	Surveillance and Monitoring of Desertification

Prólogo

En esta nueva entrega de los *Escritos del Agua*, Jaime Martínez Valderrama nos invita a reflexionar sobre uno de los desafíos más urgentes y, a la vez, más ignorados en el debate público sobre los asuntos del agua: la desertificación, un proceso de degradación del territorio como consecuencia de actividades económicas y decisiones inadecuadas, tanto a nivel público como privado.

El autor, Jaime Martínez Valderrama, es investigador de la Estación Experimental de Zonas Áridas del CSIC y es uno de los investigadores españoles de referencia en el estudio de las zonas áridas del planeta. Como escritor y científico vocacional, el autor comprende la importancia de comunicar los resultados de la investigación y contribuir mediante evidencias, debates y persuasión al desarrollo de una conciencia crítica en la sociedad, que permita construir respuestas y forjar los mecanismos de cooperación necesarios para ponerlas en práctica.

La desertificación afecta a diversas regiones áridas, entre ellas las ubicadas a ambos lados del Mediterráneo. El territorio es el punto de encuentro de todos los impactos de las actividades humanas, y su dinámica está moldeada por las modificaciones provocadas por los múltiples usos del suelo. Todos sus ecosistemas asociados y su capacidad para brindar servicios a la economía, como la provisión de agua, nutrientes, producción primaria de biomasa y la preservación de la biodiversidad, entre otros, se ven afectados por la desertificación. La desertificación conlleva la pérdida progresiva de la capacidad para brindar dichos servicios. En las zonas áridas, estos procesos de degradación están estrechamente vinculados a las decisiones sobre el uso del agua.

A través de ejemplos de diferentes lugares y épocas, Jaime Martínez Valderrama nos presenta una historia convincente del ciclo vital que atraviesan muchas zonas áridas del planeta. Todas las historias de desarrollo económico en estas áreas comparten un origen común: la movilización del agua para aprovechar las ventajas comparativas del territorio.

El agua utilizada en el riego convierte en tierras productivas aquellas que aparentemente carecen de otras oportunidades económicas. Una vez alcanzado el despegue, las dinámicas de acumulación tienden a mantenerse gracias al acceso a grandes mercados, a la disponibilidad de mano de obra abundante y al desarrollo de servicios complementarios de transporte y transformación. La tecnología contribuye a mantener este proceso de expansión mediante el acceso a mayores cantidades de agua, a menudo proveniente de acuíferos, y mediante la sustitución del suelo por suelos artificiales. Además, a estas escalas de producción se requiere el uso intensivo de fertilizantes y agroquímicos en lugar de los nutrientes y servicios de control de plagas que el suelo proporciona de forma natural.

En la fase expansiva se hace evidente que estas dinámicas pueden convertir la desventaja inicial de las zonas áridas en una oportunidad para construir una próspera actividad económica en torno a actividades intensivas en el uso del agua, como la agricultura de regadío o el turismo. Sin embargo, no todos los procesos adaptativos tienen el mismo impacto positivo, y tarde o temprano estas regiones deben enfrentar sus propios límites y los efectos derivados de las adaptaciones que se producen tanto en la economía como en el territorio que la sustenta.

En el sistema económico, se producen múltiples cambios en los mercados que llevan a una reducción gradual de los márgenes de beneficio, ya sea como resultado de la competencia entre productores de bienes idénticos, del monopsonio ejercido por grandes compradores o del exceso de oferta, o incluso de una combinación de estos factores. En el sistema físico, se producen diversos procesos de degradación que afectan tanto la cantidad como la calidad de las fuentes de agua, y en la desertificación. Este último fenómeno se presenta como el principal síntoma de la insostenibilidad de los procesos de transformación económica.

Es en este marco analítico más que descriptivo donde Jaime Martínez Valderrama nos propone entender la desertificación como un proceso de degradación productiva del territorio resultado de intervenciones inadecuadas e insostenibles. Sin embargo, a pesar la gravedad de algunos impactos el autor no plantea un escenario catastrófico ni considera que el ciclo de auge, expansión y declive sea un guion inevitable para las zonas áridas. Al contrario, desde una perspectiva ilustrada y humanista, Jaime Martínez Valderrama ve en el problema y en su conocimiento profundo la mejor oportunidad para construir soluciones. Según él es posible redirigir la gestión del territorio en general y del agua en particular hacia un modelo que reconozca los equilibrios necesarios entre la economía y la sociedad, por un lado, y los sistemas físicos y los recursos que los sustentan, por otro.

Después de un exhaustivo examen del problema, el autor propone buscar la Neutralidad de la Degradación de las Tierras (NDT) como criterio de sostenibilidad a largo plazo para el territorio. Los detalles de este criterio se explican en el libro y constituyen la mejor manera de buscar la conservación de los recursos básicos en las zonas áridas, siendo una condición indispensable y necesaria para lograr los objetivos de desarrollo sostenible.

El libro que nos ofrece Jaime Martínez Valderrama es también una invitación a centrar la atención en el agua como recurso que debe ser protegido. Con su publicación, se busca situar la discusión en un ámbito más amplio que el de las visiones parciales y fragmentadas que dominan el análisis y las propuestas para abordar los desafíos contemporáneos del agua. Por ejemplo, ante los procesos de desertificación, resulta evidente que los desafíos del agua no encontrarán respuestas si los limitamos únicamente a la planificación hidrológica. Sin duda, la hidrología desempeña un papel importante en el territorio, pero más allá de gestionar los flujos y la calidad del agua, la política hídrica debe enfocarse en lograr que las decisiones y actividades de los agentes económicos que utilizan el agua puedan coexistir en el territorio sin generar una degradación de los recursos básicos que sustentan la economía.

En un sentido más amplio, abordar la desertificación en regiones áridas requiere una gestión integral del agua. A pesar de los avances en diversas áreas, este sigue siendo un desafío significativo. Coordinar decisiones sectoriales, cerrar la brecha entre eficiencia hídrica y uso sostenible, y adaptarse al cambio climático en áreas con estrés hídrico son pasos cruciales para lograr la visión de una gestión integrada de los recursos hídricos. Afrontar estos desafíos exige esfuerzos colaborativos, soluciones innovadoras y un compromiso global para garantizar la gestión sostenible y equitativa de los valiosos recursos hídricos.

Si bien el concepto de economía circular ha contribuido a mejorar la eficiencia técnica en los ciclos urbanos y rurales del agua, por sí solo es insuficiente para detener la degradación del suelo y las tendencias insostenibles del agua. La economía circular se centra principalmente en optimizar la eficiencia del uso del agua por parte de la economía, sin considerar su impacto en los recursos hídricos subyacentes. Incluso en las regiones más eficientes técnicamente en el uso del agua, el consumo de agua sigue superando los recursos disponibles. A pesar de los avances tecnológicos, cerrar la brecha entre eficiencia y uso sostenible del agua sigue siendo una preocupación urgente.

La amenaza inminente del cambio climático intensifica aún más el estrés hídrico, especialmente en regiones que ya experimentan escasez. A medida que la escasez de agua se agrava y las sequías se vuelven más frecuentes, las comunidades deben adaptarse a estas condiciones cambiantes. Desafortunadamente, muchas regiones con estrés hídrico carecen de preparación adecuada y medidas de adaptación, lo que las expone a la creciente frecuencia de eventos extremos relacionados con el agua.

Este libro enfatiza un principio fundamental, pero a menudo pasado por alto: el vínculo crucial entre la ciencia y la política en la gestión integrada de los recursos hídricos. Jaime Martínez Valderrama nos aporta evidencia y argumentos convincentes para resaltar la importancia de comprender los diversos procesos de adaptación que ocurren dentro de los ecosistemas físicos como resultado de las intervenciones humanas. La desertificación, las proliferaciones de algas, la intrusión salina, la erosión costera y la contracción de humedales no son meras catástrofes naturales. Al contrario, son transformaciones inducidas por actividades humanas. Estas transformaciones son manifestaciones de alteraciones en los sistemas ecológicos y físicos, con impactos significativos en el bienestar humano. Reconocer este aspecto crucial es fundamental para alinear nuestras acciones con prácticas sostenibles. Sin comprender estos cambios, la transición hacia una senda de desarrollo sostenible puede ser una tarea imposible.

Establecer una sólida conexión entre la ciencia y la política es esencial para avanzar en la gestión integrada de los recursos hídricos. Al reconocer los cambios inducidos por la actividad humana y comprender los procesos de adaptación en los ecosistemas físicos, podemos tomar decisiones informadas y dar forma a políticas que promuevan el desarrollo sostenible. Esta alineación crítica entre la ciencia y la política es vital para construir un futuro resiliente, donde la gestión sostenible de los recursos hídricos y la preservación de los ecosistemas tengan prioridad en la toma de decisiones.

Los procesos de degradación que ocurren en las áreas del sureste peninsular requieren atención inmediata. Es crucial alejarse de la suposición de que siempre habrá soluciones alternativas que compensen el agotamiento de los recursos hídricos locales y la degradación del suelo. Confiar únicamente en avances tecnológicos para reemplazar las funciones vitales que brindan el agua y el suelo locales es un enfoque temporal e insostenible. Por lo tanto, la gestión integrada del agua requiere una gestión holística del territorio e intervenciones en los ecosistemas relacionados con el agua.

El libro nos invita a abordar de manera efectiva los procesos de degradación en las zonas áridas de España. Esto implica implementar prácticas sostenibles que preserven los recursos hídricos, mantengan la productividad del suelo y protejan los invaluables servicios ecosistémicos de los cuales dependen varios sectores económicos.

La conservación del agua y el mantenimiento de la productividad del suelo son fundamentales, no solo para los rendimientos agrícolas, sino también para los numerosos servicios ecosistémicos del territorio. Estos servicios van más allá de los rendimientos físicos y abarcan aspectos vitales como la preservación de la biodiversidad, el turismo, la recreación, la captura de carbono y la regulación del agua. Descuidar los procesos de desertificación puede tener consecuencias de largo alcance tanto para el medio ambiente como para la economía.

Carlos Mario Gómez Gómez
Catedrático de Economía de la Universidad de Alcalá

1. *Historias de desertificación*

Ibrahim recorre con sus dromedarios y cabras la pedregosa llanura, apenas tachonada por arbustos polvorientos y árboles dispersos. Sigue el tenue rastro vegetal que, a su vez, es la respuesta efímera a unas lluvias escasas e impredecibles. Los animales se desquitan del hambre de los últimos meses. Unos acceden más fácilmente a la fresca hierba que tapiza el suelo, registrando cada resquicio; otros alcanzan los brotes del estrato arbóreo, lidiando con las espinas de las acacias. El rebaño nomadea por el borde del Sahara, en un lugar donde la aridez aún no es tan pertinaz como para alcanzar la categoría de desierto. El pastoreo es la principal actividad en este tipo de territorios, donde la precipitación no alcanza los 300 mm y la fuerza del sol tiene la capacidad de evaporar mucha más agua de la que cae. Ibrahim mira el horizonte, buscando el cauce seco de un río inexistente que solo cuando el agua cae en tromba puede adquirir tal rango. Estos *oued* o *wadis*, que también se conocen como ramblas, guardan bajo su superficie depósitos aluviales que atrapan en sus entrañas el agua que percola tras las azarosas lluvias. En realidad, este tipo de reservas hídricas llevan siglos, o milenios, allí acumuladas, y son el resultado de un régimen de precipitaciones desaparecido. En lugares estratégicos se han ido excavando pozos a pico y pala, vertebrando el territorio alrededor de estos oasis artificiales. Hacia uno de ellos se dirige Ibrahim para saciar la sed de su ganado.

Figura 1. Pastores de dromedarios en Oued Mird, Zagora, Marruecos. Fuente: María E. Sanjuán.

Las cosas han cambiado mucho últimamente en Oued Mird, este pequeño valle situado al sur de Marruecos, muy cerca de la ciudad de Zagora y fronterizo con Argelia. En efecto, Ibrahim puede ser uno de los últimos pastores de esta remota región. Al igual que otros nómadas, ha pensado en aprovechar las oportunidades que el gobierno marroquí brinda a la región, y cambiar su estilo de vida. Ya son muchos los que se han convertido en agricultores. Hace un par de jornadas pudo ver las tierras de Mohammed. Allí el agua brota ininterrumpidamente de una manguera. En las parcelas, equipadas con sistemas de riego por goteo, prosperan las sandías y las patatas. Lo nunca visto. Parece que el Gobierno ha hecho pozos muy profundos, y con modernos equipos de bombeo se riegan a demanda unos cultivos que crecen muy bien con las tibias temperaturas de la zona. Además, han abierto pistas para llevar toda esa mercancía a lejanos lugares, como Marraquech, donde se pagan a buen precio. Mohammed está ganando mucho dinero vendiendo patatas y sandías (¡¿quién diantres iba a imaginar que alguien se ganaría la vida en el borde del Sahara cultivando sandías?!) y además es una vida más cómoda que la de ir dando bandazos por esos pedregales. Cuando Ibrahim le preguntó que qué hará si un día se acababa el agua, mientras un grifo abierto dejaba que el fresco caudal empapase la tierra, Mohammed le respondió que lo de siempre, irse a otro sitio, como cuando se acaba el pasto. Al fin y al cabo, su sangre es nómada. Esta es una situación excepcional, lo sabe, pero solo con escuchar el agua correr siente un alivio milenario, como si apagase la sed de todas las generaciones que le precedieron por estos secarrales.

Figura 2. Cosecha de patatas en la región de Oued Mird, Zagora, Marruecos.
Fuente: María E. Sanjuán.

Ibrahim ha visto en sus paseos las secuelas de esta riqueza efímera. Muchos de esos pozos que ha hecho el Gobierno ya se han secado. La pretensión de sedentarizar a la población alrededor de unos campos de cultivo productivos y rentables ha durado poco, como era previsible. Unas rudimentarias cuentas lo certifican. Prácticamente no llueve, por lo que la recarga de estos acuíferos aluviales de los que se saca el agua es casi nula. En cambio, las extracciones son muy altas. Los pozos, perforados hasta la roca madre, permiten acceder a todas las reservas hídricas de la zona. Así, año tras año, el nivel freático va disminuyendo. Cuando un pozo se seca, los agricultores han de abandonar sus granjas y buscar «aguas arriba» un nuevo lugar en el que «pinchar» el acuífero. Si las secuelas económicas son graves, las ambientales no son menores. Los pequeños bosquetes de acacias, esos árboles que ramonean los dromedarios, no pueden desarrollar raíces tan profundas para alcanzar el menguante nivel freático, y se secan. Aunque para que eso ocurra, primero han de sobrevivir a los hachazos de la creciente presión demográfica. Los ecos de riqueza han ido atrayendo a más y más pastores, aumentando las necesidades de leña. Al desaparecer la vegetación el suelo se desestructura y el paisaje desértico y arenoso se impone. Da la impresión de que el Sahara avanza, pero lo que en realidad ocurre es que se está «fabricando» terreno desértico.

Figura 3. Granja abandonada en Oued Mird, Zagora, Marruecos, como consecuencia del agotamiento del pozo de riego. Fuente: María E. Sanjuán.

Lo que ha ocurrido en Oued Mird es un caso de desertificación palmario, en el que se pone de manifiesto que no es que el desierto se abalance sobre las poblaciones humanas, sino que la inadecuada gestión del territorio deteriora su productividad hasta expulsar a sus habitantes, que ya no tienen ningún medio de vida. Desaparece el agua y desaparece la vegetación perenne. La lógica búsqueda de un porvenir aprovecha las oportunidades que se presentan. La moderna tecnología transforma esa agua en dirhams, a cambio de liquidar el principal recurso de la zona: el agua subterránea. Una gestión más cuidadosa del recurso, por imperativo de las limitadas posibilidades tecnológicas de la región, posibilitó un uso sostenido del suelo. La ganadería nómada, mucho más austera, permitió sobrevivir durante milenios a los pastores.

Si nos desplazamos en el espacio unos 600 kilómetros al norte y viajamos 60 años al pasado, encontramos un caso muy parecido al de Mohammed. La impresión de un viajero que recorría la zona era esta: «Recuerdo muy bien la profunda impresión de violencia y pobreza que me produjo Almería»; «Anunciada por un rosario de cuevas horadadas en el flanco de la montaña —"capital del esparto, mocos y legañas", como dicen irónicamente los habitantes de las provincias vecinas—, Almería se extiende al pie de una asolada paramera cuyos pliegues imitan, desde lejos, el oleaje de un mar petrificado y albarizo». Son las palabras de Juan Goytisolo, sacadas de su libro *Campos de Níjar*.

Justo por aquella época coincidieron varios hechos que cambiaron por completo el panorama de la provincia. Los experimentos agronómicos del Instituto Nacional de Reforma y Desarrollo Agrario propiciaron el desarrollo de una técnica local conocida como enarenado, lo que permitió saltar por encima de uno de los principales obstáculos del desarrollo agrícola de la zona, sus pobres suelos. El perfeccionamiento de técnicas de perforación, heredadas de la pujante industria del petróleo, unidas al abaratamiento de los equipos de bombeo, liquidó las restricciones hídricas que imponía el clima, al poder acceder a las aguas subterráneas. Durante siglos se había luchado desesperadamente por explotarlos. Del ahínco con los que se buscó el agua en Almería dan cuenta las 2.000 galerías subterráneas, es decir, una cada cuatro kilómetros cuadrados, excavadas con medios muy precarios. Por último, la adaptación de las protecciones contra el viento que se utilizaban en el cultivo de la uva —un próspero negocio de principios del siglo XX basado en su buena conservación natural y que la invención del barco frigorífico hizo desaparecer— fueron la inspiración de los primeros invernaderos. Así pudo aprovecharse la tercera de las señas de identidad territoriales de Almería (junto al viento y la escasez de precipitaciones), su sol.

Las tres mil horas anuales que recibe Almería empezaron a convertirse en miles de toneladas de hortalizas con un destino muy rentable: los mercados europeos. Tras la entrada en la Unión Europea, el sureste peninsular se convirtió en la huerta de Europa y la superficie de regadío creció exponencialmente. Ante el caudal de euros, lo de menos eran esas incómodas externalidades que nadie se preocupaba en considerar. Los desechos plásticos en tierra y mar, los vertidos tóxicos, la desaparición de las dunas costeras, la contaminación de los acuíferos, la intrusión marina y el colapso de las reservas hídricas era el peaje que había que pagar para desarrollarse. Toda valía en aquella época de expansión.

La degradación de los recursos hídricos, junto a una creciente conciencia medioambiental de la población, plasmada en leyes y figuras de protección ambiental, hizo que poco a poco el sector fuese adquiriendo unas prácticas más sostenibles que, sin embargo, no terminan de resolver el problema. Las masas de agua subterránea siguen degradadas y la dependencia energética e hídrica es cada vez mayor. Transvases, desaladoras, fertilizantes químicos, y un largo etcétera de inputs aumentan los costes de producción y hace que sea necesaria una mayor tecnificación para parchear las deficiencias del ecosistema. Para sobrevivir la única opción es producir a gran escala. Ello alimenta esa espiral perversa, conocida como *Treadmill of production* (que se puede traducir en algo como la «rueda de molino de la producción»), en la que aumenta la oferta y bajan los precios. Las cifras del negocio siguen atrayendo agricultores y, más recientemente, fondos de inversión. La comarca se ha convertido en un referente mundial en técnicas de regadío y producción de hortalizas. Semillas transgénicas, variedades de ensueño como los tomates azules, descubrimientos casuales como el tomate RAF (siglas que responden a «Resistente A Fusarium», un hongo que marchita la planta) que prosperan bien al regarse con aguas de mala calidad, con una alta conductividad (es decir, bastante salinas), y toda una industria de distribución, transporte, empaquetamiento e investigación agroalimentaria, han dado cuerpo en lo que se dio a conocer como el *Milagro Almeriense.* Parece la respuesta al desesperado anhelo de uno de los lugareños con los que se topó Goytisolo en su periplo: «Aquí han pasado años y años sin caer una gota, y mi mujer y yo sembrando cebada como estúpidos, esperando algún milagro...»

En esencia, la situación es calcada a la del relato de Ibrahim. Un rápido desarrollo económico a costa de unos recursos hídricos que o bien han colapsado o les queda poco. Además, es un desarrollo desordenado, de carácter efímero, que solo resuelve momentáneamente la forma de ganarse la vida en esas tierras. Es indudable el progreso de la provincia de Almería en muchos aspectos. Sin embargo, flotan inquietantes síntomas de decrepitud. Más allá del deterioro ambiental, que socava los pilares de este asombroso crecimiento económico, los últimos datos del Instituto Nacional de Estadística (INE) acerca de la renta per cápita municipal, no corroboran la euforia que nimba este negocio. Entre los municipios más pobres de España están los que se dedican a este tipo de agricultura superintensiva (no solo encontramos casos en Almería; también en Murcia y Huelva). Cierra la lista Níjar. Igual que hace sesenta años.

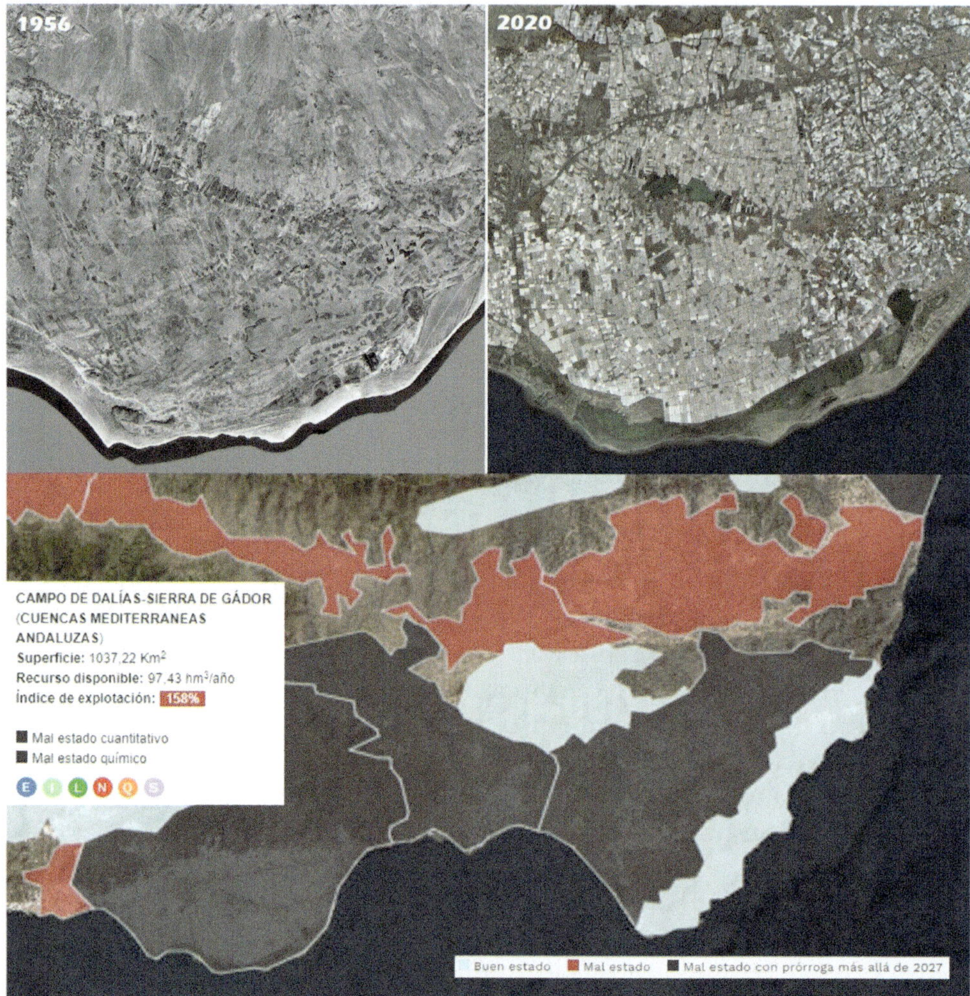

Figura 4. Arriba: Cambio de uso del suelo en el Campo de Dalías, Almería. De los eriales que dominaban la zona en 1956 se ha pasado a albergar la mayor concentración de invernaderos del mundo (2020). Fuente: Vuelo Americano Serie B, Plan Nacional de Ortografía Aérea (2020). Abajo: Estado de las masas de agua subterráneas de la provincia de Almería. Detalle de la masa de agua del Campo de Dalías-Gádor: E, Afección a ecosistemas terrestres dependientes del agua subterránea; I, Alteraciones de la dirección del flujo de agua por intrusión salina; L, Descenso del nivel freático (profundidad del acuífero, volumen de agua) debido a extracciones; N, Contaminación por nutrientes, sobre todo nitratos de abonos y excrementos de animales, por encima del límite legal (50 mg/l) o cerca del límite y con evolución ascendente; Q, Disminución de la calidad del agua superficial asociada por impacto químico o cuantitativo; S, Intrusión o contaminación salina. Fuente: Greenpeace (https://es.greenpeace.org/es/en-profundidad/sos-acuiferos/) y MITECO 2023 (https://www.miteco.gob.es/es/cartografia-y-sig/ide/descargas/agua/estado-masas-agua-phc-2015-2021.aspx).

Los dos relatos presentados encajan en la definición de desertificación aprobada por la Convención de Naciones Unidas de Lucha contra la Desertificación (CNULD): «la degradación de las zonas áridas, semiáridas y subhúmedo secas como consecuencia de variaciones climáticas y actividades humanas inadecuadas», entendiendo por degradación «la disminución o pérdida de productividad biológica y económica». Pero también se corresponden con esa lícita pulsión por sobrevivir y medrar en un medio austero. El carácter oportunista de los habitantes de las zonas áridas y su ingenio persigue, al igual que los habitantes de territorios más prósperos, forjarse una vida digna utilizando los medios de los que disponen. ¿Deben conformarse los habitantes de las zonas áridas con pastorear cabras y limitarse a sobrevivir? ¿Deben considerar que estar a merced de los caprichos del clima es el precio que hay que pagar para llevar un modo de vida sostenible? ¿Deben emigrar a esos otros países más húmedos y opulentos en busca de mejores oportunidades? ¿O deben aprovechar los recursos que ofrece la región? ¿Aunque ello suponga poner en riesgo el futuro de sus descendientes? ¿Existe alguna opción intermedia que permita utilizar unos recursos escasos sin degradarlos?

Merodear alrededor de estos interrogantes es la propuesta de este libro, analizando el complejo deslinde entre desarrollo y desertificación pues, al fin y al cabo, vienen determinados por los mismos factores. Para ello, presentaremos el ámbito climático en el que se potencialmente se dan los procesos de desertificación, las zonas áridas. Tras ello se analiza la evolución conceptual de la desertificación y los nudos gordianos en los que ha encallado la CNULD. A continuación, detallaremos algunos de los casos de desertificación más emblemáticos del mundo. Nos centraremos después en ejemplos de desertificación ligados a la sobreexplotación de recursos hídricos, analizando sus razones e impactos. Por fin, presentaremos las soluciones con las que se aborda este complejo problema y dejaremos espacio para presentar el teleacoplamiento, un paradigma que nos advierte sobre la necesidad de abordar la desertificación, y otros problemas ambientales, con una mirada necesariamente global sin perder de vista lo local.

Al igual que hemos hecho en esta introducción, el libro enfatiza la sobreexplotación de los recursos hídricos que, paradójicamente, nunca han sido objeto central de debate en el campo de la desertificación. De hecho, ninguno de los tres indicadores que se proponen para vigilar y monitorizar la desertificación (productividad primaria, cambios de usos del suelo, cantidad de carbono orgánico en el suelo, SOC en inglés) observa el estado de los recursos hídricos, a pesar de que la Convención alude a las sequías. Parte de esta desatención puede explicarse por el sesgo que se imprimió a la desertificación en el ámbito mediterráneo, ligada a la erosión del suelo, por la confusión del término *land*, asimilado como tierra y no como territorio, y a que el regadío ha sido un vehículo de cohesión social y enriquecimiento cuyo impacto en el medio no ha sido atendido hasta hace poco. Reconocer que la degradación de los recursos hídricos es un problema de desertificación, es una de las tareas de esta obra.

2. *Las zonas áridas, el telón de fondo de la desertificación*

El ámbito en el que ocurren o pueden ocurrir los procesos de desertificación está claramente delimitado. Como advierte la definición de la CNULD es «la degradación de las tierras áridas, semiáridas y subhúmedo secas». Es decir, se refiere a una parte sustancial de lo que comúnmente conocemos por zonas áridas (se excluyen las hiperáridas, y más adelante analizaremos las razones y el error que supone esta excepción). Sin embargo, como vemos, las tierras propiamente áridas son un subconjunto de esa denominación genérica que utilizamos en español. Estas zonas áridas o tierras secas (que sería la traducción literal de *drylands*, la palabra inglesa para denominarla) están caracterizadas por la escasez de agua, que limita sus dos principales servicios, a su vez interrelacionados: la producción primaria y el ciclo de nutrientes. A largo plazo, los aportes naturales de humedad (es decir, las precipitaciones) se ven contrarrestados por las pérdidas de humedad debidas a la evaporación de las superficies y la transpiración de las plantas (evapotranspiración). Este déficit potencial de agua afecta tanto a los ecosistemas naturales como a los gestionados, lo que limita la producción de cultivos, forraje y otras plantas y tiene grandes repercusiones sobre el ganado y los seres humanos.

Es precisamente el déficit de agua la magnitud que se utiliza para definir formalmente qué es árido y en qué medida. En efecto, las zonas áridas no son uniformes, pues difieren en el grado de limitación hídrica que experimentan. Siguiendo la terminología propuesta por el Programa Medioambiental de Naciones Unidas, en esta evaluación se reconocen cuatro subtipos de zonas áridas en función de un nivel creciente de aridez o déficit de humedad: tierras secas subhúmedas, semiáridas, áridas e hiperáridas.

Existen distintas formas de cuantificar la aridez. Por ejemplo, los índices de Lang y Martonne, comparan precipitación con temperatura. Otros, como el de Meigs, incluyen la evapotranspiración potencial (ETP), que es la cantidad de agua que podría perderse por evaporación directa y transpiración de la vegetación si la disponibilidad de agua fuera ilimitada. El índice que se ha hecho más popular, y que actualmente es el más utilizado para caracterizar estas zonas, es el índice de aridez (IA), que se calcula como el cociente entre la precipitación media anual y la ETP media anual. Tras la creación de la CNULD y la adopción de este índice, la mayor parte de instituciones y organismos tanto nacionales como internacionales lo utilizan para designar qué territorios son áridos. Por ejemplo, el Panel Intergubernamental sobre el Cambio Climático (IPCC), la FAO o el Banco Mundial hacen uso de este indicador.

Hablamos de zonas áridas cuando el IA es inferior a 0,65. Las más severas son las hiperáridas (IA < 0,05). A continuación, tenemos las áridas (0,05 < IA < 0,20). Las primeras y las zonas áridas aledañas conforman los desiertos del mundo. El término «aledaño» alude a la imprecisión de estos límites (nadie sabe dónde empieza exactamente el Sahara). Diremos, sin entrar en muchos más detalles, que para hablar de desierto hay que añadir otros criterios: (i) climáticos (al menos un año sin llover y con precipitaciones medias inferiores a los 250 ó 100 mm, dependiendo del autor); (ii) fisiológicos, que considera como desiertos grandes áreas contiguas con baja cobertura vegetal y amplias extensiones de suelo desnudo; y (iii) biológicos, que entiende desierto como las ecorregiones que contienen plantas y animales con claras adaptaciones para la supervivencia en entornos áridos. Las categorías de aridez se completan con el semiárido (0,20 < IA < 0,50) y el subhúmedo seco (0,50 < IA < 0,65).

En la figura 5 se aprecia la enorme extensión que ocupan. Casi la mitad de la superficie del planeta (46%) cumple con el requisito de aridez expuesto. Encontramos territorios áridos en todos los continentes, excepto en la Antártida. Esta forma parte de los desiertos fríos, y conforman otro tipo de biomas en los que las precipitaciones son también muy escasas, aunque las temperaturas son demasiado bajas como para alcanzar ETPs elevadas. En las zonas áridas vive prácticamente un tercio de la humanidad. Ello incluye buena parte de los países más pobres. Alrededor del 50% de los habitantes de las zonas áridas son pobres (aproximadamente el 90% de los habitantes de las zonas áridas viven en países en desarrollo), y más de 400 millones de ellos viven con menos de 1,25 dólares al día.

En el imaginario colectivo, las tierras áridas se perciben como lugares sin ningún uso. Eriales polvorientos a los que apenas se le puede sacar partido y de los que la gente huye. Las cifras que hemos dado sobre su enorme extensión y población desmienten este tópico. Añadiremos que la mitad de la ganadería mundial pasta en estos territorios. Asimismo, en ellas se encuentra el 44% de las tierras de cultivo. Los pastizales y las tierras de cultivo representan conjuntamente el 90% de las zonas áridas y a menudo están entrelazados, lo que favorece un modo de vida agropastoral integrado. Más llamativo resulta aún que el 30% de los bosques del planeta estén en zonas áridas. En casi un tercio de las regiones áridas del mundo hay árboles, lo que equivale a 1.100 millones de hectáreas de bosque a nivel global. Estas áreas forestales proporcionan hábitats para la biodiversidad, protegen el suelo contra la erosión, dan sombra, ayudan a que el agua penetre en los suelos y contribuyen a su fertilidad (debido al aporte de materia orgánica: hojas, ramas, raíces...). Además de los bosques o zonas arboladas (que representan el 28%), el 25% de las zonas áridas son pastizales y el 14% son tierras de cultivo. El resto, otro 28%, se corresponde con esa visión más estereotipada de las zonas áridas, lugares yermos y con escasa vegetación, donde la vida se abre paso a base de adaptaciones fisiológicas y morfológicas que palían la pertinaz falta de agua. Por último, toda esta superficie con vegetación constituye el 36% de los sumideros de carbono de la Tierra.

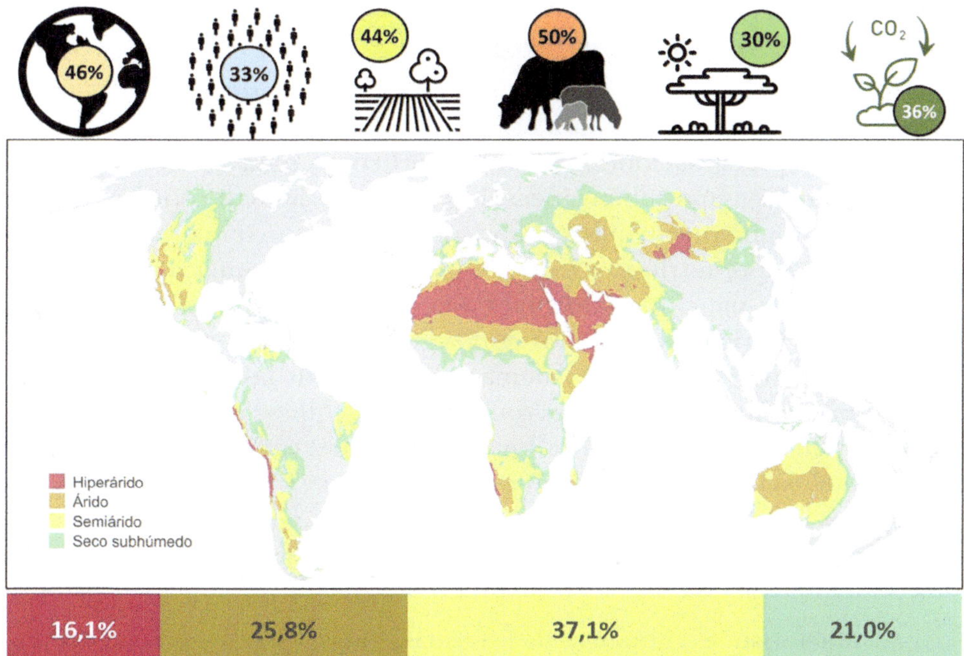

Figura 5. Mapa global de las zonas áridas. Arriba se destaca su importancia en diversos ámbitos. Abajo se ofrece el porcentaje que ocupa cada categoría de aridez en las zonas áridas o tierras secas. Fuente: Elaboración propia a partir de UNEP-WCMC, 2007.

Si la escasez de lluvias se liga intuitiva y formalmente con las zonas áridas, aún más determinante en la estructura y funcionamiento de sus ecosistemas es la variabilidad espacial y temporal de las precipitaciones, más aguda a medida que aumenta la aridez. La falta de precipitaciones durante parte del año es otra seña de identidad de estas regiones. Aunque las sequías afectan a casi todas las regiones climáticas, y más de la mitad de la Tierra es susceptible de sufrir sequía, las zonas áridas se caracterizan por la presencia de estaciones secas, además de la posibilidad de que ocurran fuera de esa estación. Puede ser difícil determinar cuándo empieza o termina una sequía, y sus efectos pueden extenderse a una zona geográfica más amplia que la de otros riesgos naturales, como los incendios, las inundaciones o las enfermedades. Esto la convierte en una de las principales catástrofes naturales en cuanto a número de personas directamente afectadas. Existen distintos tipos de sequías, según al segmento del ciclo hidrológico al que nos refiramos. La meteorológica tiene que ver con la falta de precipitaciones. La hidrológica se puede definir como la disminución en la disponibilidad de agua superficial y subterránea en un sistema de gestión durante un plazo temporal dado (respecto a los valores medios). Por último, la agrícola se puede entender como el déficit de humedad en la zona radicular para satisfacer las necesidades de un cultivo en un lugar en una época determinada.

Más de un 8,5% de las zonas áridas están por encima de los 1000 metros. Esta orografía es clave para el suministro de agua en las zonas áridas. Solo aquí las precipitaciones son suficientes como para generar escorrentía y recargar las aguas subterráneas. Las montañas actúan como «torres» o «castillos» de agua que la almacenan y regulan la escorrentía, extendiendo su influencia sobre territorios extensos y a menudo distantes. Las montañas desempeñan un papel fundamental en el ciclo hidrológico de las regiones áridas y son el origen de muchos de los grandes ríos del mundo, como el Nilo, el Colorado, o el Yangtse. Además, el deshielo de las nieves acumuladas en las cumbres nutre importantes zonas agrícolas, que se han ido expandiendo en las últimas décadas. Entre los casos más destacables están el Punjab, en la disputada región de Cachemira (India, China y Pakistán), que bebe del relieve más importante del planeta, el Himalaya, la desértica región de Ica, en Perú, sujeta a los aportes de los Andes, o el Noroeste de China, donde los oasis han ido expandiéndose en un proceso conocido como «oasificación».

Las características climáticas de las zonas áridas, unidas a la relativamente baja fertilidad de sus suelos, imponen importantes limitaciones a su biota. Sin embargo, de nuevo llevando la contraria a otro de los estereotipos que gravitan sobre estos lugares, sus ecosistemas no sólo son muy diversos, sino que también constituyen un fascinante laboratorio natural para estudiar la evolución y la adaptación de las especies a condiciones extremas, además de ofrecer servicios ecosistémicos esenciales para el mantenimiento de la vida. Aunque sólo hay cuatro subtipos de zonas áridas, dentro de cada subtipo hay un número mayor de ecosistemas. Éstos se agrupan en grandes unidades de orden superior conocidas como biomas, que se caracterizan por formas de vida distintivas y especies vegetales principales (como la tundra, la selva tropical, los pastizales o los biomas desérticos). Mientras que los límites de los subtipos de zonas áridas vienen determinados por dos factores climáticos (precipitaciones y evaporación), para delimitar los límites de los distintos biomas se utilizan muchos factores ambientales.

Las zonas áridas incluyen algunos de los biomas más heterogéneos en términos de diversidad animal, como los desiertos y los matorrales xéricos, y albergan alrededor del 20% de los principales centros de diversidad vegetal del mundo, que en algunos casos es superior a la encontrada en biomas más productivos. Además, los ecosistemas áridos albergan comunidades microbianas y edáficas muy diversas. Esta biodiversidad es crucial para mantener el funcionamiento de los ecosistemas áridos, así como su capacidad para proveer múltiples servicios ecosistémicos simultáneamente.

Figura 6. Como consecuencia de las restricciones hídricas, la vegetación de las zonas áridas suele ser escasa y dispersa, formando un mosaico «bifásico» en el que parches de vegetación discretos, en su mayoría hierbas y arbustos (en este caso esparto, *Macrochloa tenacissima* y palmito, *Chamaerops humilis*), están separados por una matriz de suelo desnudo y/o biocostras (mancha naranja en primer plano). Parque Natural Cabo de Gata, Almería. Fuente: Foto del autor.

Las plantas de las zonas áridas han desarrollado un conjunto de adaptaciones y estrategias para escapar, evadir, resistir o soportar las condiciones climáticas presentes en las zonas áridas. Los terófitos son plantas de corta vida que escapan de la temporada de sequía como semillas. Por otra parte, las semillas de muchos grupos de plantas anuales tienen cubiertas muy gruesas que necesitan ser escarificadas por arena y grava a medida que son transportadas por el viento o escorrentías, antes de que germinen. Hasta que se completa la escarificación, las semillas son viables durante décadas, convirtiéndose de hecho en propágulos que viajan a través del tiempo y el espacio, hasta que encuentran las condiciones adecuadas para germinar. Las plantas perennes, como es el caso del incienso (*Encelia farinosa*) en el norte de México y el suroeste de Estados Unidos, eluden los efectos de la sequía perdiendo sus hojas durante la parte más dura de la estación seca. También pueden reducir la transpiración de la fotosíntesis del tallo, como ocurre con la retama (*Retama sphaerocarpa*) en el sur de Europa. Otras plantas han desarrollado tejidos de almacenamiento de agua y nutrientes por encima y/o por debajo del suelo para resistir la sequía. Este es el caso de plantas suculentas como las plantas piedra (*Lithops spp*) o el emblemático Saguaro (*Carnegiea gigantea*). La mayoría de las suculentas almacenan agua en mucílago o gel péctico. Otras especies cuentan con sistemas de enraizamiento poco profundos y amplios que crecen rápidamente justo después de los eventos de lluvia, que mueren cuando el suelo se seca. Algunos árboles y arbustos perennes utilizan sus profundos sistemas de raíces y una gruesa corteza para soportar la sequía. Se han registrado profundidades radiculares de más de 50 metros en especies como el Taray (*Tamarix spp*) o el azufaifo (*Ziziphus lotus*). Las raíces profundas suelen ir acompañadas de una longevidad extrema, lo que ayuda a garantizar la supervivencia a largo plazo cuando la depredación de las semillas es alta y la supervivencia de las plántulas es muy baja.

Las estructuras verticales de los cactus y las hojas verticales de varios taxones suculentos reducen la radiación entrante, protegiéndolos contra niveles peligrosos de radiación infrarroja y ultravioleta. Los cactus columnares como *C. gigantea* utilizan su cutícula y epidermis para absorber la radiación ultravioleta y reflejar la infrarroja. Las hojas pequeñas también ayudan a evitar una exposición excesiva a la luz solar, limitando el estrés térmico. Los tricomas, esa especie de «pelo» o pequeños apéndices que recubren hojas y/o tallos, contribuyen a evitar el calor reduciendo la absorción de las hojas mediante la reflexión de la radiación infrarroja, pero también reducen las tasas de transpiración, contribuyendo a la conservación del agua en los tejidos de la planta. Las espinas tienen también un pequeño papel en la amortiguación de las temperaturas diarias mientras que aumentan las temperaturas nocturnas en cactáceas, euforbias o acacias.

Otra formación típica de las zonas áridas son las biocostras (Figura 6). Se trata de comunidades complejas de algas, bacterias, hongos, cianobacterias, arqueas, líquenes y briófitos que viven en la superficie del suelo, íntimamente asociadas a las partículas de este y que constituyen auténticos ecosistemas en miniatura. Viven en la superficie del 12% de los suelos de la Tierra, donde actúan como ingenieras del ecosistema. Apenas ocupan unos centímetros del perfil del suelo, pero son claves en las zonas áridas al regular el intercambio de agua y gases entre el suelo y la atmósfera, mejorar la estructura edáfica y estabilizar la superficie del suelo. Además, actúan como facilitadoras de la vegetación vascular, constituyendo un sistema «fuente-sumidero» en el que la escorrentía y nutrientes asociados generados en las biocostras se distribuyen hacia los parches de vegetación, donde estos recursos son interceptados.

Las adaptaciones morfológicas y fisiológicas de los animales no difieren, en esencia, de las que utilizan las plantas. Los mecanismos de refrigeración que evitan que la temperatura sobrepase umbrales críticos son necesarios en estos lugares. Constitucionalmente la temperatura de mamíferos y aves es anormalmente alta. El jadeo y la sudoración favorecen la evaporación de agua, produciendo la refrigeración del animal, ya que al pasar de estado líquido a gaseoso se extrae calor del cuerpo. Muchos animales cuentan con oídos externos muy desarrollados que actúan como superficies disipadoras del calor corporal, pues la sangre se enfría al circular por las orejas. Hay aves que recargan su plumaje de agua y pueden volar envueltos en una película acuosa que les mantiene frescos. Las mismas estructuras aislantes que evitan la pérdida de agua, también sirven para mitigar el recalentamiento. La cámara de aire que se forma bajo el plumaje o el pelaje es un excelente aislante contra las altas temperaturas.

Existe una estrategia exclusiva de los animales, derivada de una diferencia crucial con las plantas. Éstos pueden desplazarse, evitando la escasez de agua y las altas temperaturas, lo que se traduce en hábitos que suelen ser nocturnos y en desplazamientos diarios o estacionales en busca de recursos. Podemos pensar en los herbívoros, salvajes o domésticos, como los más emblemáticos de este comportamiento. Detrás irán sus depredadores, dando lugar a unos movimientos llenan de vida estos parajes aparentemente inhóspitos.

Figura 7. Ejemplo de fauna sahariana: Izquierda, gacela de Cuvier (*Gazella cuvieri*); Derecha, lagarto de cola espinosa (*Uromastyx nigriventris*). Fuente: Asociación Harmusch.

3. Desertificación, de la solvencia a la ambigüedad

La definición de la CNULD presentada es el resultado de un consenso no exento de críticas y que culmina un largo proceso que dejó en el camino un reguero de más de cien definiciones. Aún hoy podemos proponer enmiendas a ella. Es probable que cada experto que se dedique a estudiar este complejo problema tenga sus propios matices. En el caso de este autor, por ejemplo, echa en falta un ámbito climático más amplio. Aunque se consideran zonas áridas aquellas en las que el IA < 0,65, la definición de la CNULD excluye aquellas en las que el IA < 0,05, es decir, las hiperáridas. La razón es que, hasta hace pocas décadas, se consideraba que la actividad humana en estos territorios era escasa o nula, limitada al pastoreo nómada y la testimonial agricultura de los oasis. Sin embargo, la posibilidad de perforar pozos profundos ha permitido la explotación de aguas subterráneas y el desarrollo de una intensiva agricultura de regadío, lo que plantea la contingencia de que incluso los desiertos puedan experimentar procesos de desertificación.

La definición, que podemos ver representada gráficamente en la Figura 8A, captura, sin embargo, una cuestión esencial: su dinámica interna. Aunque considera que en su génesis intervienen factores externos, las variaciones climáticas, pone de manifiesto el papel del ser humano. Ello descarta que la desertificación sea el avance de los desiertos (aunque pueden expandirse las zonas áridas, ampliando así los lugares potencialmente desertificables), o que las sequías, por si solas, sean la causa del problema.

La consolidación del cambio climático nos permite, incluso, considerar esas variaciones climáticas, que podrían tomarse como exógenas en un principio, como endógenas, al menos parcialmente. Eso es lo que nos quiere mostrar la Figura 8B. Como sabemos, además del calentamiento del planeta y de la alteración del régimen de precipitaciones, que en muchas zonas áridas van a disminuir, lo que resulta en la aridificación del clima, se anuncia un aumento de eventos climáticos extremos. Es decir, que las actividades humanas agudizan las variaciones climáticas naturales. Intervenimos, por tanto, a través de un doble circuito en la creación del problema.

Esta apreciación es de suma importancia para poder enfocar adecuadamente la solución del problema. En efecto, si la desertificación es ajena a lo que haga el ser humano en el medio, entonces adquiere el rango de catástrofe natural, semejante a los terremotos o al impacto de un meteorito, y no hay muchas cosas que hacer más que tratar de protegerse. De ahí que se plantasen hileras de árboles en los bordes de desierto, a modo de barrera o muralla, que los contuviesen (remedios que han fracasado estrepitosamente). En realidad, es una buena noticia que seamos nosotros los causantes, y que no sea algo aleatorio, donde no tengamos la oportunidad de intervenir. La desertificación es el resultado de una mala planificación, no es mala suerte, y esa es la principal enseñanza que debemos a la definición de la CNULD.

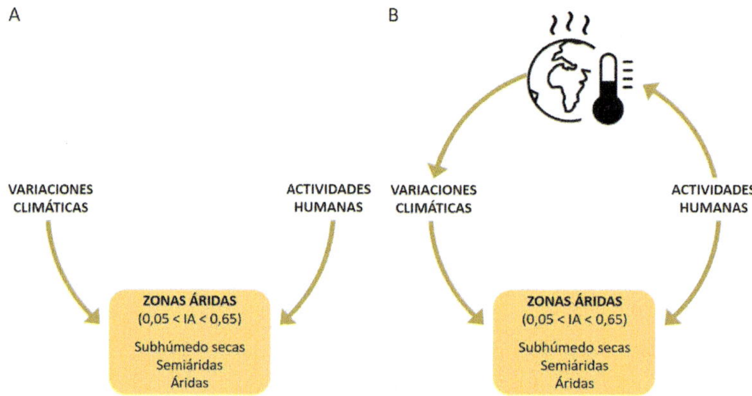

Figura 8. A) Ilustración de la definición de desertificación de la CNULD; B) Relación entre las actividades humanas, el cambio climático y la desertificación, lo que convierte el problema en casi exclusivamente antropogénico. Fuente: Elaboración propia.

Aunque las soluciones son variadas y complejas, cuando el problema es multidisciplinar y multisectorial, el esquema de la Figura 9 nos muestra una útil interpretación de la definición para abordar la desertificación. Un sistema socio-ecológico que está en equilibrio (1) y que soporta una economía de subsistencia, sufre una serie de alteraciones que lo hacen más productivo (en el capítulo 4 concretaremos estos factores con diversos ejemplos). Tras ello aumenta la población y la presión sobre los recursos, lo que lleva a la paulatina degradación del sistema (2), que se acerca a umbrales peligrosos (3). Si el ritmo de explotación persiste, el sistema se desertificará. Para que ello no ocurra es necesario redimensionar el sistema, adecuando el uso de recursos a su disposición natural. Esta forma de proceder, que requiere tomar medidas sobre el funcionamiento del sistema y no ante algo externo, puede devolvernos a la situación original o, cuando menos, a una versión que, aunque más degradada que la de partida, aún puede ser sostenible.

Un elemento importante que introduce este enfoque es la existencia de umbrales. Marcan el límite hasta el que se pueden explotar los recursos.

Aunque difíciles de precisar en la práctica, permiten articular una idea esencial, que es la irreversibilidad del problema. Es decir, que la desertificación no es solo el agotamiento, o la degradación, de uno o varios recursos, además supone minar la capacidad de regeneración de esos recursos. La erosión del suelo es un ejemplo muy claro de ello. Una vez que se pierde la cubierta vegetal de un territorio y el suelo queda desprotegido frente a los agentes erosivos (agua y viento), este se pierde. Entonces se elimina la capacidad de ese territorio de volver al estado original, puesto que sin suelo no puede crecer la vegetación y sin esta es imposible que se forme suelo fértil (véase este perverso bucle en la Figura 17). El espesor de suelo por debajo del cual se activa este bucle letal (o se desactiva el bucle de la sostenibilidad, en el que el suelo fértil posibilita el crecimiento de la vegetación y este protege al suelo) dependerá de cada situación (litología, climatología, orografía, etc.), pero su desconocimiento cuantitativo no anula su existencia.

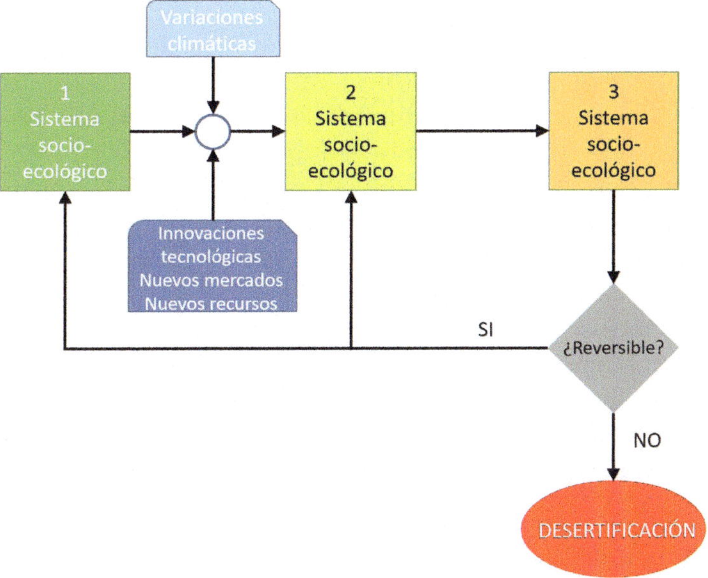

Figura 9. Esquema de un proceso de desertificación. Fuente: Elaboración propia a partir de Puigdefábregas (1995).

A pesar de las bonanzas de la definición de la CNULD, ello no ha evitado que por desertificación se entiendan demasiadas cosas. Por ejemplo, algunos autores denominan «desiertos verdes» a los pastizales que han sido invadidos por vegetación leñosa de bajo porte —matorrales— debido a la ausencia del pastoreo, lo que hace que ese territorio pierda valor económico (y una acepción de la desertificación es la consideración de la degradación como pérdida económica). Sin embargo, muchos ecólogos coincidirán en que ese aumento de la biomasa vegetal es un claro indicio de recuperación de un ecosistema, y muchos de los indicadores que se utilizan para monitorizar el avance o el retroceso de la desertificación —al fin y al cabo los indicadores responden a la ideología/formación de sus diseñadores— corroborarán esta opinión (otra acepción de la desertificación es que la degradación es la pérdida de productividad primaria, por lo tanto su incremento implica recuperarse de la desertificación). Los puntos de vista no se detienen aquí. Podemos encontrar estudios relacionados con la desertificación en la que se afirman cosas como que «la degradación del suelo es un 38% de compactación y un 4% de salinización, y también es un 0,2% de desertificación», o que, en el norte de China, la desertificación es la principal forma de degradación de la tierra, ya que provoca la degradación del suelo. Incluso, hay trabajos que hablan de la degradación de la tierra y la desertificación en Islandia, o que, en las zonas de tundra, el deshielo del permafrost puede conducir a la desertificación.

En un reciente ensayo, el experto mundial en desertificación James F. Reynolds, nos presenta la desertificación como un «prisionero de la historia», debido a su peculiar evolución conceptual. A través de esta metáfora se señalan los sesgos que ha ido adquiriendo el concepto, lastrando la implementación de soluciones efectivas. El término «desertificación» se empleó por primera vez en 1927 por Lavauden, un ingeniero forestal francés destinado en Túnez, y se utilizó para describir la transformación de tierras productivas en desiertos como resultado de la actividad humana en la zona forestal tropical de África. Esa visión colonialista, que culpaba a los nativos de deforestar el paisaje y promover el avance del desierto, perdura hasta nuestros días. Las soluciones propuestas consistían en asentar a la población y sus rebaños, y reverdecer el paisaje mediante repoblaciones forestales y expandiendo las tierras de cultivo.

La terrible hambruna que siguió a una de las peores sequías registradas en el Sahel, ocurrida en los 70 del siglo pasado, es el segundo punto de inflexión de esta historia. La catástrofe humanitaria fraguó la Conferencia Mundial de Naciones Unidas de Desertificación (CMNUD), celebrada en Nairobi en 1977, que añadió a la mala gestión del territorio de los nativos, la componente climática de la desertificación. En efecto, la catástrofe del Sahel fue el resultado de un inusitado episodio húmedo, que atrajo a miles de ganaderos por la súbita explosión de fertilidad. Establecieron entonces cultivos y rebaños permanentes que vivieron algunos años de prosperidad. Pero la sequía que se inició en 1970 terminó por atrapar a tres millones de personas entre el desierto del norte y las tradicionales tierras de cultivo, más al sur, cuya población también había aumentado. Los recursos fueron esquilmados y la fertilidad de la tierra se agotó. Así fue cómo entre 50.000 y 250.000 personas perecieron, mientras que las cabezas de ganado perdidas se contaron por millones. La Cumbre de Río de 1992 es el tercer y último remache de la prisión. Los Estados africanos lucharon por vincular desertificación con pobreza, sequías recurrentes e inseguridad alimentaria. Finalmente, se ratificó la actual CNULD (1994), cuyo objetivo es «combatir la desertificación y mitigar los efectos de la sequía, especialmente en África».

Otra experta en el tema, Diane K. Davis, disecciona la interrelación de estos tres eventos, documentando cómo las ideas y la filosofía de la época colonial constituyó la base del Programa de Zonas Áridas de la UNESCO (década de 1950), que a su vez proporcionó los antecedentes de la CMNUD (1977), para desembocar en la CNULD (1994). La principal consecuencia de esta deriva conceptual, es el bloqueo al que ha estado sometida la implementación de soluciones efectivas. En efecto, las discusiones alrededor de la desertificación suelen empezar y terminar sobre qué es exactamente desertificación. En 1987 ya había más de cien definiciones y, como hemos visto, cada experto en la materia aporta la suya. Al abarcar problemas tan diversos, y en ocasiones opuestos (por ejemplo, «desiertos verdes» vs. «matorralización»), la desertificación carece de un frente común y un mensaje sintético y claro.

La sucesión de despropósitos alrededor de la desertificación ha llevado a la inoperancia a la CNULD. La falta de rigor científico, las diferencias de criterio entre los países que la integran, y la complejidad de un problema que abarca diversos procesos, han minado la influencia y relevancia de la CNULD, que palidece en comparación con sus convenciones hermanas, la de Biodiversidad y Cambio Climático. Prueba de ello es que el Año Internacional de la Desertificación (2006) o el Decenio de Naciones Unidas dedicado a los Desiertos y la Lucha contra la Desertificación (2010) han pasado desapercibidos entre el gran público e incluso la comunidad científica. El número de artículos académicos que aparecen al buscar «desertificación» y «degradación de la tierra» en Google Académico[1] (12.766) es muy inferior en comparación con las otras dos convenciones hermanas que se gestaron en la Cumbre de Río: 158.200 para «biodiversidad» y 282.360 para «cambio climático». Además, existe una falta de interés y conciencia entre el público en general, como lo demuestran las bajas puntuaciones en Google Trends: en una escala del 0 al 100, «desertificación y degradación de la

1 Búsqueda realizada con las palabras inglesas: desertification, land degradation, biodiversity y climate change.

tierra» obtiene una puntuación de 4, en comparación con 27 puntos para «biodiversidad» y 48 para «cambio climático».

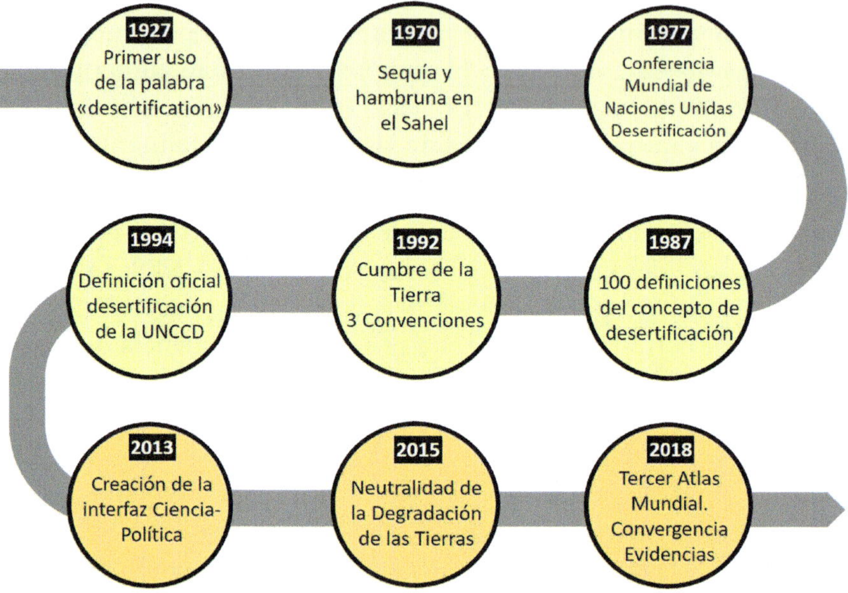

Figura 10. Principales hitos de la historia de la desertificación moderna. Fuente: Elaboración propia.

Además, la propia CNULD sigue propagando mensajes conceptualmente erróneos, ilustrando el problema con imágenes de desiertos o suelos agrietados, lo que induce a concebir el problema como el avance del desierto, o se vincule en exclusiva con la sequía (errores que ya hemos señalado anteriormente). De la misma manera, se ha extendido la falsa idea de que la reforestación es el antídoto contra este problema, obviando que las zonas áridas, dada la precariedad de su balance hídrico, en muchas ocasiones no admiten bosques, y que los ecosistemas de estos territorios albergan endemismos propios de ecosistemas abiertos, es decir, especies que no toleran la sombra o requieren bajas densidades forestales. Incluso, hay trabajos que, en base al reverdecimiento de zonas que se consideraban desertificadas, niegan la posibilidad de que se haya dado este problema. Así, por ejemplo, en el libro *The end of desertification*, el mencionado caso del Sahel, que es la base fundacional de la era moderna de la desertificación, afirma que se trata de un episodio desafortunado relacionado con la sequía. Estas equivalencias entre desertificación y sequía, o desertificación y erosión, son ejemplos del peligroso reduccionismo que a veces se ejerce dentro de este campo tan confuso.

Quizás uno de los callejones sin salida más llamativos a los que se ha llegado tiene que ver con la imposibilidad de cartografiar la desertificación. El último Atlas Mundial de Desertificación (AMD), publicado por la Comisión Europea en 2018, contiene mapas sobre multitud de variables, pero no sobre desertificación. En efecto, el AMD considera que no se puede representar cartográficamente este problema y como alternativa ofrece la Convergencia de Evidencias (CE), que veremos en el capítulo 6. Los esfuerzos por plasmar cartográficamente dónde tiene lugar la desertificación y cuál es su severidad han sido un reto continuo desde que en 1977 se presentase el primer mapa a escala global. Desde entonces, se ha elaborado un total de seis mapas globales sobre desertificación, tres de ellos denominados Atlas (Figura 11).

La fiabilidad de los mapas de desertificación nunca fue muy alta. Los propios autores han cuestionado su validez. Por ejemplo, Dregne y Chou, refiriéndose al Atlas de 1992, afirmaron que: «La base de información sobre la que se hicieron las estimaciones es deficiente: los relatos anecdóticos, los informes de investigación, las descripciones de viajeros, las opiniones personales y la experiencia local proporcionaron la mayor parte de las evidencias utilizadas.» Al contrastarlos con otros datos suelen ofrecer resultados desconcertantes. En el caso de Argelia se estimó, en ese mismo mapa de Dregne y Chou, que el 93% de sus tierras de cultivo estaban desertificadas, mientras que la FAO mostraba datos de incremento de los rendimientos agrícolas de 400–600 kg/ha. La crítica no solo se restringe a la falta de consenso entre las distintas aproximaciones, sino también a su incapacidad para ser aplicados, especialmente a escala regional y local, para prevenir y controlar la degradación del suelo.

Como dijimos, el AMD presenta mapas sobre una gran cantidad de variables relacionadas con la desertificación. Esta es, precisamente, una de las principales razones que explican el fracaso de este tipo de cartografía. La degradación incluye demasiados procesos, y no todos de índole biofísica, como bien señala la definición de desertificación. El problema recurrente con el que se topa la cartografía de la desertificación es la falta de reconocimiento de que la desertificación no es un único fenómeno, y que por tanto no se concreta en una única variable que se pueda medir. Es aquí donde la CNULD muestra sus fisuras respecto a sus convenciones hermanas, la de Cambio Climático y la de Biodiversidad. En la primera, el problema se puede monitorizar mediante un indicador muy simple, las partes por millón de CO_2 en la atmósfera. Además, las diferencias regionales son innecesarias, puesto que el cambio climático se refiere a la condición media de la atmósfera. En la segunda, pueden manejarse diversos indicadores, que pueden tener más o menos sentido según el lugar al que se refiera. Pero todos apuntan a la misma dirección, que es medir la biodiversidad y el grado de conservación de hábitats.

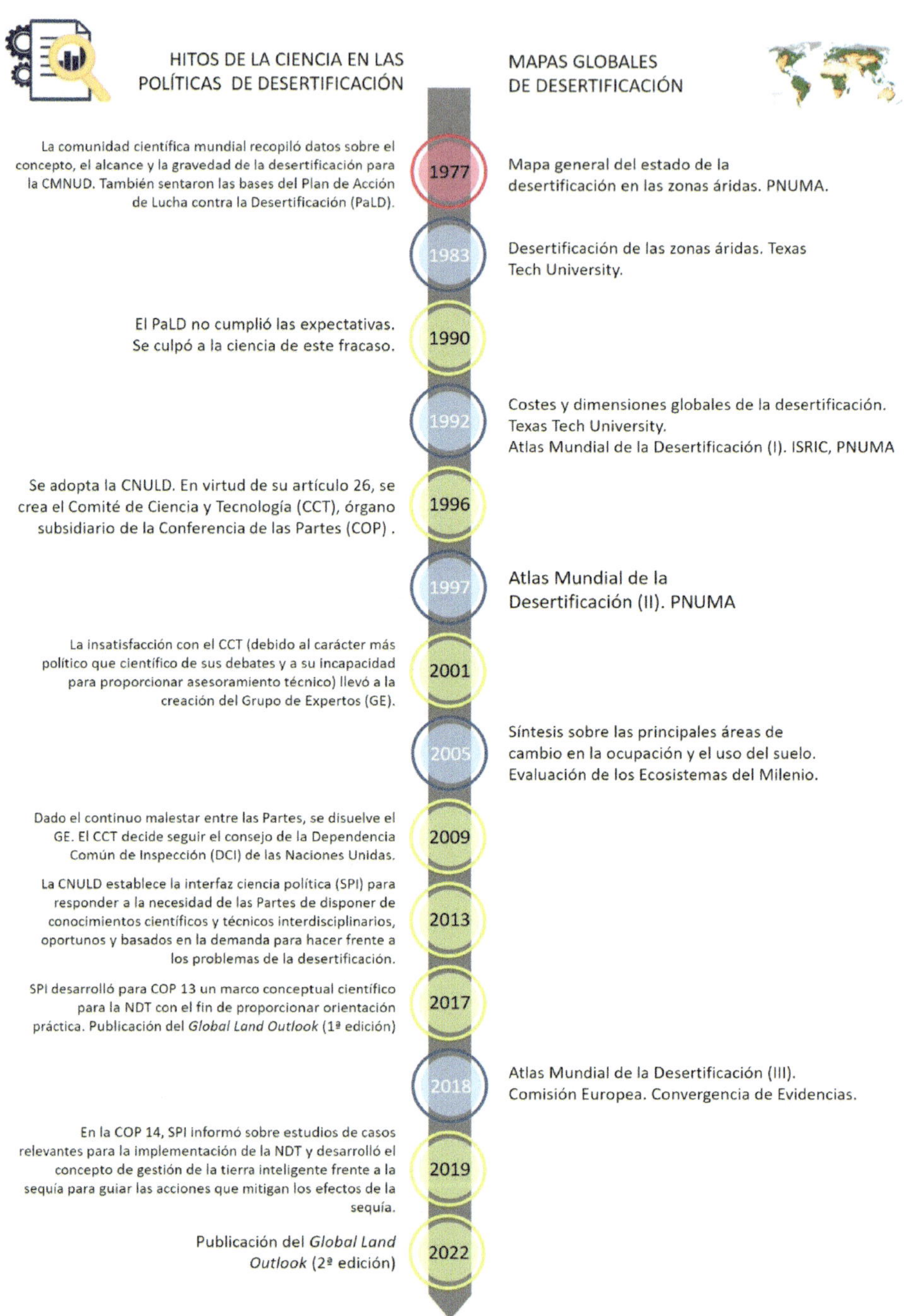

Figura 11. Hitos de la ciencia en las políticas de la desertificación y cronología de los mapas globales de desertificación. PNUMA: Programa de Naciones Unidas sobre Medio Ambiente; NDT: Neutralidad en la Degradación de las Tierras. Fuente: Elaboración propia.

Concentrar los diversos procesos de desertificación en un solo indicador ha sido, hasta el momento, un obstáculo insalvable, que se ha tratado de superar mediante diversas aproximaciones. Todas ellas tratan de agregar una colección de variables muy diversas entre sí. Así, por ejemplo, el mapa de riesgo de desertificación de España, que presentó el Programa de Acción Nacional contra la Desertificación (PAND) de 2008, aplica la metodología desarrollada en el proyecto MEDALUS. En concreto, este mapa es una simple operación de álgebra para sumar el efecto de cuatro factores (aridez, erosión, uso de acuíferos y superficie quemada por incendios forestales), excluyendo la posibilidad de una sinergia entre ellos. Por ejemplo, en un territorio con mayor aridez, y por tanto con menores tasas de productividad, la pérdida de suelo tiene un mayor impacto que en zonas menos áridas, puesto que las tasas de formación de suelo son menores. Este tipo de interacciones no son consideradas con la metodología utilizada en el PAND, que también ignora las causas del problema. Así, el mapa de riesgos del PAND no incluye ninguna variable que represente la evolución de la superficie de regadío, que causa el deterioro de las masas de agua subterránea, ni se considera ningún otro uso del suelo o variable que pueda explicar los motivos de la desertificación. Las cuatro variables utilizadas se baremaron según criterios subjetivos. Por ejemplo, cuando la erosión del suelo estimada por el modelo RUSLE (Revised Universal Soil Loss Equation) está comprendida entre 12 y 25 t ha^{-1} $año^{-1}$, el peso del factor erosión es 2 (¿Por qué no 3 puntos, o por qué no entre 12 y 20? no hay ninguna razón estadística o científica que respalde estos umbrales). Si en ese píxel, además, hay una masa de agua subterránea sobreexplotada, se añade un punto, y si el porcentaje de superficie acumulada recorrida por el fuego durante 10 años (variable un tanto intrincada) supera el 10%, tenemos otro punto. Por último, el grado de aridez añade un punto si es semiárido y dos si es árido (el sub-húmedo seco no penaliza). Como se puede deducir, a más puntos, más riesgo de desertificación. El mayor mérito de este tipo de aproximaciones es que consiguen dar una cifra para cada píxel del territorio. Sin embargo, este tipo de mapas han de tomarse como los primeros intentos para abordar y acotar el problema, pero requieren profundas reformas conceptuales para dar una idea precisa del problema. Las nuevas herramientas metodológicas y el enorme caudal de datos disponibles pueden aportar luz al problema de cartografiar de la desertificación.

Además de la dificultad para medir la desertificación, ya se han apuntado otros puntos débiles de la cartografía disponible. Estos atlas se basan en su mayoría en evaluaciones subjetivas de expertos, por lo que sería difícil aplicar en otros lugares o por diferentes observadores, y considerarse como condición basal para evaluar cambios futuros. Muchas de las magnitudes que se miden a escala local resultan muy difíciles de estimar a mayor escala. En muchos lugares faltan datos de campo, con lo que esos «huecos» deben rellenarse con estimaciones. La erosión del suelo, que es una de las principales variables consideradas en la caracterización de la desertificación, ilustra este problema. Así, las mediciones en parcelas resultan costosas y es imposible contar con este tipo de datos en grandes territorios. En su defecto se emplean modelos matemáticos (como el mencionado RUSLE, que fue concebido a escala de parcela y por tanto no puede aplicarse a escala de paisaje) que se enfrentan a una de las principales características de la erosión, como es su impredecibilidad. En efecto, en la erosión es clave la coincidencia de suelo desnudo (como consecuencia de un incendio forestal o de las labores agrícolas) y lluvias torrenciales. Un modelo suele sobreestimar la tasa de erosión si no se da esta coincidencia, o subestimarla, si se da, puesto que utiliza valores medios. Aunque los modelos de erosión se han ido perfeccionando, su estima depende completamente de una acertada predicción climática, que localice temporal y especialmente los eventos de precipitación torrenciales.

Finalmente, resulta muy difícil determinar cuantitativamente el umbral que separa el estado no-degradado, del degradado. Para determinar que un lugar se ha desertificado necesitamos tener una referencia de cómo es el lugar sin degradar, y así estimar cuanto se aleja de ese umbral la variable, o variables, que hayamos elegido para evaluar la desertificación. Esta es otra cuestión espinosa que requiere, como decíamos, consensuar qué entendemos por degradación. Podemos pensar que el ideal es un ecosistema prístino, y comparar el estado actual con esa referencia un tanto utópica. En ese caso, y si estamos en el ámbito mediterráneo, donde los ecosistemas han sufrido trasformaciones y adaptaciones desde hace miles de años, prácticamente todo el territorio puede considerarse que está degradado; no queda nada del Edén original. Pensemos en las dehesas, que son el resultado de aclarar un bosque original para crear zonas de pastoreo. Estos sistemas agro-silvo-pastorales han sido paradigmas del uso sostenible del territorio. Si se degradasen por procesos erosivos desencadenados por sobrepastoreo, un hipotético mapa de desertificación mostrará un grado de severidad muy diferente si la referencia es un tupido encinar, que, si es una versión degradada del mismo, es decir, una dehesa. El mismo conflicto conceptual emergerá a la hora de aplicar planes de restauración, puesto que los objetivos serán distintos si hay que cubrir todo el territorio de árboles o si la densidad de plantación es más baja y las especies a utilizar son diversas e incluyen arbustos.

La siguiente figura es un intento por explicar la multitud de campos de investigación que se superponen o solapan parcialmente con la desertificación. Igual que ocurre con la definición del problema, existen muchas posibles figuras, e incluso un mismo autor, dependiendo de lo que esté investigando, podría proponer distintas versiones. Por tanto, no es mi objetivo ser exhaustivo, o llegar a la versión más completa, sino simplemente hacer ver que la desertificación es un problema relacionado con otros muchos y que, dependiendo del momento histórico, del contexto local o regional, o de otras coyunturas, la desertificación puede estar más o menos relacionado con campos muy diversos. Por ejemplo, en España, durante décadas, se ha equiparado la desertificación con la erosión, obviando la problemática del agua. Por ello la desertificación (o erosión, que eran casi sinónimos) se combatía plantando árboles, buscando que la vegetación no dejase que las lluvias se llevasen más suelo. La gestión hídrica no se relacionaba en absoluto con la desertificación y ha estado muy ligada en nuestro país (y en muchos otros) con departamentos de ingeniería dedicados a satisfacer la creciente demanda de diversos sectores mediante grandes infraestructuras (embalses, trasvases, desaladoras), o con la economía, pendiente de buscar dónde el agua genera mayor bienestar social. Por otra parte, agua y agricultura forman un binomio indisociable, y los planes de regadío son su huella más patente en el territorio, generando desarrollo y diversos tipos de degradación, por lo que la desertificación no puede quedar al margen. La consideración del nexo agua-alimentación-energía es un enfoque interdisciplinario que considera la interdependencia y las interacciones entre esos tres campos, y se centra en encontrar soluciones sostenibles e integradas para garantizar la seguridad alimentaria, la disponibilidad de agua y energía, y la protección del medio ambiente, lo que en zonas áridas tiene que ver con abordar el problema de la desertificación.

Históricamente, la desertificación se ha ligado más a la falta de agua (sequías) que a la posibilidad de intervenir en su gestión. También se ha vinculado erróneamente con los desiertos y en los oasis del hiperárido noroeste de China, se considera la «oasificación», es decir, la expansión de los oasis, como una forma de lucha contra la desertificación. Son obvias las interacciones con las otras dos Convenciones de Naciones Unidas. Por ejemplo, en relación con la Convención de Naciones Unidas sobre Cambio Climático, la degradación de las zonas áridas supone convertirlas en emisoras de carbono, en lugar de sumideros. Puede que sorprenda el hecho de que la liberación del carbono acumulado en los suelos, debido a la conversión de los ecosistemas a otros usos (por ejemplo, la agricultura, que es el uso con mayor extensión), haya liberado más carbono a la atmósfera que la combustión de hidrocarburos (456 Gt frente a 270 Gt). Por otra parte, una acepción de la degradación es la pérdida de biodiversidad, y por tanto las conexiones con la fragmentación de hábitats o el declive de determinadas especies ligadas a intervenciones humanas también pueden encuentran su acomodo en la Convención de Naciones Unidas sobre Biodiversidad. En medio de estas interacciones se encuentra el debate entre separar o integrar el uso de la tierra. Se refiere a las diferentes estrategias para equilibrar la producción agrícola y la conservación de la biodiversidad. La estrategia de compartir tierras implica la integración de la agricultura y la conservación en el mismo paisaje, mientras que separar el uso de la tierra implica intensificar la producción para liberar territorio a la naturaleza.

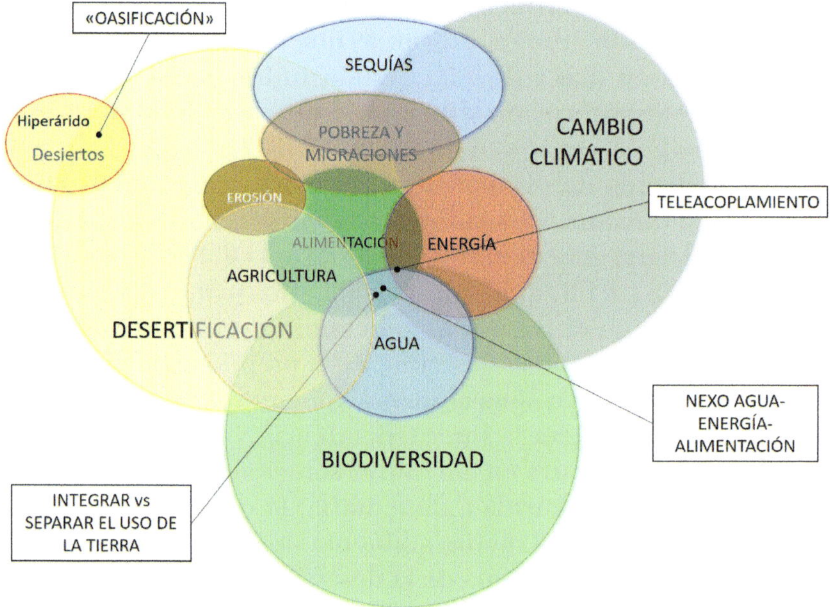

Figura 12. Solapamientos entre diversos campos de estudio, disciplinas o paradigmas relacionados con la desertificación. Fuente: Elaboración propia.

Agricultura, agua y desertificación han sido campos de estudio excluyentes entre sí, pero solo si conseguimos que se entiendan tendremos una oportunidad de abordar los problemas de desertificación y, de paso, la lucha contra el cambio climático y la conservación de la biodiversidad. En efecto, solo modulando el desarrollo y enriquecimiento que genera la agricultura, basado en un uso sostenible de los recursos hídricos, se puede abordar la desertificación con éxito. Lo que sugiere esta figura es la necesidad de crear un frente unificado contra la degradación del medio, que integre los inevitables impactos derivados de la obligada producción de bienes, con el funcionamiento de los ecosistemas. Todo ello debe coordinarse desde políticas coherentes, que busquen la participación ciudadana y sepan lidiar con las frustraciones que generen ciertas limitaciones. Dicha aspiración se alinea con las recientes perspectivas de Naciones Unidas, tal como se reflejan en sus ambiciosos Objetivos de Desarrollo Sostenible (ODS).

En relación con la CNULD, parece que el estancamiento conceptual y operativo en el que había caído puede revitalizarse con dos novedades. En 2015 se formalizó la Neutralidad de la Degradación de las Tierras (NDT, capítulo 6), una iniciativa que conforma la meta 15.3 de los ODS. La NDT admite que la degradación de la tierra es inherente a la actividad humana y en lugar de eliminarla propone compensarla siguiendo una serie de premisas que aseguren el éxito de la iniciativa. Además, la NDT trasciende el ámbito de las zonas áridas, reconociendo que los procesos de degradación en otros lugares están íntimamente ligados a su dinámica (asunto relacionado con el teleacoplamiento, capítulo 8). Por último, relega las actuaciones de reforestación a un papel secundario y como última solución al problema, dando prioridad a la prevención. Esto entronca con la segunda novedad, la Convergencia de Evidencias (CE). Sin ser algo estrictamente nuevo (por ejemplo, el proyecto SURMODES aplicó esa misma idea para esbozar los paisajes de la desertificación en España), la CE es la alternativa que la Comisión Europea propuso en el último AMD a los mapas de desertificación. Concluyendo que la desertificación no se puede cartografiar (o al menos así se desprende de los fracasos acumulados), la CE propone superponer capas de datos biofísicos y socieconómicos con el fin de detectar lugares en los que el desarrollo económico desencadena procesos de degradación. Este análisis, lejos de ser una metodología que simplemente se replique en cada pixel del territorio, debe de revelar los puntos calientes proclives a la desertificación en relación a su contexto sociopolítico, lo que otorga a las condiciones locales y regionales un importante papel en los procesos de desertificación.

4. *Algunos casos de desertificación (y de desarrollo)*

Existen numerosos casos de desertificación, demasiados. Los que son fruto de procesos que ocurrieron hace muchos años, décadas o incluso siglos, se conocen como desertificación heredada; aquellos que tienen lugar actualmente son procesos de desertificación activa. Los podemos encontrar tanto en África, que es el continente que más intuitivamente se relaciona con la desertificación, como en América, Australia o Eurasia. A continuación, presentamos algunos de los casos más representativos, considerando una clasificación clásica que atiende a la causa principal de desertificación: sobrecultivo, sobrepastoreo y deforestación. En el siguiente capítulo nos centraremos en los casos relacionados con la sobreexplotación de aguas subterráneas.

4.1. EL SÍNDROME DEL MAR DE ARAL, CUANDO LAS AGUAS DESAPARECEN.

Cuando el fondo del mar se expone a la luz del sol lo más probable es que hablemos de milagros o catástrofes. Moisés, cuenta la Biblia, tuvo que abrir un pasillo en el mar Rojo para poner a salvo al pueblo israelita. Si el mar se retira para volver luego con fuerza, estamos frente a un tsunami. Y cuando el mar desaparece para no volver, como consecuencia del uso desenfrenado de los recursos hídricos que lo alimentaban, entonces hablamos de desertificación. El caso más famoso, que da nombre a este peculiar síndrome, y bajo el cual se agrupan todos aquellos mares interiores y grandes lagos que han desaparecido por un uso desproporcionado de los recursos hídricos, es el del Mar de Aral.

Era la cuarta masa de agua interior más grande del mundo, ocupando 68.000 km^2. La quimérica idea de convertir las áridas tierras que rodeaban el Aral en campos de algodón, para autoabastecer a toda la Unión Soviética, supuso el fin de esta enorme y rica masa de agua. El megaproyecto contemplaba derivar el agua de los ríos que alimentaban el mar de Aral, el Amu Daria y el Sir Daria, a los campos del algodón. El ritmo de extracción fue tal que muchos años los ríos no llevaron ni una sola gota de agua. La falta de aportes, unida a la evaporación, fue reduciendo el volumen de agua. Ello se tradujo en un aumento de la salinidad y de la reducción de su superficie. En 2007 tan solo quedaba un 10% del Aral (Figura 13 A). La industria pesquera (que en su día llegó a cuotas de producción de 40.000 t anuales y proporcionó 60.000 puestos de trabajo) hacía décadas que se había ido al garete, y el lecho marino se convirtió en un surtidor de sal que el viento se encargaba de dispersar por toda la región, anulando la capacidad productiva del suelo.

En Irán, el lago Urmia ha sufrido un proceso parecido (Figura 13 B). Ya solo ocupa el 20% de su superficie original, que era de más de 5.200 km^2. Este proceso de desecación ha ocurrido en las últimas dos décadas. De nuevo aparecen los rasgos distintivos de este síndrome. El drástico descenso del nivel del agua después de 1998 corresponde a un aumento sustancial de las extracciones de agua superficial para satisfacer la demanda de agua potable y agrícola aguas arriba, que coincidió con un descenso del 48% de la escorrentía durante la prolongada sequía registrada en el período 1998-2002. El retroceso de la línea de costa del lago ha dejado al descubierto 400 km^2 de costra salina que el viento convierte en tormentas de sal que disminuyen la fertilidad de las tierras agrícolas cercanas, alteran la biodiversidad de la región y tienen consecuencias negativas para la salud humana.

El lago Chad (Figura 13 C), que en algún momento fue el sexto mayor del mundo con una superficie de 25.000 km^2, tenía solo 300 km^2 en 2017. El 90% de los aportes de agua del Chad vienen de uno de los humedales más importantes de África y del planeta: unos 300.000 km^2 de terreno inundado que descargaba sus aguas a través del río Chari a esta singular masa de agua continental. A pesar de que resulte fácil achacar a su localización (en el Sahel, la región al sur del desierto del Sahara) y a las sequías parte de esta desaparición, el papel del regadío de nuevo es clave. Aunque es cierto que el lago se partió en dos debido a su peculiar batimetría -con una profundidad máxima de 11 metros y una elevación que lo divide en dos— y a las severas sequías de esos años, si no se hubiese derivado tanta agua para riego el lago hubiese recuperado su unidad tras el período más húmedo que vivió la zona en los años noventa.

La lista de masas de agua interiores que se «aralizan» no para de crecer. El lago Owens, en el este de California, se desecó completamente en 1940 debido al desarrollo de la ciudad de Los Ángeles, que necesitaba agua para beber y para regar sus tierras de cultivo. El cuenco de polvo que dejó el lago se ha convertido en un emisor de partículas que enrarece el aire. La ciudad se gastará, durante los siguientes 25 años, la asombrosa cifra de 3600 millones de dólares para paliar los efectos de este polvo sobre la salud de sus habitantes.

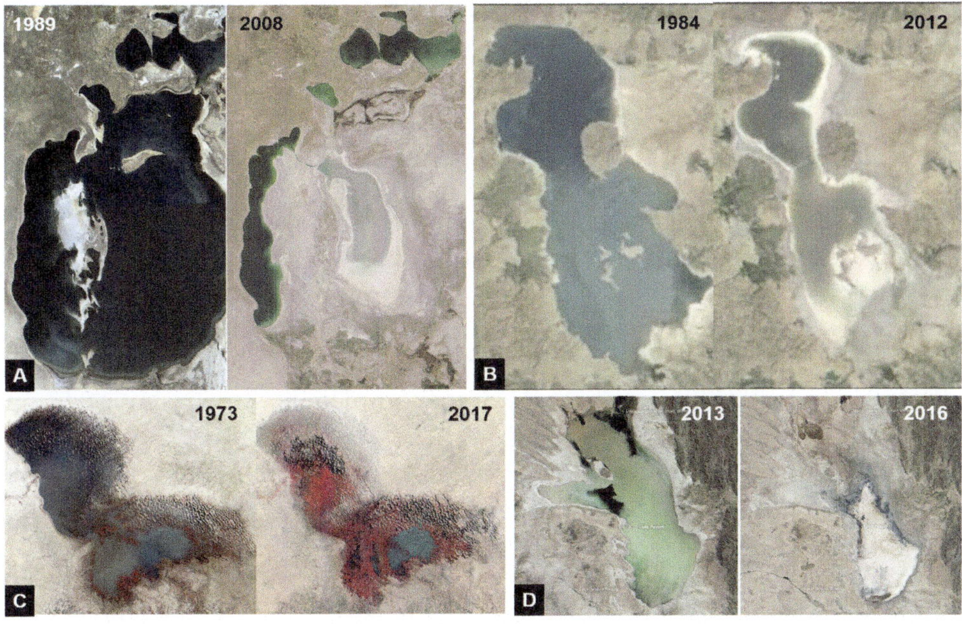

Figura 13. Desecación de algunos de los mares y lagos interiores más grandes del mundo como consecuencia de la sobreexplotación de los ríos que los alimentan. A) Mar de Aral, Kazajistán y Tayikistán; B) Lago Urmia, Irán; C) Lago Chad, Chad; D) Lago Poopó, Bolivia. Fuente: A, C, D, NASA Earth Observatory; B, Google Earth Engine.

El octavo lago salado del mundo —como puede imaginar el lector este ranking es muy variable dependiendo de la dinámica de cada lago o mar interior—, el Gran Lago Salado (Utah, Estados Unidos) alcanzó en 2016 su nivel más bajo de su historia: su área se había reducido en un 50%. Los registros históricos de precipitación que hay desde 1847, cuando llegaron los primeros colonos a la región, nos hablan de subidas y bajadas, pero sin grandes cambios que hayan podido afectar los caudales de sus ríos tributarios. Por el contrario, el desarrollo agrario y los desvíos del río han producido una reducción persistente del flujo de agua que llega al lago, cercana al 40%, en los últimos años.

Una de las últimas víctimas que ha engrosado la lista de masas de agua desaparecidas por un consumo excesivo de recursos hídricos es el lago Poopó (Figura 13 D), en el altiplano boliviano. Más allá del reguero de casos de desertificación asociado al declive de masas de agua superficiales, un reciente trabajo ha revelado una disminución generalizada del almacenamiento de agua en los lagos del mundo. El cambio climático y los excesivos patrones de consumo explican esta tendencia.

4.2. PRADERAS HECHAS POLVO, DEL *DUST BOWL* AL DECLIVE DE LOS «MARES» DE ESPARTO

Otro de los mayores desastres medioambientales ocurrido el siglo pasado tiene que ver con la desertificación. Tuvo lugar en el medio oeste norteamericano, un lugar poco apto para la actividad agraria, con rigurosos inviernos, fuertes vientos y un clima seco. Washington Irving nos ofrece, en su libro *La frontera salvaje*, una precisa descripción de este ecosistema, que en 1832 cuenta con una excelente salud: «Son grandes llanuras cubiertas de praderas en las que se intercalan bosques, bosquecillos y arboledas, a las que riegan los ríos Arkansas, Canadian y Red y sus correspondientes afluentes. Sobre esas praderas verdes y fértiles todavía vagan en completa libertad watapíes, bisontes y caballos salvajes. Son, de hecho, los cazaderos de las diferentes tribus del Lejano Oeste [...] Durante la temporada de caza, innumerables partidas de cazadores y *bravos* se trasladan allí, levantan sus fugaces campamentos de chozas hechas con cortezas y pieles, cometen estragos terribles entre los incontables rebaños que pastan en las praderas y, después de acarrear carne de venado y bisonte, se retiran prudentemente del peligroso y conflictivo territorio».

Sin embargo, la llegada gradual de colonos en su expansión hacia el «salvaje oeste», unida a una serie de novedades ocurridas en poco tiempo, cambiaron por completo el aspecto de la zona. La llegada de colonos impulsó el cultivo del trigo. Aunque modesto en sus orígenes, los trigales fueron imponiéndose poco a poco. El desarrollo de variedades resistentes al frío, junto con la adopción del arado de vertedera profundo, que permitía roturar el tenaz manto de hierba, dio lugar a prometedoras cosechas. Otras dos circunstancias transformaron por completo el lugar. Un período climático inusualmente benigno creó la falsa sensación a los nuevos habitantes de que aquel era un lugar amable. El colapso de las exportaciones rusas de trigo, debido a la revolución bolchevique, abrió un nicho de mercado que atrajo multitud de colonos.

La exposición de un suelo desmenuzado a las fuertes tormentas de viento hizo que las verdes praderas del Medio Oeste americano fuesen desde entonces conocidas como el *Dust Bowl*, debido a que el suelo fértil salió, literalmente, volando por los aires (Figura 14). Las consecuencias socioeconómicas finales de un modelo aparentemente exitoso fueron retratadas magníficamente por John Steinbeck en su novela *Las uvas de la ira*. Los protagonistas, una familia de granjeros arruinados, huyen de la devastación hacia las prometedoras tierras californianas. Aún hoy, el denominado *Dust Bowl*, es un surtidor de polvo que se activa cuando el viento sopla fuerte. La lección que se puede extraer de este caso es que los cambios repentinos del uso del suelo suelen tener consecuencias inesperadas.

Figura 14. Tormenta de polvo en Texas, EEUU (1935). Fuente: Wikimedia Commons. NOAA George E. Marsh Album, theb1365, Historic C&GS Collection.

Hechos muy parecidos ocurrieron en la otra punta del mundo. Las estepas áridas de Mongolia Interior (China) fueron convertidas en tierras agrícolas con el fin de hacerlas más rentables, y la presión ganadera aumentó. De nuevo la visión cortoplacista supuso la desertificación del lugar, cuyos efectos son palpables en el largo plazo. En efecto, la sustitución del ecosistema original por terrenos agrícolas ha recrudecido las tormentas de polvo. Cada vez con más frecuencia llegan hasta Pekín para recordarles a sus habitantes que perseguir altos beneficios en el corto plazo tiene sus peajes. Otro libro, *Totem lobo*, narra de manera entretenida y documentada cómo los ecosistemas originales, donde los lobos regulaban las poblaciones de herbívoros, fueron reemplazados por modernos sistemas agrícolas, dando al traste con el equilibrio que mantenía al ecosistema en buen estado.

El ocaso de las estepas argelinas es interesante porque añade una variante a los casos anteriores, el sobrepastoreo como causa de desertificación, y nos descubre otra de las paradojas alrededor de la desertificación, que no siempre se degradan paisajes prístinos, sino territorios que ya había sufrido en el pasado otros episodios de degradación, pero había llegado a una situación estable. Así, las vastas extensiones de esparto que inundaban todo el norte de África no son sino los restos de un ecosistema más complejo, en el que se intercalaban bosquetes de pinos.

Este «mar» de esparto era transitado por nómadas que seguían las hierbas que crecen tras las lluvias. El esparto, en realidad, no es una planta muy alimenticia, pero contiene mucha fibra, algo esencial para los rumiantes, y además permite que el ganado sobreviva cuando no hay hierba, puesto que es una especie perenne muy adaptada a las sequías. Debido a la alta demanda de proteína animal, y a la baja productividad de estos espartales, el Gobierno argelino decidió un cambio en el uso del suelo. Para suplir las carencias de hierba, sujeta a la variabilidad y escasez de las lluvias, el ganado recibiría pienso, concretamente cebada. Para ello muchos campos de trigo fueron reemplazados por este cereal. Estos aportes calóricos consiguieron elevar la producción de carne, pero se cobraron un alto peaje.

La carga ganadera se cuadruplicó y la movilidad de los rebaños disminuyó. Las ovejas, por tanto, pastoreaban sobre el mismo terreno una y otra vez. Aunque el aporte de pienso debería apaciguar su hambre —puesto que recibían las calorías necesarias— paradójicamente esto no era así. La razón es que los rumiantes, además de satisfacer sus necesidades calóricas, necesitan saciar sus necesidades de fibra. Como la cebada no cubría esas unidades lastre, en las que se miden los requerimientos de fibra, los animales se comían lo único que podían encontrar: el esparto. La enorme presión ganadera acabó por arruinar enormes extensiones de esparto. Su desaparición supuso la desestabilización de suelo y la aparición de dunas, arruinando el ecosistema para siempre. Este es un caso muy ilustrativo, en el que se aprecia cómo se crea terreno desértico por una mala gestión, y no por el avance del vecino Sahara. Además, al disminuir la producción de trigo y establecer una ganadería basada en el consumo de cereales (y no de pasto), Argelia depende de las importaciones de trigo, siendo muy vulnerable a la subida de sus precios.

Otro caso de desertificación asociado al sobrepastoreo lo encontramos en Mongolia, un país que históricamente ha vivido de la ganadería, cuestión que no nos debe de extrañar considerando que la precipitación media anual es de 300 mm y con estas productividades el uso del suelo más esperable es el pastoreo. La liberalización del sector, tras caída del comunismo, unida a la enrome demanda de cachemir del país vecino, China, que es también un importante productor y hace que los precios sean bajos, han llevado a la intensificación del pastoreo. La principal arma competitiva de Mongolia es producir a bajo coste —utilizando los pastos naturales— la mayor cantidad posible de esta fibra tan apreciada. Las cabras, que son más de la mitad de los animales que pastan en las praderas (también hay camellos, vacas, caballos y ovejas), pueden ser más lucrativas que otros animales, pero también son mucho más destructivas que las ovejas a las que han sustituido, porque se comen las raíces y las flores, comprometiendo la capacidad regenerativa de los pastizales.

4.3. CUANDO EL AGUA ACTÚA COMO UN POTENTE AGENTE EROSIVO

El agua es el principal ingrediente de la vida. Sin embargo, en determinadas condiciones, puede ser el motivo por el que un ecosistema pierda su fertilidad natural. Cuando desaparece la cubierta vegetal, el suelo queda expuesto a uno de los principales agentes erosivos, el agua. Esta resulta particularmente dañina cuando se combina con otros dos factores, la torrencialidad y la pendiente. Eso es lo que ocurrió hace casi dos siglos en las sierras costeras del sureste peninsular. Nos referiremos aquí a la sierra de Gádor, en Almería, donde el paisaje aún no se ha recuperado de aquella devastación.

Debido a otro episodio singular, la pequeña Edad del Hielo, ocurrida en los siglos XVI y XVII, la sierra contaba con un bosque que no se corresponde con la aridez actual de la zona. Según los inventarios de la época, predominaban las encinas, pero también eran habituales los robles y los madroños. La población de la zona vivía modestamente, explotando el bosque para hacer carbón y aclarándolo en algunas zonas para pastorear y cultivar. La trashumancia atravesaba la sierra y se instalaba en ella durante los tórridos veranos, aprovechando sus pastos de altura (a más de dos mil metros). Prueba del uso ganadero es que el territorio está tachonado de aljibes que completaban el aporte de las fuentes naturales, aunque éstas eran abundantes debido a la peculiar estructura geológica de Gádor. La alternancia de materiales calizos del cretácico atrapa el agua de lluvia y las launas —una arcilla procedente de la alteración de las filitas— forma capas impermeables por las que el agua subterránea se canaliza hasta aflorar en superficie y dar lugar a manantiales. Además, existían algunas minas de plomo que se explotaban a pequeña escala desde la época de los romanos.

A principios del siglo XIX la cotización de este metal era alta, debido a la demanda asociada a la guerra, que demandaba plomo para fabricar proyectiles. Las explotaciones familiares requerían esparto y leña para fundir el metal. Comenzaron a abrirse notorios claros en el frondoso bosque. La pujanza del mercado desató la fiebre del plomo, que resultó ser una fuente de ingresos muy importante para España, tanto como para equilibrar la balanza de pagos del país. Las precarias minas se convirtieron en verdaderas factorías que daban trabajo a mucha gente. La comarca se convirtió en un polo de atracción. El combustible para fundir el plomo estaba muy a mano: el bosque fue talado sin piedad. Además, había que calentar y dar de comer a una población que no dejaba de aumentar. Las laderas que rodeaban a los núcleos de población fueron desmontadas y abancaladas.

Los ingleses llevaron sus inversiones a otra parte cuando la cotización del plomo comenzó su retroceso. Gádor salió muy malparada de aquella época de dinero fácil. El suelo quedó sin la protección que le daban los árboles. Las lluvias —que tienden a ser torrenciales en esta zona— lo arrastraron con facilidad. Aquel suelo, que era la base del territorio, fue a parar al fondo del mar. La deforestación y la explotación minera de la cuenca del Andarax, cuya desembocadura era originalmente un estuario de 8 km de longitud, desde el siglo XVIII se convirtió en un delta de 6 km^2. Ya no había sombra ni humedad para que prosperasen las bellotas. Por no haber no había ni bellotas. Se intentaron repoblaciones con pino carrasco (*P. halepensis*) y pino salgareño (*P. nigra*). Los ejemplares son pequeños, bastante hacen con el suelo que ha quedado. Prosperan las genistas, algunos lentiscos y retamas, aunque el matorral dominante es, sin duda, el esparto.

Figura 15. Solitario pino en la sierra de Gádor. La reforestación de este lugar es prácticamente imposible debido a que se ha perdido todo el suelo fértil. Los ejemplares que logran arraigar suelen ser de pequeño porte. Fuente: Foto del autor.

La sierra de Gádor es un caso de desertificación heredada. La degradación que se produjo hace más de un siglo no se ha revertido. Cuando se pierde el suelo, recuperarlo es una ardua tarea para la naturaleza ya que, en estos ambientes áridos, donde la falta de agua ralentiza el metabolismo de los procesos naturales, la formación de suelo es muy lenta (1 cm cada 800 años).

Pese a ello seguimos maltratando el territorio. Con el firme argumento de producir más y aumentar los beneficios, la práctica generalizada es eliminar cualquier atisbo de «mala hierba» (con herbicidas o con pasadas de arado), que reciben ese nombre porque se llevan parte del agua que el cultivo aprovecharía para aumentar un poco más su rendimiento. Así, muchos olivares aparecen «limpios», lo que es sinónimo de buena gestión. Sin embargo, al arrancar al suelo su capa protectora, lo único que podemos esperar es que el suelo desaparezca. Si bien el mantenimiento de una cubierta vegetal supone un aumento de la evapotranspiración, hemos de considerar que un suelo bien protegido evapora menos agua y crea unas condiciones de fertilidad que favorecen al cultivo. Además, el enraizamiento de esas hierbas y la biodiversidad que generan hacen que el suelo sea saludable, más esponjoso y mejore enormemente su capacidad de retención de agua. Cuando un olivar se parece más a un bosque que a una colección de postes clavados en el suelo, es probable que el rendimiento sea algo menor, pero garantizaremos que el suelo permanezca.

En caso contrario, la erosión se dispara. El reemplazo de la vegetación natural en zonas donde históricamente no había cultivos (es decir, las zonas menos propicias, con pendientes de hasta 10 grados) por cultivos leñosos, como el mencionado olivar, la vid o los almendros, en combinación con lluvias torrenciales, hace que registremos tasas de erosión superiores a las 100 toneladas por hectárea en muchos casos (conviene señalar que en el ámbito mediterráneo la tasa natural de formación de suelo es inferior a 1 tonelada por hectárea). Los eventos erosivos son muy aleatorios, puedes dependen de que lluvias excepcionales coincidan con la máxima vulnerabilidad del suelo, es decir, recién arado, sin ninguna cubierta vegetal y con el suelo desmenuzado. Cuando esto ocurre la pérdida de suelo condena al sistema. En junio de 2000, una tormenta de 215 mm en 24 h (periodo de retorno de 105 años) provocó una tasa de erosión de 282 toneladas por hectárea en un viñedo del Alt Penedès (Barcelona), de los cuales el 58% fue transferido por barrancos y cárcavas (0,4—0,5 m de profundidad). Alrededor de 207 toneladas por hectárea de sedimentos se recuperaron de las pequeñas zanjas de ladera y se voltearon en el viñedo, en particular para rellenar los barrancos, lo que resultó en una pérdida final del balance de sedimentos de 74 toneladas por hectárea sólo durante esta tormenta. Estas coincidencias hacen que la estimación de la erosión mediante modelos sea muy difícil y convierte el laboreo y la aniquilación de la cubierta vegetal en un deporte de riesgo, donde las probabilidades de salir airoso disminuyen a medida que el cambio climático nos genera más eventos extremos, disminuyendo los períodos de retorno de tormentas, inundaciones y sequías. La erosión del suelo conlleva la pérdida de la capacidad de almacenamiento de agua de un territorio y de su fertilidad natural. Se estima que cada año los suelos del mundo pierden por esta causa entre 23 y 42 millones de toneladas de nitrógeno, y entre 14,6 y 26,4 millones de toneladas de fósforo.

Figura 16. Olivares en la provincia de Córdoba. La alta rentabilidad del aceite de oliva ha llevado a su expansión a zonas marginales con altas pendientes. Ello, unido a la falta de cubierta vegetal entre los árboles y a las labores de arado, hace que el efecto de las lluvias torrenciales sea devastador. Fuente: José Alfonso Gómez Calero.

Como hemos visto, en los procesos de desertificación concurren diversos factores para que se produzcan. Entender cómo se enhebran los procesos biofísicos y socioeconómicos subyacentes es imprescindible para atajarlos. Un socioecosistema en equilibrio, gobernado por dinámicas que se refuerzan y muestran un comportamiento sostenible, pueden desequilibrarse y derivar en una espiral de degradación devastadora. El bucle de la erosión (Figura 17) nos sirve para ilustrar esta idea. A partir de elementos básicos de la metodología Dinámica de Sistemas podemos entender cómo se conforma un bucle positivo en el que se refuerza la salud del ecosistema. Así, una mayor cubierta vegetal da lugar a una menor tasa de erosión (relación negativa o indirecta entre variables). A menos erosión, más suelo (de nuevo una relación indirecta). Una mayor cantidad de suelo hace que la productividad primaria sea mayor (esta es una relación positiva o directa, es decir, las variables se mueven en el mismo sentido). Por último, una mayor productividad supone una mayor cubierta vegetal. La concatenación de estas cuatro relaciones (dos positivas y dos negativas) se concreta en un bucle positivo (ya que una doble relación negativa es equivalente a una relación positiva). En definitiva, que más cubierta vegetal da lugar a más cubierta vegetal.

Obviamente, esta es una simplificación del sistema. En realidad, su comportamiento está gobernado por una combinación de bucles que matizan esta dinámica. Si solo existiese este bucle nos llevaría a un crecimiento infinito de la cubierta vegetal. Para evitar que esto ocurra, se activan varios mecanismos, incluido el aumento de la densidad de la cubierta vegetal. Sin entrar en mucho detalle, diremos que la competencia por el espacio y los nutrientes hacen que el crecimiento se ralentice y un bucle negativo hace que la cubierta converja a un valor máximo, que solemos denominar capacidad de carga. Para nuestro propósito, sin embargo, nos es útil la consideración de este bucle aislado. El fin aquí es únicamente señalar cómo este bucle que lleva a un comportamiento sostenible, puede volverse en contra al cambiar determinados factores. Así, si se elimina la cubierta vegetal por razones como la sustitución de la vegetación natural por tierras de cultivo o porque se eliminan esas «malas hierbas» en beneficio del rendimiento del cultivo, entonces el bucle positivo trabaja en clave devastadora. Leamos bajo este escenario la relación de causas y efectos: una disminución de la cubierta vegetal hace que aumente la tasa de erosión (relación indirecta); una mayor tasa de erosión hace que haya menos suelo (la segunda relación indirecta); menos suelo implica menos productividad primaria (relación positiva o directa); menos productividad primaria da lugar a menos cubierta vegetal. En definitiva: menos cubierta vegetal significa que hay menos cubierta vegetal, debido a que la pérdida de suelo desestabiliza el sistema.

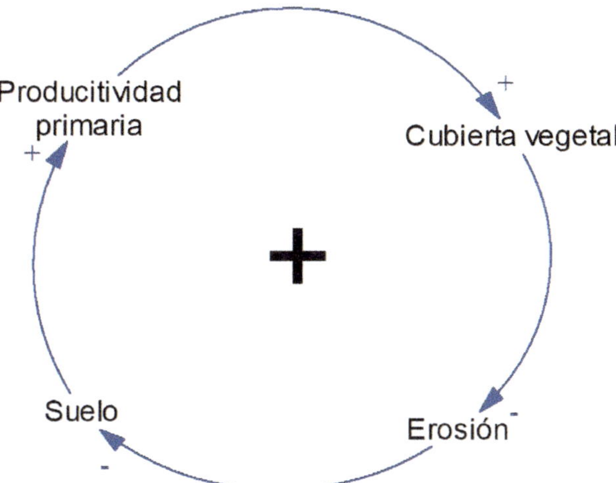

Figura 17. Bucle de la erosión implementado mediante un diagrama causal de Dinámica de Sistemas. Fuente: Elaboración propia.

5. *Agua y desertificación: milagros y relaciones adictivas*

Todos, a la vez, queremos más agua en todas partes. La construcción de embalses, de transvases, la explotación de aguas subterráneas, el desarrollo de sistemas de regadío híper eficientes o la construcción de desaladoras, son el rastro de un modelo de oferta de agua, basado en cubrir sin ambages una demanda que crece tumoralmente. El planteamiento hace aguas. En el fondo, no es más que una huida hacia adelante, en el que cada nueva solución genera un problema mayor que el anterior. Por ejemplo, el anuncio del transvase Tajo-Segura hizo que miles de hectáreas de secano adquiriesen, de la noche a la mañana, la calificación de regadío, lo que automáticamente generó una mayor demanda de agua. El aumento de la eficiencia de los sistemas de riego supone un ahorro de agua para la parcela en la que se instaura esa tecnología, pero a escala de paisaje conlleva un mayor uso del agua, puesto que el agua supuestamente ahorrada se utiliza para regar una o varias parcelas nuevas.

El fenómeno, que se conoce como la paradoja de Jevons (es decir, que a medida que aumenta la eficiencia en el uso de un recurso aumenta su consumo), no es nuevo, aunque sí lo es la terminología bajo la cual se esgrimen argumentos de sostenibilidad cuando en el fondo no hacemos sino un uso insostenible de los recursos. El *greenwashing* (sección 6.4) es un lavado de cara con el que pretendemos engañarnos y cambiar algunas cosas para que todo siga igual. No está mal que todo siga igual: un flujo continuo de alimentos (en algunos países), un crecimiento económico torpedeado de vez en cuando por crisis de diversa índole y, en definitiva, un bienestar material muy superior al de hace algunas décadas. Tampoco es novedoso alegar que cambiamos las cosas (cualquier empresa que se precie tiene su lema o alegato en favor del medioambiente), para que nada cambie, es la sentencia más famosa de *El gatopardo*, la novela de Tomasi di Lampedusa, y lo expone con rigor y un encanto envolvente Martín Caparrós en *Contra el cambio*. En efecto, por más que reivindiquemos nuestras preocupaciones por el medio, la naturaleza o determinadas especies emblemáticas, no queremos cambiar nuestro modo de vida, en todo caso se lo exigimos a otros (personas o países), pero nadie, o casi nadie, estamos dispuestos a revisar en profundidad nuestra huella ecológica (y social) y actuar en consecuencia. No tiene mucho sentido si el cambio no es generalizado, nos decimos en voz baja para justificarnos.

Nos va bien así, escondiendo nuestros desastres debajo de la alfombra, mirando para otro lado, convocando grandes reuniones internacionales en las que no se concluye nada. Según un estudio reciente, la huella de carbono inducida por los viajes para asistir a conferencias internacionales se traduce en más de 2.000 toneladas de gases de efecto invernadero. El participante medio produce entre 500 y 1.500 kg de $CO_{2\text{-eq}}$ por viaje de ida y vuelta a una conferencia. Es decir, *business as usual*, aunque se pregone lo contrario. El coste político de utilizar los recursos de otra manera, de plantear sistemas económicos que no se fijen tanto en los beneficios en el corto plazo, y contemplen otros indicadores y consideren el medio o largo plazo, es muy alto. Planea la larga sombra del dilema que planteó la Tragedia de los Comunes. Es decir, que si alguien deja de utilizar los recursos naturales para darles tregua y crear sistemas socioeconómicos más sostenibles, otro lo hará. Si un país crece económicamente menos, otros pueden aprovechar esta coyuntura y utilizar los recursos de manera más intensa, dando lugar a economías más vigorosas, más rentables, que atraigan más inversores. Si se opta por la estabilización o el decrecimiento, parece que todo se hunde. No es el objetivo de este libro explorar las derivadas que esta línea de pensamiento sugiere, pero sí mostrar que hablar de desertificación conduce inexorablemente a pensar sobre economía y sociedad.

Suplir la demanda de agua con nuevos recursos conduce inevitablemente —al menos en el contexto económico actual— a una mayor demanda, en un proceso de realimentación positiva que recuerda al comportamiento de las personas dependientes del consumo de sustancias psicotrópicas o enganchadas a relaciones amorosas tóxicas y asfixiantes: conseguir agua para cubrir la demanda de agua conduce a un aumento de la demanda que lleva a conseguir más agua. Y así hasta llegar a una situación insostenible. La relación de nuestra sociedad con el agua es adictiva (y aditiva), y nos está conduciendo a un «fallo hídrico» generalizado. Dedicamos el resto del capítulo a (i) detallar cómo la explotación masiva de los recursos de agua subterránea lleva a modelos de crecimiento efímeros; (ii) explicar bajo la teoría económica del *Treadmill of production* el mecanismo por el que se instaura la producción agrícola a gran escala y sus consecuencias; y (iii) ahondamos en la necesidad de apostar por formas de desarrollo económico en las zonas áridas basadas en el uso del agua, debido a su predisposición natural para ello, y en la amenaza de desertificación que surge cuando este desarrollo excede ciertos límites.

5.1. DESIERTOS Y ERIALES CONVERTIDOS EN EDENES

La desertificación ocurre más cerca de lo que solemos creer, como hemos visto en el capítulo anterior. En el ámbito mediterráneo, además, tiene una relación directa con los recursos hídricos o, para ser más precisos, con su agotamiento. El deterioro del Mar Menor, o de los P.N. de Doñana y Tablas de Daimiel son algunos ejemplos de desertificación ligados a la sobreexplotación y degradación de aguas subterráneas, aunque muchas veces no se los identifica como tal. Son solo la punta de lanza de otros muchos casos, donde una mezcla de factores climáticos, políticos y agronómicos ha terminado por arruinar ecosistemas emblemáticos y, de paso, a todos los usos económicos que gravitaban a su alrededor, como el turismo, la agricultura y la pesca.

El agua es el principal ingrediente para la vida e históricamente ha limitado el desarrollo de las zonas áridas. Al mismo tiempo, en la larga historia de la civilización de las zonas áridas se han consolidado relaciones relativamente estables entre el ser humano y el territorio, explorando formas innovadoras de hacer frente a la incertidumbre asociada a unos recursos altamente variables —espacial y temporalmente— y escasos. Las poblaciones se han adaptado a esa incertidumbre y muchas culturas, como la nómada, la agrícola, la de los oasis, o la de las sabanas, han sobrevivido durante milenios en las regiones áridas del mundo, dando lugar a diversos sistemas éticos y religiones. Para la supervivencia de sus sociedades, la gestión cuidadosa de sus recursos hídricos ha resultado clave. De ello hablan las ingeniosas y específicas reglas del reparto de agua en los oasis norteafricanos, o el acoplamiento de la agricultura de los oasis del noreste de China al deshielo de las montañas que los nutren. Pero también el regadío tradicional del mediterráneo, que ha creado paisajes simbólicos, ha sido una forma de aumentar el rendimiento agrícola en lugares que, de otra forma, hubiesen requerido superficies de cultivo mucho más extensas, amén de privar a la población de alimentos necesarios para una dieta mucho más saludable, como las hortalizas.

En efecto, el regadío tradicional de la España mediterránea es un ejemplo de sostenibilidad y ha constituido uno de sus agropaisajes más emblemáticos y funcionales. En sus lejanos orígenes, y hasta épocas muy recientes, además de su papel socioeconómico, los regadíos jugaban una relevante función ambiental y ecológica. Las zonas que ocupaban estos regadíos se ubicaban en lugares con una disponibilidad natural de agua, donde el suelo era fértil (lo cual se explica precisamente por la humedad y el metabolismo edafológico asociada a ella), y unas condiciones topográficas adecuadas, es decir, vegas y llanuras de inundación especialmente adecuadas para el cultivo. Son lugares conectados al conjunto del sistema fluvial y a sus ecosistemas. Las parcelas de riego se engastaban secuencialmente y participaban del flujo de agua y nutrientes a través de vegas, canales de riego, boqueras, azudes que recogían el excedente de agua que el suelo no absorbía, el propio río o arroyo (o incluso rambla), y el acuífero subálveo. Eso hacía que el regadío no desentonase con el resto del paisaje y fuese casi una parte indisociable. En el fondo sustituían a los sistemas riparios naturales, aportando un valor escénico y cultural de gran valor. Su mimetismo se veía ratificado por el hecho de que no alteraban especialmente el ciclo natural del agua, y mantenían una elevada diversidad biológica y agronómica.

Ese uso racional de los recursos hídricos, sostenido durante siglos, cambió a mediados del siglo pasado. La denominada «Gran Aceleración», caracterizada por el crecimiento exponencial de la población y del consumo de recursos, unido al cambio climático (producto del mismo fenómeno), nos ha llevado a una situación de escasez mundial de agua: se estima que el 80% de la población mundial se enfrenta a graves amenazas para su seguridad hídrica. Los cambios atmosféricos derivados del cambio climático no solo significan una disminución de las precipitaciones en determinadas regiones (especialmente aguda en el mediterráneo) y un aumento de las temperaturas. Además, se están incrementando los fenómenos climáticos extremos (sequías e inundaciones), que acentúa la desconexión espacio-temporal entre la oferta y la demanda de agua. Es decir, el agua se aprovecha peor. Por ejemplo, el deshielo rápido de las nieves genera escorrentías que el terreno no es capaz de absorber como sí lo hace cuando la liberación del agua es lenta y paulatina.

Especialmente vulnerable en este contexto es la producción de alimentos, cuya demanda no para de crecer. Para cubrir estas necesidades hemos asistido a una espectacular expansión de la agricultura de regadío durante el siglo XX, sector que consume el 70% de los recursos hídricos a nivel mundial (unos 2.800 km^3), y que en algunas cuencas de nuestro país puede suponer el consumo del 90% de los recursos hídricos disponibles. Además, la rápida urbanización, el desarrollo económico y los cambios en el estilo de vida han tenido un gran impacto en el uso de agua per cápita. En consecuencia, el agua que se usa para cubrir las necesidades humanas ha aumentado de unos 500 hasta 4.000 km^3 al año en el pasado siglo, y se prevé que sigan aumentando hasta 6.000 km^3 anuales a finales de este siglo. Las aguas subterráneas, gracias a su naturaleza perenne y distribuida, hacen de ella un recurso fiable que proporciona casi la mitad del agua utilizada en la agricultura de regadío y abastece de agua potable a miles de millones de personas.

Como resultado de esta tendencia, la tasa de agotamiento de los recursos hídricos subterráneos ha aumentado en las últimas décadas y es probable que persista o empeore en un futuro muy cercano. Aunque la sobreexplotación de las aguas subterráneas se planteó por primera vez hace casi dos décadas, el verdadero alcance del uso insostenible de las aguas subterráneas no se ha hecho evidente para el gran público hasta 2009, cuando se publicaron los primeros análisis con el satélite GRACE, que mostraban tendencias negativas persistentes en el almacenamiento de aguas subterráneas en diversas regiones del mundo (India, Pakistán, Norteamérica, Sudamérica y Oriente Próximo), y después de que se publicara en 2010 la primera evaluación global del agotamiento de las aguas subterráneas.

Esta crisis es la secuela de diversos «milagros» repartidos por las zonas áridas del mundo. En efecto, en estas regiones predominan climas benignos, con inviernos suaves (muchas veces libres de heladas), un elevado nivel de insolación y reducidos saltos térmicos, lo que ha permitido sortear las costosas inversiones en sistemas de calefacción. En este contexto, el agua hace milagros. El uso generalizado de las aguas subterráneas, gracias al avance de los conocimientos geológicos, el abaratamiento de las técnicas de perforación y bombeo, la electrificación rural, la mecanización y tecnificación del campo, y otros avances como el desarrollo biotecnológico, ha dado lugar a un enriquecimiento tan inesperado como, en demasiadas ocasiones, insostenible. Esta creación exprés de riqueza le ha valido al regadío un respaldo social e institucional a prueba de bombas.

Ni siquiera las evidencias más claras de degradación (que van más allá de la destrucción del recurso hídrico e incluyen en muchas ocasiones la contaminación por plásticos, pesticidas y otros insumos que crean una larga lista de externalidades ambientales negativas) hacen retroceder el ansía por seguir expandiendo el regadío, que empieza a perder su sentido al instalarse en tierras marginales, sin ninguna vocación agraria, y a liquidar todo aquello que no tenga un claro valor de mercado. Es por ello que los diversos decretos, leyes o prohibiciones se diluyen en el clamor popular, que equipara regadío con bienestar social y progreso. Los miles de pozos ilegales en España son un reflejo de este desplante social, así como del incumplimiento de la Directiva Marco del Agua.

En Almería, en los años ochenta, en pleno auge de la agricultura de invernadero, el Real Decreto 2618/1986, declaró en situación de sobreexplotación numerosos acuíferos de la provincia. Las disposiciones de esta ley, fueron ignoradas. En efecto, los planes de regadío de la época, y aún los actuales, dan carta blanca a la expansión del regadío, cuyo crecimiento exponencial es otro claro ejemplo de la citada Gran Aceleración. Así, al amparo de la Ley 1/1994 de Ordenación del Territorio de la Comunidad Autónoma de Andalucía, se formuló en 1996 el Plan de ordenación del Territorio del Poniente (Almería) —se refiere fundamentalmente al Campo de Dalías, ver Figura 4—, en el que se afirma que «Teniendo en cuenta que en el sistema económico del Poniente la agricultura intensiva es la actividad protagonista [...] es necesario considerarla como no prescindible. Por tanto, resulta lógico no imponer una autolimitación o reducción del tamaño del sector para adecuarlo a las posibilidades de los recursos naturales, por el contrario, resulta más coherente y acertado abordar el diseño de un modelo general de aprovechamiento de recursos, muy especialmente del agua, que permita la sostenibilidad sin cuestionar la evolución del sector». Esta omisión ha supuesto la degradación de los acuíferos costeros como consecuencia de la intrusión marina. Dichas reservas, en estos tiempos de cambio climático, era un bien estratégico de primer orden que ha sido dilapidado.

No solo se utilizan argumentos meramente productivistas o desarrollistas en la explotación de las aguas subterráneas para justificar regadíos a todas luces desproporcionados para lugares tan poco aptos para este uso. Además, asistimos a narrativas (que pueden derivar en proclamas) basadas en argumentos que pretenden justificarlos desde el punto de vista medioambiental, asegurando que son barreras contra la desertificación y ejercen como sumideros de carbono. Nada más lejos de la realidad (véase sección 6.4 para más detalles).

El uso del agua subterránea ha posibilitado que lugares tan áridos e hiperáridos, vean cómo florece el desierto. Ello nos permite señalar otra de las inconsistencias o contradicciones de la definición de desertificación. Como vimos, se excluyen las regiones hiperáridas, y el motivo fue que en estas zonas se asume una actividad económica marginal, relegada al pastoreo nómada o la agricultura de oasis, que resultaba anecdótica (e incluso pintoresca). Sin embargo, los desiertos también se pueden desertificar, en el sentido de que pueden verse privados de su recurso más valioso, el agua subterránea, debido a la explotación de los acuíferos tras la aplicación de la tecnología desarrollada para perforar pozos en busca de petróleo y el posterior abaratamiento de los equipos de bombeo.

El norte de África, por ejemplo, ha intensificado su agricultura. Abrimos el libro con una pequeña historia al respecto, pero no es un caso aislado. Bajo el Plan Verde de Marruecos, se ha promovido la producción de productos agrícolas de alto valor para la exportación. Así, en 2022, Marruecos ha suministrado más productos hortícolas al mercado español (con un valor de 850 millones de euros) que la provincia de Almería, líder indiscutible de este mercado durante años. El crecimiento de la agricultura de invernadero en este país, confirma el comportamiento exponencial del fenómeno. En las últimas dos décadas, ha aumentado de 9.000 a 26.000 hectáreas solo en la región de Souss-Massa-Draa (sur del Alto Atlas, cuya capital es Agadir). Los invernaderos ya se han extendido a las provincias de Kenitra y Larache (en el noreste de Marruecos, con más de 8.500 hectáreas), y se esperan otras 5.000 hectáreas en el Sáhara Atlántico, en lo que se ha denominado la «Megálopolis del Tomate», un ambicioso plan promovido por grandes grupos empresariales con el objetivo de crear uno de los mayores centros de producción de tomate del mundo. Las consecuencias de esta rápida expansión son la degradación de los recursos de agua subterránea y las precarias condiciones laborales impulsadas por la búsqueda de grandes ganancias a corto plazo.

En Biskra (Argelia), ubicada en el borde del desierto del Sahara, la rápida expansión de la palma datilera (unas 43.000 hectáreas) y la horticultura intensiva (17.365 hectáreas en 2014, de las cuales 4.900 hectáreas son invernaderos) ha convertido a la zona (con más de 100.000 hectáreas de tierra irrigada) en un lugar de notable desarrollo económico y el principal proveedor de frutas y verduras para el mercado doméstico. Este desarrollo ha significado un cambio de prácticas tradicionales caracterizadas por pequeños campos gestionados colectivamente a través de sistemas de riego comunitarios, hacia un uso masivo de agua subterránea en manos de capitales privados. Para ello se han perforado cientos de pozos tubulares, muchos de ellos ilegales y la sobreexplotación ha llegado en forma de salinización del suelo y disminución del nivel de agua subterránea. En el noroeste de China, se ha vivido una rápida transición de cultivos alimentarios a cultivos comerciales. Cuando a principios de la década de 1980 los agricultores obtuvieron más autonomía en el uso de la tierra, la superficie tradicional de los oasis comenzó a extenderse (proceso denominado «oasificación» que en ocasiones se interpreta como un éxito de la lucha contra la desertificación). Ello, unido al retraimiento de los glaciares que rodean la zona y al mayor deshielo (ambos fenómenos consecuencia del cambio climático) ha llevado a la sobreexplotación de las aguas subterráneas y a comprometer el futuro de estas zonas agrícolas. La región hiperárida de Ica (sureste de Perú, <10 mm al año) ha evolucionado rápidamente desde finales de la década de 1990, hasta convertirse en el desarrollo agrícola más avanzado del país. Las reformas políticas del gobierno de Fujimori permitieron inversiones extranjeras a través del Banco Mundial. Como resultado de estas inversiones, los grandes exportadores agroindustriales tienen disponibles los últimos métodos y tecnología, lo que les permite producir espárragos de una calidad constante y alta (una industria de exportación valorada en aproximadamente 6.000 millones de dólares al año). El uso intensivo de pozos de agua para el riego durante todo el año es la causa del enriquecimiento económico y la degradación del agua subterránea. El desierto de Arabia también ha experimentado un auge en el uso de agua subterránea y su agotamiento, y en California, las grandes extracciones de agua subterránea, combinadas con una supervisión mínima, han llevado a su sobreexplotación. Como vemos, es una historia recurrente que se da en todo el planeta.

La tecnología y los mercados han posibilitado un enriquecimiento extraordinario en regiones tradicionalmente atrasadas, que han sabido convertir lo que solo era una insulsa seña de identidad —calor, buenas temperaturas y muchas horas de luz solar durante gran parte del año— en un ingrediente básico de su economía al mezclarlo con las aguas subterráneas. El problema ha sido la sobredimensión del sistema económico creado. Como vimos en la historia que abre este libro, se ha prestado más atención a las señales del mercado que a las de la naturaleza y tras un crecimiento fulgurante muchas de estas economías se han visto atrapadas en una espiral de degradación que explicamos en el siguiente apartado.

5.2. LA CONVERSIÓN DE LA AGRICULTURA EN UN ACTIVO FINANCIERO

La intensificación de la actividad agraria, como ocurre en otros sectores económicos, ha devenido en un claro ejemplo de la teoría del *Treadmill of production*. Esta teoría, que en español podríamos denominar como «Rueda de molino de la producción», resalta cómo la búsqueda constante del crecimiento económico lleva a las economías avanzadas a quedar atrapadas en una «rueda», donde su bienestar no se ve mejorado por el crecimiento económico, pero los impactos de esta búsqueda de crecimiento causan daños ambientales y sociales masivos e insostenibles.

La trayectoria de muchos de los socioecosistemas citados en el apartado anterior encajan en esta teoría económica. El postulado fundamental del *Treadmill* es que se acumula capital para reemplazar el trabajo mediante nuevas tecnologías, que permiten producir a gran escala y aumentar las ganancias. La agricultura, al igual que otras actividades extractivas, es idónea para ilustrar los mecanismos que impulsan esta «Rueda de molino de la producción». Primero, porque la agricultura extrae directamente recursos naturales y eso conecta directamente el ecosistema con el proceso de producción. En segundo lugar, la agricultura ilustra de manera más clara cómo el capital motiva la autoexplotación del agricultor-propietario (que lo es cada vez menos en la medida en la que se endeuda), volviéndolo cada vez más dependiente del volumen de producción y la acumulación de capital a medida que la rueda gira.

La Figura 18 ilustra cómo funciona la espiral en la que los agricultores quedan atrapados en un proceso en el que los avances tecnológicos sostenidos crean ganancias de productividad en beneficio de los agricultores más innovadores (es importante destacar las ventajas competitivas de los primeros adoptantes, cuyo éxito atrae a otros agricultores), pero donde también se produce un aumento en la oferta, una caída en los precios y, por lo tanto, la necesidad de nuevos aportes tecnológicos que permitan diferenciarse y así quedarse, aunque sea de forma transitoria, con parte del mercado. Las inversiones en tecnología, la creación de estructuras cada vez más sofisticadas, o la búsqueda de fuentes alternativas de recursos (por ejemplo, desalinización y depuración de aguas residuales en el caso del agua), conforman el inicio (Paso 1) de esta rueda de molino.

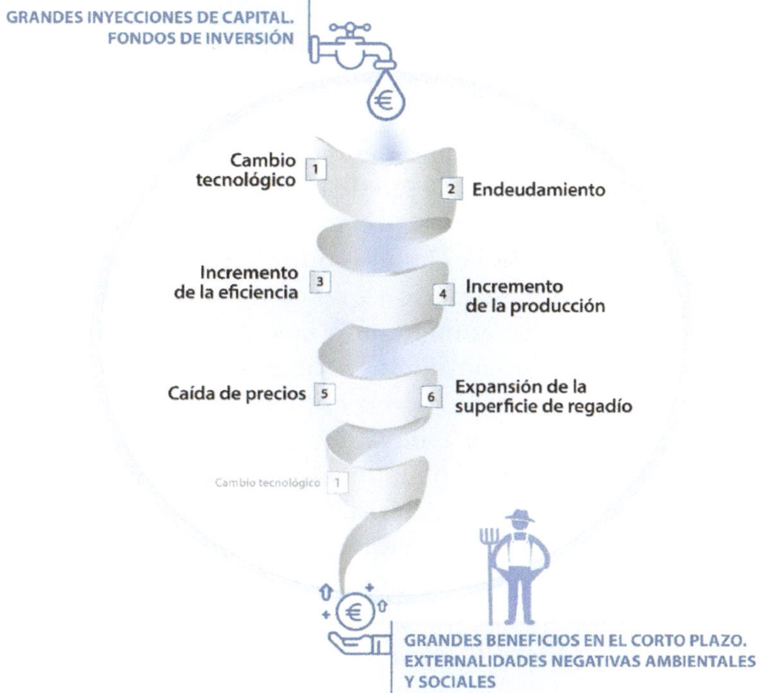

Figura 18. La teoría económica del *Treadmill of production* permite explicar en seis etapas que se repiten, cómo los cambios tecnológicos (u otra ventaja competitiva como puede ser el hecho de acogerse a diversos tipos de certificaciones) encaminadas a producir a gran escala, desencadenan un proceso de degradación socioambiental que acaba por arruinar a los productores originales. La consolidación del sector de la producción de alimentos como un activo financiero muy rentable espolea y consolida este modo de producción, que beneficia a unos pocos y pone en riesgo el futuro de esas regiones al deteriorar recursos públicos, como las aguas subterráneas, y crear territorios más dependientes y vulnerables. Fuente: Isabel Sáez.

Esta sustitución de trabajo por capital resulta en una serie de inversiones que generan deudas (Paso 2). En el caso de la agricultura en invernaderos (una de las más tecnificadas), el coste de 1 hectárea de invernadero oscila entre 177.000 y 275.000 euros, mientras que la hectárea para ese uso se cotiza a casi 250.000 euros. Si añadimos los insumos necesarios (semillas y plántulas, fertilizantes, productos fitosanitarios, energía), que suman alrededor de 20.000 euros por hectárea, vemos que la inversión necesaria para empezar a producir genera una inversión (o deuda) de más de medio millón de euros. Para amortizar los costes fijos y operativos de la nueva tecnología, generalmente es necesario aumentar sustancialmente la producción. A medida que los agricultores extienden las infraestructuras de riego a más tierras, la producción puede expandirse, lo que potencialmente aumenta los ingresos. El uso de sistemas de riego intensivos en capital también permite utilizar el agua de manera más productiva o eficiente en términos de mercado (Paso 3). Así, el rendimiento por unidad de superficie crece, dando lugar a mayores beneficios. La cinta se ve exacerbada por la sobreproducción (Paso 4). A medida que los competidores adoptan las mejoras técnicas disponibles, aumenta el volumen de producción, hasta el punto en el que la oferta puede superar la demanda y los precios disminuyen (Paso 5). Cuando los precios caen y, una vez endeudados y con las inversiones realizadas, es lógico continuar invirtiendo para volver a aumentar el volumen de producción y compensar la caída de los precios. Así, la cinta sigue girando, aumentando la superficie cultivada (Paso 6). Eso nos lleva de nuevo a buscar nuevas formas de diferenciarse, apostando por producciones de tipo ecológico o implementando nuevas innovaciones (otro ejemplo es el aumento de la densidad de plantación en el olivar del regadío que, como vimos, en algunas comarcas ha pasado de 200 pies por hectárea a 2.000 pies por hectárea, lo que conlleva una inversión en mecanización del cultivo y preparación del terreno enorme) que permitan seguir aumentando la producción por unidad de superficie (Paso 1). Este proceso de intensificación y expansión implica un mayor consumo de recursos. La teoría del *Treadmill of production* refleja una dinámica que resulta familiar a muchos agricultores: algunos parecen mejorar, pero en realidad siguen en la misma posición al año siguiente, con un nivel de vida estancado o incluso en declive debido al agotamiento de un recurso no renovable, es decir, es la imagen de una sociedad que corre sin avanzar.

El torbellino que genera esta espiral puede acelerarse cuando las inversiones trascienden el ámbito de la agricultura. La consolidación de la producción de alimentos como un sector muy rentable, sobre todo a partir de la crisis de 2008, ha atraído inversores de todo tipo. Su aspiración es que el dinero que invierten en esta actividad genere rentabilidad. En este punto ya no cuenta ningún otro tipo de consideración. Los inversores ponen los medios técnicos para crear un sistema que produzca beneficios rápidamente, a través de las cosechas. Se agudiza la producción a gran escala y la minimización de los costes de producción. Bajan los salarios, aumentan las desigualdades (por ejemplo, según datos del INE, muchos de los municipios de España con menores rentas per cápita son aquellos con los modelos de agricultura más intensiva) y se disparan las externalidades ambientales negativas. Esos fondos de inversión migran muy fácilmente hacia los contextos que les sean más favorables: leyes ambientales más laxas, mano de obra más barata, menor carga impositiva. En este contexto, la desertificación es un efecto colateral justificable. A esos grandes fondos de inversión no les compete la devastación que va dejando esa forma especulativa de usar el territorio. Lo cierto es que sus pobladores quedan con menos opciones tras una corta época de ganancias. Recuerda al caso de la Sierra de Gádor (sección 4.3). Tras el boom de la minería, de la tala de los árboles y de la posterior erosión del suelo, queda un mal recuerdo: un erial agujereado que ya no produce nada. Los inversores volaron y tras ello quedó un territorio con menos opciones para ganarse la vida.

5.3. DESARROLLO Y DESERTIFICACIÓN, DOS CARAS DE LA MISMA MONEDA

Como contrapunto a la teoría anterior podemos acudir a dos teorías ecológicas que nos ayuden a comprender el comportamiento del ser humano en las zonas áridas. La primera es el modelo predador-presa, una elegante formulación matemática desarrollada por Lotka y Volterra, y que nos proporciona un hecho clave en ecología: que los depredadores dependen de las presas. Como vemos en la Figura 19A, la densidad de depredadores sigue con cierto retardo la trayectoria que representa la densidad de presas. A medida que hay más presas, aumentan los depredadores, que van acabando con las presas. Tras caer el nivel de estas, lo hace la densidad de depredadores. Son dinámicas cíclicas dependientes, que se autorregulan. La lógica del modelo predador-presa nos dice que nunca puede haber demasiados depredadores, tienen un límite.

Esta idea se ha trasladado a los sistemas socioeconómicos, donde los depredadores somos nosotros, los humanos, en forma de agentes económicos como puede ser número de rebaños o de explotaciones ganaderas, y las presas son los recursos naturales (el agua, el pasto, el suelo, los bosques, etc.). En sociedades donde los sistemas de uso de la tierra han sido muy sostenibles el devenir de los recursos y de las poblaciones ha seguido una lógica parecida a la explicada. Los excedentes de población podían seguir dos caminos: O bien morir, como ocurre en la naturaleza cuando los recursos escasean, o emigrar. Solo acoplando la demografía y los sistemas económicos a los recursos disponibles se puede ser sostenible, pero ello supone, en general, aspirar a economías de subsistencia poco desarrolladas. Por tanto, es necesario matizar la idea que recogía la Figura 9 sobre la necesidad de reajustar las dimensiones del sistema socioeconómico para no derivar en una dinámica de desertificación.

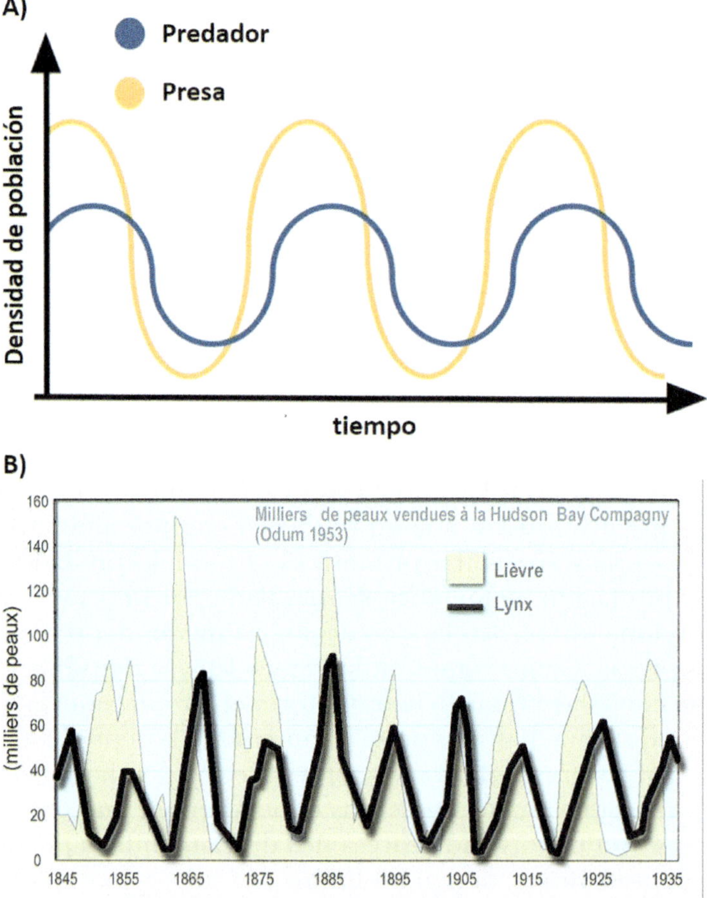

Figura 19. A) Evolución en el tiempo de la densidad de depredadores y presas según el modelo Lotka-Volterra. B) La realidad distorsiona estos ciclos tan limpios, pues las sequías y otras eventualidades hacen que las poblaciones tengan un comportamiento más azaroso. Sin embargo, la serie de unos 90 años del número de pieles declaradas por los tramperos con en la bahía de Hudson para lince canadiense y la liebre americana muestran la robustez del modelo predador-presa. Fuente: Elaboración propia a partir imágenes de Wikimedia Commons (Hczam, 2020 y Lamiot, 2015).

Antes de seguir desarrollando el argumento veamos otra teoría propia de las zonas áridas, la del «pulso-reserva», introducida originalmente por Westoby y Bidges, y desarrollada posteriormente por otros autores, como el anteriormente citado James F. Reynolds. Las especies de las zonas áridas están adaptas a aprovechar los raros e imprevisibles eventos de lluvia con el fin de acumular el máximo de reservas posibles para aguantar hasta el siguiente evento. Un caso extremo sería la floración que se producen en los desiertos. Cuando llueve, las semillas brotan, aprovechando la humedad, y en un período muy corto desarrollan todo su ciclo fenológico para florecer y producir semillas, que al fin y al cabo es una reserva de nutrientes que se utilizará en la siguiente lluvia. Esta estrategia que mezcla oportunismo y resistencia se ha trasladado a los sistemas socioeconómicos. Una de las que tradicionalmente han tenido más éxito son los rebaños que, aunque famélicos, son almacenes vivos (como literalmente indica la palabra inglesa *livestock*), que se llenan en cuanto hay oportunidad. Al ser móviles no tienen por qué esperar la lluvia, sino que van en su busca. En realidad, van tras unos pastos que aprovechan la lluvia para cumplir con su mandato genésico, reproducirse hasta el siguiente evento favorable. Así, el paradigma «pulso-reserva» es una sucesión de estrategias que encadena un ser vivo con otro. Todos bailan al son de las lluvias.

Siendo este el comportamiento natural, también es natural buscar la manera de solventar esta dependencia. Solo ha sido capaz el ser humano de ampliar mediante diversos ingenios la capacidad de almacenamiento. Con la agricultura se generan unos excedentes que, si se consiguen acumular, permiten sobrevivir en mejores condiciones que si no se tienen. Esto lo vemos en todas las sociedades, pero unas lo han hecho de una manera más sofisticada que otras. En Níger, uno de los países más pobres de la Tierra, la época de plantación es a la vez un tiempo de esperanza, pero también de hambre. Tras plantar en junio el maíz y el mijo han de esperar cinco largos meses con los remanentes de la cosecha anterior. Agosto y septiembre son meses especialmente delicados, donde muchas veces solo se come una vez al día. Las penurias serán mayores a medida que llueva menos y la cosecha no se pueda estirar tanto.

En los países más desarrollados la capacidad de almacenamiento es muy variada, y no se restringe al final de la cadena productiva. Los embalses son la manera de trascender la escasez de agua. Igual que los trasvases, la desalación o la explotación de las aguas subterráneas. No solo hay graneros, también hay naves en las que almacenar comida congelada e incluso la posibilidad de reequilibrar con el comercio internacional un año de malas cosechas.

Las diversas formas de almacenaje permiten desacoplar la curva de los predadores del número de presas. Se puede interpretar como la supremacía del ser humano sobre el medio. Esta obsesión por doblegar a una naturaleza perversa es plenamente justificable desde la perspectiva del que ha sufrido los embates del hambre. Como decíamos en el capítulo 3 (y fruto de que la degradación se puede entender tanto económica como ecológica), la visión de los países en desarrollo de la CNULD es la de buscar formas de progreso económico que les permita salir de la pobreza y de unas situaciones económicas que recuerdan al modelo predador-presa puro. Es lógico que para estos países las prioridades sean los ODS 1, 2, 3 y 6. Necesitan desvincularse de las sequías y otras calamidades, y asegurar un suministro de alimentos continuo. Por eso el desarrollo es una forma de luchar contra la desertificación.

Sin embargo, ignorar las señales de escasez que muestra la naturaleza tiene consecuencias. Al sobrepasar la capacidad de carga del territorio se crean una serie de desequilibrios que van erosionando la base de esos recursos naturales, hasta el punto de que pueden colapsar. Hemos sido capaces de ir sustituyendo algunas de las funciones ecológicas que se van deteriorando, desacoplando el sistema económico del natural (Figura 20). Aunque también hemos tenido que abandonar territorios esquilmados que no se han podido recuperar. En muchas ocasiones la producción de un lugar es a costa de la productividad de otro. Por ejemplo, cuando un acuífero se explota por encima de su capacidad de recarga (es decir, por la lluvia que se infiltra), entonces cobra más relevancia la recarga lateral proveniente de los acuíferos adyacentes. Así, el bombeo en una zona se deja sentir en otra que ve mermada su potencial productivo o el sustento de otras formas de vida. En general, cada remedio que ponemos a una de las carencias naturales genera uno o varios efectos colaterales, que a su vez vamos sorteando como podemos. El coste de mantener un crecimiento continuo de los sectores productivos es cada vez más alto. El suministro de fertilizantes, agua y energía necesarios para suplir las carencias del territorio se incrementan, y con ello la vulnerabilidad y dependencia del sistema productivo. La pretendida seguridad alimentaria deja de serlo o, cuando menos, queda en manos ajenas (por lo que se convierte en inseguridad). Es en este punto, una vez que trascendemos las ligaduras que nos impone en las zonas áridas la volatilidad de las precipitaciones, donde tiene sentido replantearse redimensionar el sistema económico y situarnos tras los límites naturales que presentan estas zonas.

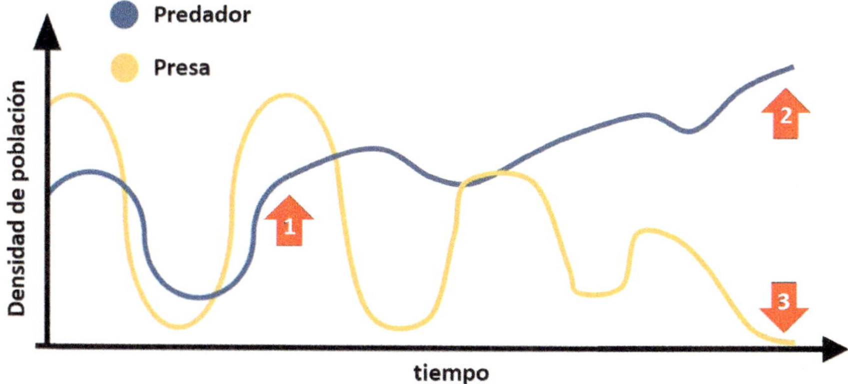

Figura 20. Desacoplamiento del modelo predador-presa. (1) El despegue desde de una economía de subsistencia hacia una de mercado (debido a la confluencia de diversos factores como los tecnológicos o los logísticos), hace que el número de predadores (es decir, las unidades económicas) se sitúe muy por encima (2) de su sustento natural (las presas), lo que lleva hacia su declive (3) pues la presión continua no permite su regeneración. Traspasados determinados umbrales el proceso no tiene marcha atrás. Fuente: Elaboración propia a partir imágenes de Wikimedia Commons.

Los mismos *drivers* que permiten que una región se desarrolle (tecnología, acceso a los mercados, sistemas de tenencia de la tierra, reducción de desigualdades, etc.) son los que pueden desencadenar episodios de desertificación, revirtiendo ese desarrollo efímero a la tiranía de los ciclos naturales. Si vamos despojando al territorio de las armas naturales con las que cuenta para sobrevivir a la aridez (por ejemplo, un suelo saludable que, entre otras cosas, permite retener agua, unas reservas subterráneas para amortiguar las pertinaces sequías, una biodiversidad perfectamente sincronizada para aprovechar la cascada de materia orgánica que desencadenan los eventos de lluvia, etc.) las opciones para mantener una vida digna disminuyen o desaparecen por completo. No hay ninguna tecnología que sea capaz de mejorar lo que la naturaleza ofrece, que al fin y al cabo lo ha logrado tras miles (o millones) de años de prueba y error. Precisamente porque es prioritario obtener unas condiciones de vida digna, no debemos caer en modelos de crecimiento económico como los descritos bajo la teoría del *Treadmill*, donde ya no se habla de dignidad o seguridad alimentaria, si no de pura especulación y de cubrir unas demandas que no son necesidades básicas, sino caprichos.

6. *La construcción de una solución polifacética*

Como puede colegirse de los capítulos anteriores, la complejidad de la desertificación no admite una solución milagrosa (como desalar masivamente agua del mar, o plantar bosques allá donde haya un espacio abierto) que resuelva el problema de un plumazo. Por el contrario, para abordar la desertificación necesitamos un conglomerado de iniciativas que actúen a distintos niveles territoriales (a escalas de paisaje y parcela) y sectoriales (por ejemplo, agricultura y medio ambiente), y que logren el consenso de las poblaciones que viven en los territorios afectados. Por encima de todo, como veremos, es necesario plantear actitudes preventivas, que desactiven amenazas antes de que se consoliden. Para ello son esenciales la planificación territorial, el conocimiento de los socio-ecosistemas y las herramientas de vigilancia y seguimiento de los procesos de desertificación en sus etapas embrionarias. A continuación, se presenta un sucinto recorrido por los (i) planes nacionales contra la desertificación, que es la manera de hacer efectiva la CNULD en cada país; (ii) la NDT, la iniciativa más reciente para implementar soluciones verdaderamente efectivas, (iii) la manera de abordar el problema desde diversos ODS aparentemente desligados del problema; y (iv) la necesidad pedagógica de transmitir con rigor en qué consiste la desertificación, con el fin de desmantelar mitos que no solo no ayudan a atajarla, sino que la agravan.

6.1. LOS INOCUOS PLANES DE ACCIÓN NACIONAL.

Como demuestra la extensión y estructura de este libro, históricamente se ha dedicado más tiempo a definir y caracterizar el problema de la desertificación, que a solucionarlo. Si bien es cierto que es preciso comprender con claridad en qué consiste el proceso para afrontarlo con ciertas garantías de éxito, estamos en el tiempo de las soluciones. La lucha contra la desertificación se ha articulado alrededor de planes nacionales de desertificación. Cada país signatario de la CNULD tiene la obligación de contar un plan de este tipo. No existen, sin embargo, directrices que guíen su diseño e implementación, y en muchos casos, como el español, no pasan de ser un buen diagnóstico de la situación o, en todo caso, un libro blanco de la desertificación que compila información sobre el problema.

El Programa de Acción Nacional contra la Desertificación español (PAND), aprobado en 2008, identificó los «paisajes de desertificación» a partir del análisis de variables económicas y climáticas. Esta metodología, gestada en el proyecto SURMODES, fue un anticipo de lo que se presenta como novedad bajo la «Convergencia de Evidencias», que mencionamos en el capítulo 3. Tras detectar qué provincias mostraban un desarrollo agrario más activo y a la vez cumplían con los requisitos de aridez que se señalan en la definición del problema, se analizaron los usos del suelo que podrían desencadenar procesos de degradación. El resultado fueron una serie de paisajes o escenarios potenciales de desertificación: (i) Cultivos leñosos afectados por la erosión, como es el caso del olivo en Andalucía oriental, que presentan mayores riesgos de desertificación debido a que experimentan una expansión sobre zonas marginales; (ii) Cultivos extensivos de secano con riesgo de erosión, como cultivos herbáceos de secano situados en pendientes de moderadas a altas y que no son objeto de prácticas de conservación, por lo que se producen importantes pérdidas del suelo por erosión; (iii) Sistemas agro-silvo-pastorales afectados de sobrepastoreo, donde la dehesa merece una consideración especial, por su extensión y por su valor como ecosistema; (iv) Sistemas agronómicos de regadío sometidos a procesos de desertificación, presentes en tres áreas, la zona hortofrutícola costera del sureste peninsular y Canarias orientales (con graves problemas de sobreexplotación de los acuíferos), la meseta meridional, especialmente La Mancha oriental –donde la trilogía mediterránea clásica de cereal, vid y olivo, ha evolucionado hacia cultivos forrajeros (como el maíz y la alfalfa), asociados a un incremento de ganado ovino y caprino y a cultivos industriales, incrementando en varios órdenes de magnitud la presión sobre las aguas subterráneas–, y la depresión central del valle del Ebro, donde la expansión del regadío amplifica la intrusión salina continental, predispuesta naturalmente por sus características litológicas caracterizadas por las formaciones evaporíticas; y (v) Matorrales degradados y eriales, que constituyen el escenario más contraintuitivo ya que, a diferencia de los anteriores paisajes, los fenómenos de desertificación se desencadenan por el abandono de un territorio acostumbrado a la presencia humana, y no a la sobreexplotación de sus recursos.

La mayor parte de estos paisajes se han ido consolidando o diversificando. Los cultivos tropicales del sur peninsular serían una variante del paisaje iv), y solo los relacionados con la erosión por sobrepastoreo han menguado. A cambio, la amenaza relacionada con la actividad ganadera se concentra en las macrogranjas. En efecto, estas instalaciones han acogido a los animales que antes pastaban y aprovechaban los restos de cosechas. Las macrogranjas son sumideros de insumos cuya manufactura conlleva altos impactos en el medio. Los piensos con los que se alimentan se fabrican con la soja que se cultiva a miles de kilómetros, lo que supone el deterioro de inmensas extensiones de bosques tropicales (analizaremos con más detalle las implicaciones de esta deslocalización de la desertificación en la sección 7.1).

El PAND, además, incluía mapas de riesgo de desertificación, que entran en esa categoría de metodologías actualmente descartadas por los problemas ya señalados en el capítulo 3, y se fue nutriendo de metodologías vanguardistas relacionadas con la monitorización del problema, como los métodos geomáticos que estiman la condición de la tierra (comparando la productividad primaria neta de un área con la que debería tener de acuerdo a la precipitación recibida), o los sistemas de alerta temprana, que permiten calcular el riesgo de desertificación implementando modelos de simulación.

Tras el acertado diagnóstico era esperable un plan de acción acorde al análisis realizado. El propio PAND afirmaba que «el diagnóstico facilitará una mejor comprensión de la problemática, resumiendo en términos cualitativos la situación actual; dicha descripción y, sobre todo, la reflexión sobre las causas últimas reales de su desarrollo, los motores del fenómeno, y de sus efectos, pueden contribuir a sentar las bases para la concepción de las soluciones». Sin embargo, el PAND acaba por convertirse en una suerte de libro blanco de la desertificación que amontona información relacionada con el problema.

No hay un plan como tal, dotado de un cronograma, recursos financieros y especificaciones técnicas y logísticas. Se presentan diversas medidas de actuación, que pueden ser efectivas en su sector, pero que adolecen de la necesaria coordinación para afrontar el problema con garantías. Así, el plan reúne multitud de opciones, relacionadas con el ámbito agrario (medidas de conservación del suelo), el forestal (relacionado con las restauraciones hidrológico-forestales y la prevención de incendios) o el de los recursos hídricos (como la ordenación de los recursos hídricos y la mejora de la eficiencia de las infraestructuras hidráulicas), y hace énfasis en la necesaria coordinación de políticas para llevar a cabo una efectiva lucha contra la desertificación. Quizás porque la desertificación no es una prioridad nacional —seguramente debido a las enormes simplificaciones a las que se la somete: un problema estrictamente medioambiental, algo externo relacionado con el avance del desierto y las sequías, o un conflicto más entre medioambiente y desarrollo económico—, o debido al crisol administrativo en el que se reparten competencias, lo cierto es que el PAND no ha tenido éxito. Este no es un fracaso exclusivo de España, sino de todos los países que forman parte de la CNLUD y, por ende, de la propia Convención.

Con motivo de la decimoquinta Conferencia de las Partes (sesiones para evaluar la implementación de la CNULD), celebrada en Abiyán (Costa de Marfil) y aprovechando que el día mundial contra la desertificación y la sequía (17 de junio) se celebró en Madrid en 2022, España renovó su PAND. La nueva Estrategia Nacional de Lucha contra la Desertificación supone la ratificación de los paisajes de 2008 y una actualización de cifras que datan de hace más de veinte años (de hecho, los datos utilizados en SURMODES son anteriores a 1998). Si bien la nueva estrategia tampoco ofrece un plan concreto, propone un marco en el que ir desarrollando diversas iniciativas, consciente de que estamos en un momento de profundos cambios en la forma de abordar la desertificación. Uno de ellos fue reconocer que los mapas de desertificación realizados hasta la fecha no sirven, y el otro ha sido la citada NDT, que exploramos a continuación. Ambos hechos son, además, un buen caldo de cultivo para la investigación y la innovación, otro grupo de medidas con las que debe abordarse este problema.

6.2. LA NEUTRALIDAD DE LA DEGRADACIÓN DE LAS TIERRAS

La CNLUD incorporó la idea de un «mundo neutral en cuanto a la degradación de la tierra» en las conclusiones de la Conferencia de las Naciones Unidas sobre el Desarrollo Sostenible (Río+20) *El futuro que queremos.* Alrededor de 2008, la CNULD inició una búsqueda de herramientas para revitalizar la Convención y mejorar la visibilidad de su temática principal: el suelo y la tierra. Esta búsqueda puso de manifiesto el principio de compensación que ya se predicaba y practicaba en las convenciones ambientales hermanas. Así, la Convención Marco de Naciones Unidas sobre el Cambio Climático propone compensar las emisiones de carbono creando o potenciando sus sumideros. Por su parte, el Convenio de Naciones Unidas sobre la Diversidad Biológica tiene como objetivo compensar la pérdida de hábitats de biodiversidad en un lugar en desarrollo, como la expansión urbana, mediante la conservación/restauración de hábitats de biodiversidad en otro lugar que los había perdido, de modo que no se produzca una pérdida neta y, preferiblemente, se obtenga una ganancia neta de biodiversidad sobre el terreno a escala global.

La NDT se define como «un estado en el que la cantidad y la calidad de los recursos de la tierra necesarios para apoyar las funciones y los servicios de los ecosistemas y mejorar la seguridad alimentaria permanecen estables o aumentan dentro de escalas temporales y espaciales y ecosistemas específicos». La NDT forma parte de los ODS. En concreto, está incluida en la meta 15.3, que propone «luchar contra la desertificación, restaurar las tierras y los suelos degradados, incluidas las tierras afectadas por la desertificación, la sequía y las inundaciones, y esforzarse por lograr un mundo sin degradación de la tierra» para 2030.

La NDT combina dos tipos de acciones: (i) reducir la tasa de degradación de las tierras no degradadas y (ii) aumentar la tasa de restauración de las tierras degradadas. La implementación de la NDT no es trivial. Para ello, el órgano científico que asesora a la CNLUD lleva años trabajando para aclarar conceptos y proponer líneas de actuación. Entre ellas (Figura 21) merece destacar las siguientes:

Es necesario subrayar que la NDT no debe interpretarse como una licencia para degradar. Este es un aspecto que los expertos en la materia destacan como principal premisa. La NDT será la base de los Planes de Acción contra la Desertificación, cuyo radio de acción es nacional. Cada país debe considerar subdivisiones territoriales en las que aplicar la NDT. Para ello pueden seguirse, por ejemplo, criterios administrativos (provincias) o físicos (cuencas hidrográficas). La compensación entre degradación y regeneración debe de hacerse dentro de los mismos usos del suelo o tipos de cobertura en cada una de esas zonas. Este mecanismo evita la propagación de la degradación, ya que las compensaciones se circunscribirán a las subdivisiones territoriales elegidas. En otras palabras, no puede compensarse la erosión que pueda desencadenarse por el cultivo de especies leñosas en la cuenca del Guadalquivir con la reforestación de bosques tropicales en Centroamérica, sino con la recuperación de tierras agrícolas en esa misma cuenca.

La NDT se despliega a través de tres tipos de acciones —evitar, reducir, revertir— donde el orden en el que se presentan determina su preponderancia. La razón es que, dada la naturaleza irreversible de la desertificación, atacar el problema cuando está muy avanzado es la opción menos efectiva y más cara. Así, es conveniente detectar qué usos del suelo pueden desencadenar procesos de degradación o promover el uso de cubiertas verdes en la agricultura, que llevar a cabo restauraciones forestales en lugares desprovistos de suelo fértil.

Las diversas acciones que deben llevarse a cabo para conseguir la ansiada neutralidad deben implementarse a través de la planificación territorial ya existente. Esta es una tarea compleja, pues requiere evaluar los planes vigentes y analizar qué impacto tienen y qué acciones regenerativas proponen. Aplicar la NDT supone, en último término, poner orden entre los planes existentes, descubrir solapamientos y solventar incongruencias. La agregación de las acciones propuestas no puede superar el nivel de degradación de 2015, de modo que este es el umbral elegido por la CNULD como límite superior de la degradación.

Para vigilar el progreso de la NDT se propone un mínimo de tres indicadores. Estos son mejorables y ampliables, y cada país tiene la potestad de implementar los que crea convenientes, respetando los tres propuestos. El primer indicador es la evolución de la cubierta terrestre, que refleja la dinámica del uso del suelo y revela los cambios en la cobertura vegetal y la consiguiente fragmentación del hábitat e intensificación del uso de recursos. El segundo es la productividad de la tierra, que informa sobre cambios rápidos en la funcionalidad del ecosistema. La interpretación de este indicador no es sencilla y debe hacerse junto al primer indicador. Aumentar la productividad de un territorio puede suponer que se esté degradando. El citado ejemplo del regadío como barrera contra la desertificación es uno de ellos. Otro caso puede ser la tala de un bosque, que en términos de productividad primaria supone un claro aumento, pues la biomasa acumulada en los árboles se transforma en un banco de nutrientes que los primeros años de explotación resultan en un gran incremento de la productividad primaria. Por último, el SOC refleja cambios más lentos resultantes de los efectos netos del crecimiento de la biomasa y de su perturbación/eliminación, lo que le convierte en un indicador de resiliencia.

Además de elegir los indicadores, es necesario proponer una métrica concreta. Así, por ejemplo, para el segundo indicador existen numerosas posibilidades. Muchos se basan en el Índice de Vegetación de Diferencia Normalizada (NDVI en inglés), que presenta una alta correlación con la Productividad Primaria Neta. En función de los datos disponibles se podrán elegir unos u otros. Ha de tenerse en cuenta que uno de los objetivos de los indicadores es hacer un seguimiento y, por tanto, la métrica elegida debe mantenerse.

Un sencillo ejemplo puede ayudarnos a entender cómo puede implementarse la NDT. Si nos centramos en las cuencas mediterráneas andaluzas, concretamente en las de la provincia de Granada, veremos que en las últimas décadas se han instalado invernaderos repletos de hortalizas y plantaciones de cultivos tropicales (chirimoyo y aguacate principalmente) que acaparan un territorio seco y abrupto. Gracias al aporte de aguas subterráneas, en primera instancia, y a la derivada de diversos embalses, el lugar, conocido como la Costa Tropical, ha vivido un rápido crecimiento económico, aprovechando que muchos de esos cultivos crecen bien en el clima templado de la zona.

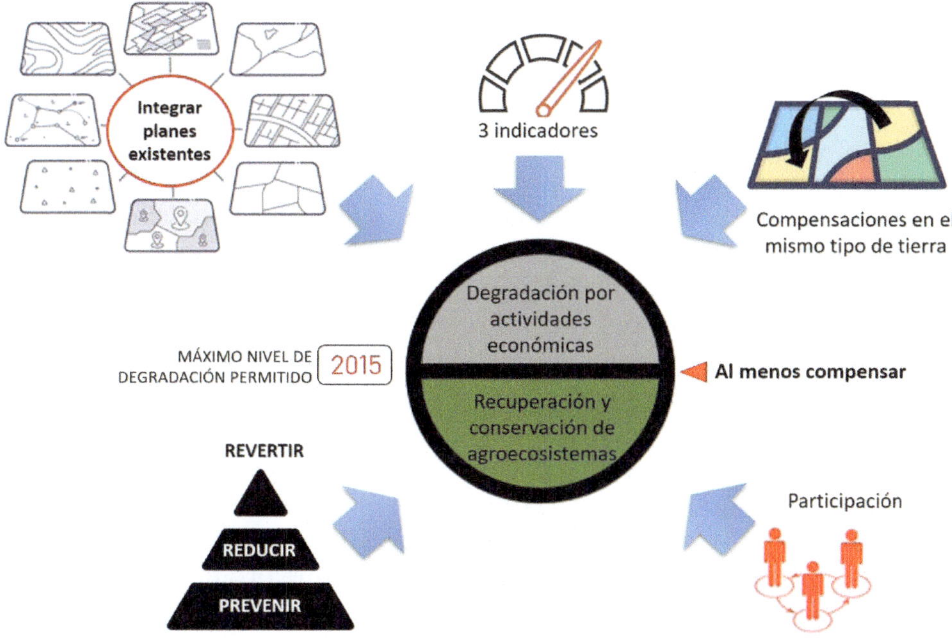

Figura 21. Principios de la NDT. Se trata de compensar generada en un territorio de modo que no se sobrepase la degradación registrada en 2015. Para ello es necesaria la participación ciudadana, priorizar las estrategias de prevención, integrar la planificación ya existente y hacer un seguimiento del proceso mediante diversos indicadores. Fuente: Elaboración propia.

Las consecuencias del creciente bombeo de estas masas de agua subterráneas han terminado por arruinarlas, principalmente por problemas de intrusión marina. Sin embargo, la alta rentabilidad de la actividad agrícola, además de las generosas aportaciones del turismo, han derivado en una espiral incontenible de la demanda de agua. Tradicionalmente, esta demanda trata de satisfacerse mejorando la eficiencia en el uso del agua y aportando nuevos recursos hídricos. Desde el punto de vista de la Directiva Marco del Agua y de la NDT, y considerando el declive de los recursos hídricos en toda la región mediterránea debido al cambio climático, la forma de proceder debería ser otra.

En primer lugar, habría que hacer un balance exhaustivo de los recursos hídricos disponibles y de la demanda asociada a cada uso. Además, habría que coordinar los diversos planes de la zona, que se articulan desde diversos niveles administrativos (ayuntamientos, comunidades autónomas y nacional). Por ejemplo, los planes de regadío tendrían que tener sentido con la planificación hidrológica. Probablemente sea necesario disminuir la superficie de riego —o cuando menos contenerla—, o apostar por cultivos y variedades adaptados al cambio climático. Así, en el contexto mediterráneo, con sequías cada vez más inesperadas y agudas, tiene más cabida el algarrobo que el chirimoyo. La apertura y búsqueda de nuevos mercados que demanden productos de alimentación (pitaya) cosméticos (jojoba) y medicinales (aloe vera) o esencias aromáticas (romero, lavándula, etc.) permitiría establecer cultivos rentables que necesitan mucha menos agua. Además, deberían planificarse acciones en busca de nuevos recursos hídricos locales, con el fin de reducir la dependencia de la incierta llegada de recurso de otras zonas. Por un lado, fomentando la regeneración de aguas residuales para el riego. Por otro, mediante la construcción de plantas desaladoras ligadas a energías renovables. Para mejorar la recarga de los acuíferos y recuperarlos como suministro de agua estratégico, sería necesario implementar restauraciones hidrológico-forestales en las cabezas de las cuencas. Ese sería un claro ejemplo de la compensación que propone la NDT, en el que el uso de las aguas subterráneas se vería neutralizado por mejoras ambientales en el mismo territorio (y no con restauraciones forestales que se ejecutan a miles de kilómetros que prometen compensar la huella de carbono local).

Una vez limitada la superficie en riego tienen sentido aquellas medidas que mejoran la eficiencia en el uso del agua. En efecto, métodos de riego eficientes, y uso de la agricultura inteligente (por ejemplo, la tecnología dedicada a proporcionar el agua y fertilizantes de acuerdo con las condiciones meteorológicas del momento y el estado fenológico de la planta), suponen una disminución del consumo de agua que, al no dedicarse a una nueva parcela de regadío, se convierten en un ahorro de agua real (cortocircuitando la citada paradoja de Jevons que veíamos en el capítulo anterior).

Por último, y sin pretender agotar otras opciones fruto de un análisis más exhaustivo que supera el propósito de un mero ejemplo, sería interesante promover otras actividades económicas y diversificar las posibilidades de ingresos. Además del turismo, que debería ser consciente de la realidad hídrica del lugar que visitan y adecuar sus patrones de consumo, el pastoreo extensivo es un excelente modo de aprovechar recursos que de otra manera sirven para aumentar el riesgo de incendios. El generoso aporte del monte mediterráneo a la producción ganadera es una actividad económica que debe formar parte de una nueva forma de explotar el territorio, más enfocado en la calidad de sus productos, que, en el volumen, y que además propaga hacia esos despoblados territorios interiores, una forma de ganarse la vida.

Como vemos, desde la perspectiva de la NDT, la creciente brecha hídrica no se aborda ofertando más agua, sino proporcionando nuevas formas de uso del territorio, acompañadas de la reclamada ordenación territorial, que debe ser consciente de sus recursos y debilidades, y contar con la implicación de los diversos colectivos que viven en ese lugar.

6.3. LA LUCHA CONTRA LA DESERTIFICACIÓN A TRAVÉS DE OTROS ODS

La LDN está impregnada de un marcado carácter ambientalista en el que prima limitar la degradación. Como hemos visto, se integra en la ODS 15 (Vida de Ecosistemas Terrestres), lo que impide relacionarla directamente con cuestiones socioeconómicas. Sin embargo, diversas corrientes en la CNULD abogan por políticas de desarrollo en la que se intensifique el uso del suelo para atajar algunos de los problemas más acuciantes, como son el hambre (ODS 2), la pobreza (ODS 1), la salud (ODS 3) o el acceso al agua potable (ODS 6). Solo promoviendo el desarrollo de estas zonas pobres se puede detener la espiral de degradación que implica vivir de unos recursos famélicos. El regadío se ha consolidado en la principal herramienta para alcanzar esas metas y ha derivado en el deterioro de las aguas subterráneas en todas las zonas áridas, puesto que las extracciones superan a las tasas de recarga. Vemos otra complejidad del problema: la falta de desarrollo conlleva desertificación, pero el exceso de desarrollo también. Esta misma tensión se percibe a la hora de abordar los ODS, en las que hay objetivos que requieren ralentizar la actividad económica, mientras que otros necesitan urgentemente que ésta crezca.

Si son esenciales los mencionados ODS en la lucha contra la desertificación, no lo es menos el ODS 5 (Igualdad de género). La conexión entre presión demográfica y desertificación es evidente. Se prevé que la población de las zonas áridas aumente de 2.700 millones en 2010 a 4.000 millones en 2050. Este crecimiento es especialmente pronunciado en el Sahel (se espera que crezca un 312% a finales de siglo), Oriente Medio, Asia central y las regiones costeras del este, sur y sureste asiático. Las altas tasas de natalidad tienen mucha relación con la marginalización de la mujer en estas sociedades, donde queda relegada a una función casi reproductora y asume gran parte de las tareas del campo donde, sin embargo, no puede tomar decisiones. Para romper estos efectos perniciosos es necesario un acceso igualitario a la tierra, el agua, el crédito, los servicios de asesoramiento agrícola y la tecnología. La educación es especialmente importante (ODS 4). Una mejor educación en las mujeres se traduce en mayores oportunidades laborales, lo que reduce la desigualdad y la pobreza y se traduce en un mayor control sobre la salud reproductiva y, en consecuencia, sobre su natalidad. Las mujeres económicamente empoderadas son más independientes y, por lo tanto, menos vulnerables a la violencia y mucho menos vulnerables a propuestas desiguales como el matrimonio poligámico. Es fundamental garantizar los derechos de las mujeres a la tierra y la seguridad de la tenencia (ODS 5.1) para reducir pobreza y degradación de la tierra.

El desacoplamiento entre las causas de desertificación y la degradación de la tierra, que veremos con más detalle en el siguiente capítulo, nos lleva a poner la mirada en ODS propios de las sociedades urbanas, donde vive la mayor parte de la población (más del 50% y subiendo). En efecto, el consumo responsable (ODS 12), es una vía para minimizar el impacto del consumidor en el medio a través de sus decisiones, apoyando la producción sostenible y rechazando aquellas que generan degradación. Los cambios en nuestro estilo de vida deben reflejarse no solo en los alimentos que demandemos, si no en el uso de energías más limpias (ODS 7) y en la adecuada gestión de los residuos que producimos (ODS 11), lo que debe conducirnos a economías circulares que reduzcan el consumo de recursos naturales.

Figura 22. La lucha contra la desertificación a través de distintos ODS. Fuente: Elaboración propia.

Como vemos a través de estos breves ejemplos, las conexiones entre los ODS y la desertificación no se restringen a la explícita lucha contra la desertificación anunciada en la meta 15.3, o a las políticas medioambientales que comparte con el ODS 15, sino a multitud de acciones indirectas que se implementan a través de diversos ODS. El reto es buscar sus sinergias y minimizar los conflictos que puedan surgir entre ellos.

6.4. PEDAGOGÍA PARA COMBATIR LA DESINFORMACIÓN

Narrativas engañosas

Vivimos una época llena de contradicciones. Entre ellas destaca el hecho de que el acceso a la información es más sencillo que nunca, pero esta no siempre apunta en la misma dirección. En relación con el tema de estudio de este libro, el regadío se erige, desde determinados intereses, como una barrera contra la desertificación, lo cual conlleva varios errores. En primer lugar, el considerar que la desertificación es algo que avanza y que por tanto necesitamos murallas tras las que parapetarnos (aspecto en el que ya hemos incidido). En segundo, mantener regadíos en condiciones de aridez (o de hiper aridez, como sucede en el desierto del Sahara o el Arábigo) implica un enorme gasto de agua que, en muchas ocasiones suponen desencadenar un verdadero proceso de desertificación (recuérdese la sección 5.1), al acabar con el recurso que, bien gestionado, sí es un verdadero puntal para lidiar con la desertificación. En sentido figurado, el regadío puede actuar efectivamente contra la desertificación, puesto que aborda la dimensión económica del problema, pudiendo ofrecer un desarrollo socioeconómico que acabe con la pobreza. En esta causalidad agua-desarrollo-menos pobreza, el regadío es un instrumento necesario para conseguir los ODS 1 y 2. Sin embargo, debe de hacerse de modo que no sea un espejismo y derive en un episodio de riqueza efímera que agote el territorio y deje una situación peor que la de partida (pobres y sin recursos que explotar).

Las falacias alrededor del regadío continúan al considerar que son excelentes sumideros de carbono cuando, a excepción de algunos regadíos tradicionales, normalmente es lo contrario. En efecto, la capacidad de almacenar CO_2 de un cultivo depende de su tiempo de vida, y en el caso de los regadíos, ese ciclo es muy corto. También depende de la cantidad de materia orgánica del suelo, que en los métodos actuales de cultivo se ve reducida (vimos en el capítulo 3 como la agricultura ha emitido más carbono a la atmósfera que los combustibles fósiles). Además, debemos considerar todos los gases de efecto invernadero que un cultivo genera en su producción y su consumo, que superan con mucho el CO_2 almacenado

Otro discurso estable, por más que se evidencie lo contrario en diversas regiones del mundo, es que las mejoras en la eficiencia del riego se traducen en enormes ahorros de agua. Aquí la confusión radica en la escala a la que prestemos atención, como ya vimos. Así, a escala de parcela sin duda es un ahorro de agua, pero si se consideran de forma agregada los recursos hídricos de una zona y su uso, veremos que el ahorro no es tal, ya que lo que le sobra a una parcela se utiliza para regar otra, con lo que el aumento en la eficiencia de riego suele ir acompañado de la expansión de la superficie de regadío.

Greenwashing

El interés por el medio ambiente es generalizado, y gran parte de la población es consciente de que nuestra forma de vida no es muy ecológica. La influencia de una sociedad cada vez más urbana en el uso del territorio puede hacerse mediante la elección de productos más o menos sostenibles. Aprovechando esta coyuntura se nos ofrecen todo tipo de productos que vinculan su adquisición con la promesa de crear un mundo más justo, utilizar los recursos de manera sostenible, conservar determinadas especies o reforestar el planeta. Son todas ellas iniciativas loables pero que, en general, hacen de esa lucha un reclamo publicitario en busca de una mayor cuota de mercado. Este tipo de prácticas, que en última instancia persiguen crear una marca «ecológica», «verde», o «sostenible» —con los diversos matices que se pueden añadir a estos conceptos— se conoce como *greenwashing*.

Aparentemente somos los consumidores más ecológicos de la historia, pero el planeta está más deteriorado que nunca. Existen mecanismos, como el etiquetado, que pueden premiar los modos de producción más sostenibles, pero para ello antes hay que acordar qué es verdaderamente sostenible. En muchas regiones donde los acuíferos han sido sobreexplotados y están contaminados por nutrientes o intrusión marina, se ven iniciativas tan inefectivas como cándidas, como es la prohibición de botellas de plástico, cuando en ese mismo lugar cada kilo de producto producido requiere casi 15 gramos de plástico debido al uso de este material en todo el proceso productivo. Del mismo modo, encontramos productos ecológicos que lo son por cumplir con la normativa, pero que en su producción generan graves externalidades negativas. La distorsión, de nuevo, hay que achacarla, al menos en parte, a la diferencia de escalas espaciales. Los productores se centran en mejorar determinadas prácticas y ceñirse a la legalidad vigente, pero la desertificación ocurre a escala de paisaje y son las administraciones las que deben ofrecer planes a esa escala.

Sin embargo, a pesar de que encontremos muchos ejemplos de este tipo, el etiquetado es un buen mecanismo para comunicar las preferencias del consumidor, que debe ser pulido y respaldado por un verdadero uso sostenible de los recursos. Es palpable el creciente interés del consumidor por su impacto en el medio y el aumento en la demanda de productos que minimicen su impacto en la naturaleza. Si los consumidores están dispuestos a apoyar formas de producción de alimentos sostenibles, entonces es cuando puede verdaderamente haber un cambio real. No hemos de olvidar que ello implica internalizar esas externalidades negativas, lo que se traduce en productos más caros.

La visión «túnel de carbono»

A pesar de que la NDT destaca las acciones preventivas por encima de cualquier otra, las restauraciones forestales se están imponiendo como la principal solución para combatir el problema. Con ello se aprovecha la sinergia que supone actuar simultáneamente contra el cambio climático (ODS 15), el de más calado social. Ello encaja, además, en el marco que ha propiciado el Decenio de las Naciones Unidas sobre la Restauración de los Ecosistemas (2021-2030), que promueve la financiación de este tipo de acciones.

La prevalencia de la reforestación por encima de cualquier iniciativa se enmarca en lo que se conoce como visión de túnel de carbono. La metáfora fue propuesta por Jan Konietzko, y representa a una persona que mira al horizonte, donde se sitúa la transición ecológica. Allí se encuentran asuntos y retos como la crisis del agua, la salud, las emisiones de carbono, la pérdida de biodiversidad, la desigualdad, la contaminación atmosférica, la pobreza, etc. Es decir, todos los aspectos que debería abordar la transición ecológica. Sin embargo, sus ojos solo se dirigen hacia una de ellas: las emisiones de carbono.

Esta es otra ramificación del *greenwashing*. La compra de un cartón de leche nos promete plantar un árbol, igual que hacerse cliente de un banco. Hay dos importantes aspectos derivados de esta nueva obsesión del siglo XXI. El primero es ignorar los vínculos entre el amplio espectro de impactos ambientales y sociales, como la pérdida de biodiversidad, la conversión de tierras o la igualdad de género. El segundo es poner por encima de cualquier otra cosa la necesidad de neutralizar esas emisiones. Ello nos está abocando a reforestar masivamente territorios, lo que puede empeorar el problema de partida. Afortunadamente, las restauraciones forestales han ido evolucionando hacia prácticas que consideran el ecosistema en su conjunto. Hasta hace poco se diseñaban para crear una tupida cubierta vegetal, utilizando especies de crecimiento rápido con el fin de detener los problemas de erosión y estabilizar laderas, lo que en realidad no dejaba de ser una solución más técnica que ecológica. A pesar de los nuevos matices que se tienen en cuenta (especies adaptadas al territorio, creación de mosaicos vegetales en lugar de promover masas forestales homogéneas), los efectos colaterales que supone reverdecer grandes territorios a base de plantar árboles no son despreciables, lo que de nuevo refleja que revertir la desertificación es sumamente complejo. Hay diversos estudios que advierten del empobrecimiento del balance hídrico derivado de aumentar la evapotranspiración del territorio. En China, por ejemplo, el agua que utiliza la mega-reforestación de la Meseta de Loess, entra en competencia con el consumo humano y en Sierra Espuña (Murcia) el recubrimiento de la sierra con pinos supuso el agotamiento de numerosos manantiales.

No hay duda de que el cambio climático se encuentra entre los desafíos más apremiantes para la sostenibilidad ambiental, y que la restauración ecológica es una herramienta necesaria para recuperar territorios degradados (a ella hemos recurrido en nuestro ejemplo de la implementación de la NDT para favorecer en el medio o largo plazo la recarga de los acuíferos). De hecho, una de las iniciativas más ambiciosas a nivel mundial en la lucha contra la desertificación es la Gran Barrera Verde del Sahara y el Sahel (GBV). Se trata de una inversión multimillonaria, en la que participan distintos países, organizaciones internacionales y la sociedad civil, que ambiciona crear una franja vegetal de 8.000 km, desde Senegal a Yibuti, que cubra 100 millones de hectáreas. Este megaproyecto ha tomado nota de los errores del pasado. Por un lado, se desmarca de las reforestaciones entendidas como infraestructuras que contienen el avance del desierto. Por otro, bebe de iniciativas locales que han supuesto una mejora en la vida de la gente, como los «zai» de Níger y Burkina Faso, una técnica tradicional que consiste en una retícula de hoyos de plantación profundos practicados en suelos compactos, que mejoran la infiltración y la retención del agua durante los periodos secos. La GBV no consiste únicamente de plantar árboles, sino en crear un mosaico vegetal con diversas especies. La idea es que provean una gran variedad de servicios ambientales: alimento, combustible, sombra, conservación de agua, depósitos de carbono, protección del suelo, etc., de manera que mejoren las condiciones de vida sin que el medio se degrade.

Sin embargo, y como quiere remarcar el título de este capítulo, las restauraciones son parte de una solución compleja, y «solo» sirven para los casos de desertificación heredada, es decir, aquellos que dejaron un rastro de destrucción del que aún no nos hemos recuperado. Como bien destaca la NDT, y ha sido siempre una premisa de la CNULD, las iniciativas más efectivas son las preventivas, y ellas pasan por implementar planes de ordenación del territorio que armonicen la disponibilidad de recursos naturales con su uso.

7. *En un mundo global*

Parte de la inefectividad de la lucha contra la desertificación se debe a la adopción de políticas que van de arriba hacia abajo, lo que supone obviar el contexto local y regional y pretender que soluciones generalistas funcionen en todas partes. De hecho, esa es una de las críticas que aborda el paradigma de la CE, que descarta la posibilidad de hacer mapas de desertificación globales y sugiere desarrollar métodos adaptados al contexto socioeconómico local y a la percepción de desertificación de cada sitio. Si bien es necesario dar más peso a los procedimientos *bottom-up,* como defiende la NDT, no podemos obviar la importancia de determinados procesos que ocurren a escala global. Aquí nos vamos a referir a los socioeconómicos (sección 7.1) y a los climáticos (sección 7.2) en correspondencia con las dos causas de desertificación señaladas en la definición del problema.

7.1. TELEACOPLAMIENTO, CUANDO LO GLOBAL DETERMINA LO LOCAL

Como vimos, los bloques con los que se hace efectiva la CNLUD son los planes de acción nacional. A través de ellos debe implementarse en cada país la lucha contra la desertificación. Sin embargo, estos planes no son vinculantes, de modo que muchas veces resultan en una amable declaración de intenciones. Aunque algunos países cumplan con el difícil compromiso de ser neutros, si no lo hacen todos, se crean vías de escape (lo que podemos denominar el «NDT leaks») que convierten a determinadas regiones en verdaderos sumideros de degradación y a otros en exportadores.

En determinadas zonas del mundo, que generalmente coinciden con los países más desarrollados, vemos cómo en las últimas décadas se han ido imponiendo políticas conservacionistas que han aumentado su biomasa forestal, a lo que ha ayudado el masivo abandono del medio rural. Priman las sociedades urbanas que cubren sus necesidades con alimentos y materias primas que vienen de otros países o continentes. Recientes estudios nos advierten que los países que más consumen importan buena parte de sus alimentos y materias primas. En efecto, hoy en día, con la globalidad imperante, no parece muy sensato restringir nuestra visión a fronteras políticas. En un interesante trabajo, Yu y colaboradores nos hablan de cómo está cambiando la proporción de los alimentos que se producen dentro y fuera de un país. Puede que no nos sorprenda que esta ratio sea 8-92 para Japón o 20-80 en el Reino Unido, dos islas densamente pobladas. Pero sí es llamativo que, en Europa, de media, entren más alimentos de fuera que los que se producen, y que en un país como España, con tanto campo, la proporción sea 37-63. La huella fuera de nuestras fronteras es profunda.

La globalización se ha traducido en un desacoplamiento espacial entre los centros de consumo y los centros de producción. El denominado teleacoplamiento, que consiste en la intensificación y aceleración de las interacciones medioambientales (propagación de especies invasoras) y socioeconómicas (comercio o transferencia de tecnología) entre lugares alejados, es el marco recientemente propuesto para estudiar cómo cambia el uso del suelo en un lugar como consecuencia de las decisiones que se toman a miles de kilómetros. Estas distorsiones impiden afrontar los problemas de manera aislada. Aunque las interacciones medioambientales a distancia han existido desde la formación del planeta Tierra, y las interacciones socioeconómicas, se han producido desde el principio de la historia de la humanidad, debido a las infraestructuras que hemos creado, los medios de desplazamiento de mercancías y personas, y el flujo de información instantáneo, estos intercambios y dispersiones ocurren a una escala y velocidad que no tienen precedentes.

El reto para implementar la NDT es mayúsculo. Elaborar mapas de desertificación es un desafío considerable debido a, entre otras cosas, las discontinuidades espaciales que supone el desacoplamiento entre causas y efectos. Antes se concebía esta cartografía como el resultado de una serie de condiciones locales, como el clima, la erosión, o la presión demográfica. Hoy pueden darse procesos de desertificación en un paisaje despoblado, pero altamente mecanizado; los factores que explican esa intensificación del uso del suelo y sus efectos ambientales y sociales, están a miles de kilómetros, son inaprensibles, no se puede reflejar en un mapa local o regional (al menos sin tener en cuenta esta perspectiva).

Un ejemplo actual y cercano es la sustitución de la ganadería extensiva europea por un modelo ganadero industrial (paradigma que se dio a conocer en 1999 como la «revolución ganadera») que depende, en gran medida, de la soja sudamericana. La reclusión del ganado en grandes naves libera presión sobre los recursos pastables. Ello se traduce en un aumento de la cubierta forestal y de la productividad primaria asociada al reverdecimiento del campo abandonado. En España, entre 2000 y 2010, unos 7 millones de hectáreas de bosque secundario han mejorado su condición. Sin embargo, el teleacoplamiento enmascara procesos de desertificación que se exportan a otras regiones, en las que enormes extensiones de bosques primarios han sido sustituidas por monocultivos de soja. Para alimentar a la ganadería estabulada española se importaron durante ese período casi 32 millones de toneladas de soja, de las cuales 22 provenían de Sudamérica. Ello supuso la deforestación de 1,22 millones de hectáreas de ecosistemas sudamericanos de gran valor, como, por ejemplo, el bosque seco del Chaco, la selva amazónica o el Cerrado.

En el mundo globalizado que habitamos, los ejemplos de teleacoplamiento abundan. Las políticas de biocarburantes en Estados Unidos y Europa, catalizan cambios en el uso de la tierra que tienen repercusiones socioeconómicas y medioambientales en diversas zonas del planeta. La creciente demanda de quinoa debido a sus alabadas propiedades nutritivas, ha transformado por completo el altiplano andino. El cultivo se ha intensificado, agotando los nutrientes de un suelo no muy agraciado. Se ha desplazado a la ganadería de llamas y alpacas, y la gente local tiene poco acceso a un alimento que ha sido tradicionalmente la base de su dieta, puesto que se exporta en su mayor parte. Todo ello en un corto espacio de tiempo. A una velocidad que impide evaluar si el cambio fue o no conveniente. O que, para cuando se quiere reaccionar, la vuelta atrás es complicada. Así que normalmente se convierte en una huida hacia adelante. En Irán podemos hablar de un fallo hídrico generalizado, tras agotar buena parte de sus acuíferos y liquidar el lago Urmia (Figura 13B). Parte del declive se explica por los enormes volúmenes de agua dedicados a la producción de pistacho para la exportación. Y el caso de los espárragos producidos en Perú, en una región donde la pluviometría no alcanza los 10 mm, solo tiene sentido por la demanda de este producto en Europa. Todos estos casos son desertificación, pero también teleacoplamiento (recordemos la Figura 12)

Estos cambios en el uso del suelo ofrecen, inicialmente, oportunidades a la población local de países en vías de desarrollo. En Sudán se ha incrementado la superficie de cultivo en los últimos años. Desde el punto de vista agrícola es mucho más productivo. Sin embargo, la ayuda internacional que recibe el país no para de crecer. La población pasa hambre. La explicación radica en una sutil actualización de la época del colonialismo, conocida como «acaparamiento de tierras» (y agua). Consiste en vender tierras gubernamentales, o expropiadas de forma sospechosa, a corporaciones u otros países. Los nuevos dueños se encargan de modernizar esas tierras y ponerlas en producción. Toda esa producción, que consta en las estadísticas como propia del país, desaparece en lejanos mercados. Los agricultores, sin papeles, sin tierra y con un enorme agujero en el estómago, tienen tres opciones: arrastrase tras las migajas de la ayuda internacional, emigrar hacia lugares más prósperos, o morir (igual que hacen los predadores cuando desaparecen las presas; Figura 19A).

Esta es una forma más agresiva del teleacoplamiento. Se trata del «acaparamiento de tierras y aguas» en países pobres, que ceden los derechos de amplias zonas a corporaciones o países. De esta forma, además de trasladar la huella ambiental de los consumidores a un lugar remoto, se crean graves problemas de seguridad alimentaria en los países productores, que en muchas ocasiones deben recurrir a la ayuda internacional. Considerar este tipo de interacciones es esencial para conseguir un mundo sostenible. Al igual que ocurre con el cambio climático, la degradación de la tierra debe de abordarse simultáneamente desde todos los países, para lo cual se antoja imprescindible crear unas reglas de comercio justo.

La globalización tiene enormes ventajas. Nos permite interaccionar mucho más, apreciar otras culturas, equilibrar desastres medioambientales que ocurren en un lado del planeta con las mercancías que llegan de otro, tener una dieta mucho más diversa, etc. El análisis de los cambios en el uso del suelo bajo el paradigma del teleacoplamiento nos puede ayudar a ir puliendo estas interacciones, de modo que utilicemos los recursos globales de forma racional, cubriendo carencias, generando oportunidades de empleo y negocio y dándonos cuenta de que hemos de ser cuidadosos con nuestra enorme capacidad de influencia sobre el medio.

7.2. CAMBIO CLIMÁTICO Y DESERTIFICACIÓN

Si recordamos la definición de la desertificación, veremos que las variaciones climáticas son una parte del problema. El cambio climático intensifica esas variaciones, al alterar los patrones espaciotemporales de temperatura, precipitaciones y viento. Además, la aridificación que conlleva la subida de las temperaturas y la disminución de las precipitaciones en determinadas regiones, ha significado una expansión de las tierras áridas. Según el AMD de 2018, una comparación de los periodos 1951-1980 y 1981-2010 muestra que las zonas áridas han aumentado en torno a un 0,35 % a nivel mundial. La cifra es probablemente mayor, ya que este análisis excluye los años más calurosos registrados (2015 a 2023). En concreto, los datos del AMD revelan que las zonas hiperáridas han aumentado un 1,35 %. Los estudios regionales de China (donde la aridez ha aumentado en el 75,9 % de su superficie terrestre durante el periodo 1961-2016) y Pakistán (aumento del 0,52 % de las tierras hiperáridas durante el periodo 1901-2016), y las estimaciones mundiales de los cambios en la aridez apuntan en la misma dirección. Así, bajo los escenarios de emisión de gases con efecto invernadero (RCP, *Representative Concentration Pathway Scenarios*) RCP8.5 y RCP4.5, hay estudios que apuntan a que las zonas áridas aumentarán un 23% y un 11%, respectivamente, en relación con la base de referencia de 1961-1990, lo que equivale al 56% y al 50%, respectivamente, de la superficie terrestre total. Por otra parte, hay estudios que aseguran que entre 1982 y 2015 se han degradado 5 millones de km^2 en las zonas áridas debido exclusivamente al cambio climático.

Aunque el cambio climático puede impulsar la desertificación, el proceso de desertificación también puede alterar el clima local. Estas retroalimentaciones pueden alterar el ciclo del carbono, y, por tanto, el nivel de CO_2 atmosférico y el cambio climático global asociado, o pueden alterar la energía superficial y el balance hídrico, lo que repercute directamente en el clima local (Figura 23). Las zonas áridas se caracterizan por una limitada humedad del suelo, en comparación con las regiones húmedas. Por lo tanto, el calor sensible (el calor que hace que aumente la temperatura atmosférica) representa más de la convección neta superficial que el calor latente (evaporación) en estas regiones. Este estrecho vínculo entre el balance energético de la superficie y la humedad del suelo en las zonas semiáridas y subhúmedas secas hace que estas regiones sean susceptibles de sufrir bucles de retroalimentación tierra-atmósfera que pueden amplificar los cambios en el ciclo del agua. Los cambios en la superficie terrestre causados por la desertificación (pérdida de cubierta vegetal y de capacidad de retención de agua) pueden modificar el balance energético de la superficie, alterando la humedad del suelo y desencadenando estas retroalimentaciones.

La arena y el polvo mineral se movilizan con frecuencia en los terrenos con escasa vegetación, formando «tormentas de arena» o «tormentas de polvo» (recuérdese el caso del *Dust Bowl*, Figura 14). Estos eventos pueden desempeñar un papel importante en el balance energético local. Al reducir la cubierta vegetal y secar la superficie, puede aumentar la frecuencia de estos fenómenos. Estos aerosoles de arena y polvo impactan en el clima regional de varias maneras. El efecto directo es la interceptación, reflexión y absorción de la radiación solar en la atmósfera, reduciendo la energía disponible en la superficie terrestre y aumentando la temperatura de la atmósfera en las capas con presencia de arena y polvo. El calentamiento de la capa de polvo puede alterar la humedad relativa y la estabilidad atmosférica, lo que puede modificar el tiempo de vida de las nubes y su contenido de agua, denominado efecto semidirecto. Los aerosoles también tienen un efecto indirecto sobre el clima a través de su papel como núcleos de condensación de nubes, cambiando sus propiedades radiativas, así como la evolución y el desarrollo de las precipitaciones. Aunque estos efectos indirectos son más variables que los directos, dependiendo de los tipos y cantidades de aerosoles presentes, la tendencia general es hacia un aumento del número, pero una reducción del tamaño de las gotas de las nubes, aumentando la reflectividad de las nubes y disminuyendo las posibilidades de precipitación. Estos efectos se denominan interacciones aerosol-radiación y aerosol-nube.

Al disminuir la cantidad de cubierta vegetal y, por tanto, aumentar la aparición de tormentas de arena y polvo, la desertificación aumentará la cantidad de enfriamiento por onda corta asociada al efecto directo. Existen algunas certezas en que los efectos semidirectos e indirectos de este polvo tenderían a disminuir las precipitaciones y, por lo tanto, proporcionarían una retroalimentación positiva a la desertificación. Sin embargo, también se ha observado que el efecto combinado del polvo aumenta las precipitaciones en algunas zonas. Por tanto, el efecto combinado global de los aerosoles de polvo sobre la desertificación sigue siendo incierto, con escasa concordancia entre los estudios que encuentran efectos positivos, negativos o inexistentes.

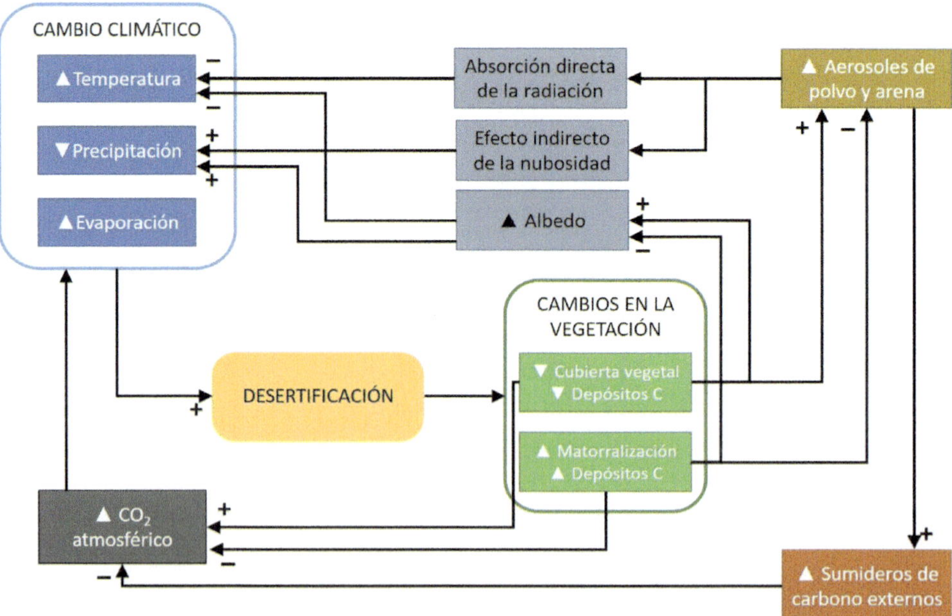

Figura 23. Esquema de las principales vías a través de las cuales la desertificación puede

retroalimentar el clima. Los efectos pueden ser positivos, negativos o indeterminados (cuando no hay signo), es decir, potencialmente tanto positivas como negativas. Fuente: Elaboración propia a partir de Mirzabaev et al. 2019.

Los aerosoles pueden actuar como vehículo para el transporte a larga distancia de nutrientes a los océanos y a las superficies terrestres, los denominados sumideros de carbono externos. En varios lugares, sobre todo en el océano Atlántico, al oeste del norte de África, y en el océano Pacífico, al este del norte de China, llega a los océanos una cantidad considerable de aerosoles de polvo mineral, procedentes de las tierras áridas cercanas. Se calcula que el 60% del polvo transportado desde África se deposita en el océano Atlántico, mientras que el 50% del polvo generado en Asia llega al océano Pacífico o más allá. El Sáhara es también una fuente importante de polvo para la cuenca mediterránea. Se ha comprobado que el efecto directo del polvo atmosférico sobre el océano es un enfriamiento de la superficie oceánica con un enfriamiento de la capa mixta tropical del Atlántico Norte de más de 1°C.

También se ha sugerido que el polvo puede actuar como fuente de nutrientes para la biota del océano superior, aumentando la actividad biológica y el sumidero de carbono asociado. La respuesta global depende de los controles ambientales sobre la biota oceánica, del tipo de aerosoles, incluidos sus componentes químicos, y del entorno químico en el que se disuelven. El polvo depositado sobre la nieve puede aumentar la cantidad de radiación solar absorbida, lo que provoca un derretimiento más rápido y afecta al ciclo hidrológico regional.

El aumento del albedo superficial (la capacidad de una superficie para reflejar la radiación solar) en las regiones áridas repercutirá en el clima local, disminuyendo la temperatura superficial y las precipitaciones, realimentándose positivamente. Estudios recientes han descubierto que el albedo en las regiones áridas puede estar asociado a las biocostras (capítulo 2; Figura 6), que son sensibles al cambio climático. Su alteración puede dar lugar a cambios en el albedo superiores al 30%. Existe otro mecanismo de retroalimentación entre los cambios en la cubierta vegetal, el albedo, los depósitos de carbono del suelo y las emisiones de gases de efecto invernadero asociadas, denominada forzamiento radiativo, que cobra especial relevancia en las tierras secas con bajos niveles de nubosidad. Se ha estimado que el cambio en el albedo de la superficie debido a la degradación de las zonas semiáridas ha disminuido el forzamiento radiativo en estas zonas en una cantidad equivalente aproximadamente al 20% de las emisiones antropogénicas mundiales de gases de efecto invernadero entre 1970 y 2005.

Los ecosistemas terrestres afectan la cantidad y composición de los gases de efecto invernadero a través de una serie de procesos, como el cambio en las reservas de carbono de las plantas y el suelo —secuestrando CO_2 atmosférico durante el crecimiento o liberando C durante la combustión o respiración de las plantas, y la oxidación del SOC—, o a través de procesos como la fermentación entérica de rumiantes domésticos y salvajes que conducen a la liberación de metano y óxido nitroso. Se calcula que entre 241 y 470 Gt de C se almacenan en los suelos de las tierras secas. Al evaluar el efecto de la desertificación, es necesario considerar el balance neto de todos los procesos y flujos de gases con efecto invernadero asociados. Como vimos, diversos procesos de desertificación (como la erosión) dan lugar a una pérdida de productividad y una disminución de las reservas de C por encima y por debajo del suelo.

Al mismo tiempo, se espera que una disminución de la productividad de las plantas pueda conducir a una disminución de las cargas de combustible y a una reducción de las emisiones de CO_2, óxido nitroso y metano procedentes del fuego. De forma similar, la disminución de la productividad puede conducir a una reducción de los rumiantes que, a su vez, disminuiría las emisiones de metano. La invasión de plantas leñosas (matorralización) puede dar lugar a reacciones climáticas significativamente diferentes. Por lo general, la cubierta leñosa provoca un aumento de las reservas de SOC en las zonas áridas, mientras que la invasión de especies leñosas puede provocar una pérdida de SOC en ecosistemas más húmedos.

La interacción entre diversos procesos bio-geoquímicos, desertificación y cambio climático también tiene un reflejo en el campo socioeconómico. Una respuesta lógica ante la perspectiva de sequías más prolongadas y una disminución de las precipitaciones es convertir el secano en regadío, con el fin de asegurar las cosechas. En sinergia con los mayores rendimientos y por tanto beneficios, la superficie en regadío en todo el mundo no ha parado de crecer. La extracción total anual de agua para usos agrarios, urbanos e industriales ha aumentado de menos de 580 km^3 al año en 1900, a más de 3.900 km^3 en 2016, y se espera que alcance entre 5.500 y 6.000 km^3 en 2050. El hecho de que el 70 % (2.800 de 4.000 km^3) del consumo mundial de agua se utilice en la agricultura pone el foco, irremediablemente, en este sector.

El impacto de la intensificación de la agricultura se ha dejado sentir notablemente y hay evidencias del declive generalizado de los lagos en todo el mundo, así como de las masas de aguas subterráneas. Los agricultores de todo el mundo demandan unos recursos hídricos cada vez más escasos y los conflictos por este estratégico recurso no hacen más que aumentar. Los tenemos a escala nacional, como muestra la creciente tensión entre las regiones por las que transcurre el transvase Tajo-Segura y las vemos en las secciones de noticias internacionales cuando, por ejemplo, aparece el conflicto entre Pakistán y la India en la disputada región de Cachemira por el control de los recursos hídricos.

El problema, lamentablemente, no se restringe solo a la provisión de recursos hídricos. Sabemos que hay un cambio climático de origen antropogénico en marcha. Lo que no parece tan claro es el sentido del cambio. Todo apunta a que, de media, hará más calor. Pero la media, como cualquiera que estudie estadística sabe, oculta muchos matices. Una de las mayores amenazas que supone este cambio, y sobre todo la velocidad a la que está ocurriendo, es el desacoplamiento entre la fenología de los cultivos y el clima. Es decir, que puede llover cuando no lo necesita el cultivo, o hacer calor cuando lo esperable era frío. Cada cultivo requiere una serie de condiciones de temperatura y humedad para cumplir con su ciclo vital y si alguna de esas etapas falla, no siempre se puede solucionar con un mayor aporte de agua. La incertidumbre está servida.

La buena noticia es que, al ser problemas tan íntimamente ligados, desertificación y cambio climático se pueden —y deben— abordar desde un mismo frente (como decíamos al hilo de la Figura 12 en el capítulo 3). La acción común más relevante es la restauración de los ecosistemas, que consiste en recuperar la masa forestal de los territorios deforestados. Sin embargo, como hemos presentado en el marco de la NDT (sección 6.2), es prioritario reorganizar los sistemas de producción agraria con el fin de reducir emisiones. Descarbonizar este sector, implementar una agricultura que permita regenerar el suelo agrícola (y así aumente su cantidad de SOC), y tratar de utilizar cultivos más adaptados al cambio climático, son algunas propuestas que ilustran este tipo de soluciones.

8. *Epílogo*

La desertificación es la pérdida de la fertilidad natural o de la capacidad productiva de un territorio debido a variaciones climáticas (que pueden ser sequías, pero también períodos húmedos que desencadenen usos del suelo más intensivos) y a la actividad humana. Es propia de las zonas áridas, donde los pobres balances hídricos ralentizan el metabolismo de la naturaleza, lo que hace de esta degradación, en sus fases avanzadas, un problema de carácter irreversible, al menos a escala humana.

En esas fases terminales, cuando el territorio ha perdido su vigor y termina por convertirse en un terreno baldío, su escasa productividad hace que se asemeja a la de un desierto, y de ahí el nombre con el que se conoce este proceso. Por tanto, no debemos equiparar la desertificación con el avance del desierto. Estos son lugares poco productivos, pero no deteriorados. Es decir, un desierto no puede dar más de sí debido a la poca agua que recibe y la natural falta de cobertura vegetal y suelos estructurados. La causa, de esta baja productividad es una sequedad propia del clima árido o hiperárido, pero en ello no ha intervenido el ser humando. Por el contrario, un lugar desertificado tiene unas condiciones climáticas que podrían dar lugar a una mayor productividad, y ello no es así debido a que se ha degradado.

Aunque la Historia recoge diversos episodios de degradación en diversas zonas áridas del planeta, la edad moderna de la desertificación podemos situarla en 1977, cuando se convocó la primera Conferencia de Naciones Unidas sobre Desertificación. Era la respuesta a las pavorosas imágenes que las televisiones de todo el mundo mostraban de la hambruna del Sahel. Las precipitaciones fueron mayores de lo habitual durante un tiempo y la población, atraída por la súbita explosión de fertilidad, se desplazó hacia regiones que hasta entonces solamente habían soportado un precario pastoreo nómada. Establecieron entonces cultivos y rebaños permanentes que vivieron algunos años de prosperidad. Pero la sequía que se inició en 1970 terminó por atrapar a 3 millones de personas entre el desierto del norte y las tradicionales tierras de cultivo, más al sur, cuya población también había aumentado. Como consecuencia de ello los recursos fueron esquilmados y la fertilidad de la tierra se agotó. Así fue cómo entre 50.000 y 250.000 personas perecieron, mientras que las cabezas de ganado perdidas se contaron por millones. La desertificación empezó a ser considerada como uno de los grandes desastres medioambientales a escala planetaria.

Desde sus inicios, la lucha contra la desertificación persiguió combatir el síntoma. Si el problema era la erosión, entonces se trataba de pararla restaurando la cubierta vegetal. Si el problema era la falta de agua, entonces se traía de otra parte o se construían embalses. Esta es una aproximación que requiere intervenir en el territorio y conocer cómo funcionan los ecosistemas. Hacen falta edafólogos que estudien el suelo, hidrogeólogos que comprendan el funcionamiento de las aguas subterráneas, ecólogos y biólogos que nos desentrañen los mecanismos de los ecosistemas y, por supuesto, ingenieros que sepan diseñar plantaciones forestales o agronómicas, calcular estructuras que almacenen y distribuyan agua, o diseñen mecanismos que usen con mayor eficiencia los recursos. La lucha contra la desertificación estaba confinada a las Ciencias de la Tierra y la Ingeniería.

Una comprensión más profunda del problema nos ha llevado a plantear cuestiones que sacan de ese domino a la desertificación. Las causas de la desertificación pueden explicarse en general por la sobreexplotación de los recursos, pero ¿qué lleva a sobreexplotarlos? Al abrir esa puerta entramos sin reparos en cuestiones socioeconómicas y en conceptos como el coste de oportunidad, la rentabilidad o el sistema de tenencia de la tierra. Entran en juego las Ciencias Sociales y llevamos la mirada del síntoma al verdadero origen de la enfermedad. Es cierto que entonces se complican las cosas. No basta con tapar la herida, sino que es necesario plantear todo un tratamiento para un desarreglo que tiene múltiples aristas. Usar los recursos por encima de sus posibilidades puede responder, como hemos visto en muchos de los ejemplos que hemos utilizado, a la necesidad de crear un sistema económico y alimentario más robusto, o a erradicar la pobreza. El diagnóstico es entonces clave, porque nos va a señalar qué factores están implicados. De esta manera podemos llegar a conectar la erosión que provoca el hecho de despojar un territorio de su capa protectora natural para aumentar la producción de un cultivo, con la demanda de ese producto en un mercado a cientos o miles de kilómetros. El problema, entonces, revela su verdadera complejidad y nos sitúa en un tercer plano, que es el ético.

¿Está bien utilizar los recursos naturales de esta manera? ¿Lo justifica la situación? ¿Podemos degradar el territorio para enriquecernos o ello solo se puede consentir si es para asegurar la alimentación de la población? ¿Cómo puede admitirse esta forma de usar los recursos si consideramos las siguientes generaciones? Esta nueva perspectiva pone a la desertificación a la altura de un dilema moral. El reto que tenemos por delante, y que no podemos tardar mucho en resolver, es reconsiderar la forma que tenemos de usar los recursos naturales, lo cual es común a todos los problemas medioambientales (deforestación, contaminación por plásticos, cambio climático, extinción de especies, destrucción de hábitats, etc.).

Podemos enfocar de dos formas estos problemas. Por un lado, seguir apostando todas las fichas a la tecnología. Es una visión muy extendida y nos permite seguir con nuestro modo de vida. Es decir, lejos de coartar nuestro consumo y, refrendados por la historia reciente, consideramos que nuestro ingenio puede revertir los problemas que hemos creado y que, aunque esas tecnologías tengan sus efectos colaterales, también seremos capaces de resolverlos. Por ejemplo, si no tenemos agua suficiente podemos pensar en desalar agua de mar. Si eso genera demasiadas emisiones de carbono, entonces vincularemos las plantas desaladoras a plantas fotovoltaicas. La imposibilidad de utilizar esa agua directamente para el riego, el residuo salino vertido al mar, o las distancias a las que se debe bombear el agua tierra adentro, también se irán solucionando a base de nuevos inventos. Hasta la fecha, así es como hemos ido sorteando dificultades, pueden argumentar los partidarios de las soluciones tecnológicas.

La otra opción, más incómoda e incierta, consiste en cambiar nuestra forma de estar en el mundo. Pasa por recuperar nuestro vínculo con la naturaleza, reconocer que hay unos límites que no se pueden sobrepasar, y considerar el decrecimiento como un nuevo paradigma. Esto supone un cambio drástico en la trama de valores que actualmente dominan las sociedades. Supone realzar cuestiones como el reparto de la riqueza (que ya hacemos, por ejemplo, con el pago de impuestos proporcionado a los ingresos), desperdiciar menos alimentos, o reacoplarnos a la disponibilidad de recursos. Como irónicamente señala Martín Caparrós en el título de su libro *Contra el cambio*, no parecemos dispuestos a ello. Por el momento solo hemos hecho tímidas reivindicaciones, y nos sentimos cómodos, sobre todo en los países desarrollados, refrendando iniciativas que nos parecen justas y que se solventan firmando cartas de apoyo o haciendo pequeñas aportaciones económicas, pero sin perturbar nuestro estilo de vida.

Probablemente abordar la desertificación, y todos los problemas medioambientales que se refuerzan entre sí, este en algún punto intermedio de estas dos propuestas. La tecnología es la seña de identidad de nuestra especie, y debe servirnos para acercarnos a soluciones prácticas, pero sería un error pensar que va a solucionarlo por sí misma. Si hasta ahora —con el mayor despliegue tecnológico que conocemos— lo único que hemos hecho ha sido empeorar las condiciones naturales de nuestro hogar, la Tierra, tendremos que cambiar otras cosas para no cometer los mismos errores, cuya acumulación nos ha situado a las puertas de un futuro incierto.

Sirvan para cerrar este texto, del mismo modo que se abrió, unas citas a modo de reflexión y síntesis. La primera es un extracto de *20.000 leguas de viaje submarino*, de Verne, y nos sirve para recordar los límites del planeta y que es necesario adecuar el nivel de degradación a la capacidad de regeneración de la Tierra:

El Nautilus debió detenerse, pues, en su aventurera marcha por los campos de hielo.

—Señor —me dijo aquel día Ned Land—, si su capitán llega más lejos…

—¿Qué?

—Será un superhombre.

—¿Por qué, Ned?

—Porque nadie puede atravesar la gran banca de hielo. Es muy poderoso su capitán, pero ¡mil diantres!, no es más poderoso que la Naturaleza, y allí donde esta pone sus límites hay que detenerse, quiérase o no.

La segunda se atribuye a uno de los últimos jefes indios de Norteamérica, el jefe Seattle. Son sus postreras palabras en respuesta al presidente de los Estados Unidos, Franklin Pierce «el Gran Jefe de Washington», que hizo una última oferta por una gran extensión de tierras indias antes de lanzar el exterminio, prometiendo crear una «reserva» para el pueblo indígena. Con el paso del tiempo, el testimonio del Jefe Seattle refleja bien cómo el desarrollo exacerbado arruina el propio desarrollo, enjaulándonos en la penosa economía de subsistencia de la que pretendíamos huir:

¿Dónde está el matorral? Destruido

¿Dónde está el águila? Desapareció

Es el final de la vida y el inicio de la supervivencia.

Agradecimientos

Todo lo que aparece en este libro se lo he ido escuchando a los diversos mentores que he tenido en mi carrera científica. Además de buenos consejos prácticos, de amenas charlas informales y de numerosas recomendaciones literarias y académicas, escuchar narraciones bien armadas, me ha ayudado a hilvanar este texto. Estas aportaciones no habrían cuajado en artículos o libros de no ser por el contexto institucional, principalmente el Consejo Superior de Investigaciones Científicas (Estación Experimental de Zonas Áridas e Instituto de Economía y Geografía) y el Instituto Multidisciplinar para el Estudio del Medio de la Universidad de Alicante, en el que se han desarrollado. De manera más específica, he podido profundizar en el estudio de la desertificación debido a los fondos públicos con los que se han financiado los proyectos de investigación en los que he participado. Sin ser exhaustivo, mencionaré los principales: DeSurvey (European Commission FP6 Contract no. 003950), Biodesert (ERC Grant agreement 647038), y Sumhal (LIFEWATCH-2019-09-CSIC-4, POPE 2014-2020).

Tengo que volver a las personas, los mentores y amigos, y la larga lista de distintos profesionales (administrativos, bibliotecarias, gestores, informáticos) que son los que han hecho posible mi contratación en los citados centros y que haya podido desarrollar mis investigaciones y estudios. A todos, muchas gracias por vuestro apoyo durante tantos años.

Referencias

AGHAKOUCHAK, A., NOROUZI, H., MADANI, K., MIRCHI, A., AZARDERAKHSH, M., NAZEMI, A., NASROLLAHI, N., FARAHMAND, A., MEHRAN, A., y HASANZADEH, E. (2015). Aral Sea syndrome desiccates Lake Urmia: Call for action. *Journal of Great Lakes Research*, 41(1), 307–311.

ASOCIACIÓN HARMUSCH. (2015). Tras Los Pasos de Valverde: Expediciones Al Sahara Occidental. *Quercus,* 348, 26–33.

ASOCIACIÓN HARMUSCH. (2015). *Expediciones Zoológicas Al Sahara Atlántico.* Ediciones Rodeno.

BIERKENS, M. F. P., y WADA, Y. (2019). Non-renewable groundwater use and groundwater depletion: A review. *Environmental Research Letters,* 14(6), 063002.

BURRELL, A. L., EVANS, J. P., y KAUWE, M. G. (2015). Anthropogenic climate change has driven over 5 million km2 of drylands towards desertification. *Nature Communications,* 2020, 1–11.

CAPARRÓS, M. (2010). *Contra el cambio.* Anagrama. Barcelona.

CASTILLO SÁNCHEZ, V. M. (2022). Ciencia y política contra la desertificación: La respuesta de las instituciones ante un reto global. *Mètode,* 13, 67–73.

CHASEK, P., AKHTAR-SCHUSTER, M., ORR, B. J., LUISE, A., RAKOTO RATSIMBA, H., y SAFRIEL, U. (2019). Land degradation neutrality: The science-policy interface from the UNCCD to national implementation. *Environmental Science and Policy,* 92, 182–190.

CHERLET, M., HUTCHINSON, C., REYNOLDS, J., HILL, J., SOMMER, S., y VON MALTITZ, G. (2018). *World Atlas of Desertification* (M. CHERLET, C. HUTCHINSON, J. REYNOLDS, J. HILL, S. SOMMER, y G. VON MALTITZ (eds.)). Publication Office of the European Union.

COWIE, A. L., ORR, B. J., CASTILLO SANCHEZ, V. M., CHASEK, P., CROSSMAN, N. D., ERLEWEIN, A., LOUWAGIE, G., MARON, M., METTERNICHT, G. I., MINELLI, S., TENGBERG, A. E., WALTER, S., & WELTON, S. (2018). Land in balance: The scientific conceptual framework for Land Degradation Neutrality. *Environmental Science and Policy,* 79, 25–35.

DAVIS, D. K. (2016). *The arid lands. History, power, knowledge.* The MIT Press.

D'ODORICO, P., BHATTACHAN, A., DAVIS, K., RAVI, S., y RUNYAN, C. (2013). Global desertification: Drivers and feedbacks. *Advances in Water Resources,* 51, 326–344.

DEL BARRIO, G., MARTÍNEZ-VALDERRAMA, J., RUIZ, A., SANJUÁN, M. E., y PUIGDEFÁBREGAS, J. (2021). Land degradation means a loss of management options. *Journal of Arid Environments,* 189, 104502.

DELL'ANGELO, J., D'ODORICO, P., y RULLI, M. C. (2017). Threats to sustainable development posed by land and water grabbing. *Current Opinion in Environmental Sustainability,* 26–27, 120–128.

DI LAMPEDUSA, T. (2019). *El gatopardo.* Anagrama.

DREGNE, H. E., Y CHOU, N. T. (1992). Global desertification dimensions and costs. En H. E. DREGNE (Ed.), *Degradation & Restoration of Arid Lands* (pp. 249–282). Texas Tech University Press.

FAMIGLIETTI, J. S., y FERGUSON, G. (2021). The hidden crisis beneath our feet. *Science,* 372(6540), 344–345.

FAO. (2021). *The state of the world's land and water resources for food and agriculture. Systems at breaking point. Synthesis report.* Food and Agriculture Organization of the United Nations.

FERNÁNDEZ-ESCALANTE, E., FOSTER, S., y NAVARRO-BENEGAS, R. (2020). Evolution and sustainability of groundwater use from the Ica aquifers for the most profitable agriculture in Peru. *Hydrogeology Journal,* 28(7), 2601–2612.

FENG, X., FU, B., PIAO, S., WANG, S., CIAIS, P., ZENG, Z., LÜ, Y., ZENG, Y., LI, Y., JIANG, X., y WU, B. (2016). Revegetation in China's Loess Plateau is approaching sustainable water resource limits. *Nature Climate Change,* 6(11), 1019–1022.

FRIIS, C., & NIELSEN, J. (2019). Telecoupling. Exploring land-use change in a globalised world (C. FRIIS y J. Ø. NIELSEN (eds.)). Palgrave Macmillan.

GAO, H., BOHN, T. J., PODEST, E., MCDONALD, K. C., y LETTENMAIER, D. P. (2011). On the causes of the shrinking of Lake Chad. *Environmental Research Letters,* 6(3).

GARCÍA-RUIZ, J. M. (2010). The effects of land uses on soil erosion in Spain: A review. *Catena,* 81(1), 1–11.

GARCÍA-RUIZ, J. M., NADAL-ROMERO, E., LANA-RENAULT, N., y BEGUERÍA, S. (2013). Erosion in Mediterranean landscapes: Changes and future challenges. *Geomorphology,* 198, 20–36.

GARCÍA LATORRE, J., y GARCÍA LATORRE, J. (2007). *Almería: hecha a mano. Una historia ecológica.* Cajamar.

GOFFNER, D., SINARE, H., y GORDON, L. J. (2019). The great Green Wall for the Sahara and the Sahel initiative as an opportunity to enhance resilience in Sahelian landscapes and livelihoods. *Regional Environmental Change,* 19(7), 1417–1428.

GOULD, K. A., PELLOW, D. N., y SCHNAIBERG, A. (2004). Interrogating the treadmill of production: Everything you wanted to know about the treadmill but were afraid to ask. *Organization and Environment,* 17(3), 296–316.

GOYTISOLO, J. (1959). *Campos de Níjar.* Galaxia Gutemberg.

GRAINGER, A. (2015). Is Land Degradation Neutrality feasible in dry areas? *Journal of Arid Environments,* 112(2015), 14–24.

HOFFMANN, C., FUNK, R., REICHE, M., y LI, Y. (2011). Assessment of extreme wind erosion and its impacts in Inner Mongolia, China. *Aeolian Research,* 3(3), 343–351.

HUANG, J., YU, H., GUAN, X., WANG, G., y GUO, R. (2016). Accelerated dryland expansion under climate change. *Nature Climate Change,* 6(2), 166–171.

IRVING, W. (2018). *La frontera salvaje.* Errata Naturae. Madrid

JÄCKLE, S. (2022). The Carbon Footprint of Travelling to International Academic Conferences and Options to Minimise It. En K. BJØRKDAHL y A. S. FRANCO

DUHARTE (Eds.), *Academic Flying and the Means of Communication* (pp. 19–52). Palgrave Macmillan Singapore.

JASECHKO, S., y PERRONE, D. (2021). Global groundwater wells at risk of running dry. *Science*, 372, 418–421.

JEFE SEATTLE (1854). *Carta del Gran Jefe Seattle, de la tribu de los Swamish, a Franklin Pierce Presidente de los Estados Unidos de América*. https://www.elhistoriador.com.ar/carta-del-gran-jefe-seattle-al-presidente-de-eeuu/

KUMMU, M., GUILLAUME, J. H. A., DE MOEL, H., EISNER, S., FLÖRKE, M., PORKKA, M., SIEBERT, S., VELDKAMP, T. I. E., y WARD, P. J. (2016). The world's road to water scarcity: Shortage and stress in the 20th century and pathways towards sustainability. *Scientific Reports*, 6, 1–16

KUPER, M., FAYSSE, N., HAMMANI, A., y HARTANI, T. (2016). Liberation or Anarchy? The Janus Nature of Groundwater Use on North Africa's New Irrigation Frontiers. En A. J. JAKEMAN, O. BARRETEAU, R. J. HUNT, J.-D. RINAUDO, y A. ROSS (Eds.), *Integrated Groundwater Management* (pp. 583–615). Springer Open

LAL, R. (2004). Soil carbon sequestration impacts on global climate change and food security. *Science*, 304(5677), 1623-1627.

LIU, J., HULL, V., BATISTELLA, M., DEFRIES, R., DIETZ, T., FU, F., HERTEL, T. W., IZAURRALDE, R. C., LAMBIN, E. F., LI, S., MARTINELLI, L. A., MCCONNELL, W. J., MORAN, E. F., NAYLOR, R., OUYANG, Z., POLENSKE, K. R., REENBERG, A., DE MIRANDA ROCHA, G., SIMMONS, C. S., ... ZHU, C. (2013). Framing sustainability in a telecoupled world. *Ecology and Society*, 18(2), 26.

LOTKA, A. J. (1956). *Elements of Mathematical Biology*. Dover Publications.

MAESTRE, F. T., BENITO, B. M., BERDUGO, M., CONCOSTRINA-ZUBIRI, L., DELGADO-BAQUERIZO, M., ELDRIDGE, D. J., GUIRADO, E., GROSS, N., KÉFI, S., LE BAGOUSSE-PINGUET, Y., OCHOA-HUESO, R., y SOLIVERES, S. (2021). Biogeography of global drylands. *New Phytologist*, 231(2), 540–558.

MAESTRE, F. T., SALGUERO-GÓMEZ, R., y QUERO, J. L. (2012). It is getting hotter in here: Determining and projecting the impacts of global environmental change on drylands. *Philosophical Transactions of the Royal Society B: Biological Sciences*, 367(1606), 3062–3075

MAESTRE, F. T., y CORTINA, J. (2004). Are Pinus halepensis plantations useful as a restoration tool in semiarid Mediterranean areas? *Forest Ecology and Management*, 198, 303–317.

MAGRAMA. (2008). Programa de Acción Nacional contra la Desertificación. Madrid. Ministerio de Agricultura y Medio Ambiente.

MARTIN-ORTEGA, J. (2023). We cannot address global water challenges without social sciences. *Nature Water*, 1, 2–3

MARTÍNEZ-VALDERRAMA, J. (2018). El riesgo de desertificación: evidencia y elementos para el análisis. En G. DELACÁMARA, J. C. DÍEZ, y F. LOMBARDO (Eds.), El libro blanco de la economía del agua (pp. 149–163). McGraw-Hill.

MARTÍNEZ-VALDERRAMA, J. (2016). *Los desiertos y la desertificación*. Ediciones Catarata.

MARTÍNEZ-VALDERRAMA, J., GUIRADO, E., y MAESTRE, F. T. (2021). Desertificación: nuevos enfoques para un viejo problema. *Ecosistemas*, 30(3), 1–4.

MARTÍNEZ-VALDERRAMA, J., GUIRADO, E., y MAESTRE, F. T. (2022). La vida adaptada a la precariedad: Ecología de las zonas áridas. *Mètode*, 13, 59–65.

MARTÍNEZ-VALDERRAMA, J., GUIRADO, E., y MAESTRE, F. T. (2020). Desertifying deserts. *Nature Sustainability*, 3, 572–575.

MARTÍNEZ-VALDERRAMA, J., IBÁÑEZ, J., DEL BARRIO, G., ALCALÁ, F. J., SANJUÁN, M. E., RUIZ, A., HIRCHE, A., y PUIGDEFÁBREGAS, J. (2018). Doomed to collapse: Why Algerian steppe rangelands are overgrazed and some lessons to help land-use transitions. *Science of the Total Environment*, 613–614, 1489–1497.

MARTÍNEZ-VALDERRAMA, J., GARTZIA, R., OLCINA, J., GUIRADO, E., IBÁÑEZ, J., y MAESTRE, F. T. (2023). Uberizing Agriculture in Drylands: A Few Enriched, Everyone Endangered. *Water Resources Management*, 38, 193-214.

MARTÍNEZ-VALDERRAMA, J., OLCINA, J., DELACÁMARA, G., GUIRADO, E., y MAESTRE, F. T. (2023). Complex Policy Mixes are Needed to Cope with Agricultural Water Demands Under Climate Change. *Water Resources Management*, 37, 2805–2834.

MARTÍNEZ-VALDERRAMA, J., SANJUÁN, M. E., BARRIO, G., GUIRADO, E., RUIZ, A., y MAESTRE, F. T. (2021). Mediterranean Landscape Re-Greening at the Expense of South American Agricultural Expansion. *Land*, 10(2), 204.

MARTÍNEZ FERNÁNDEZ, J., ESTEVE-SELMA, M. Á., CONTRERAS, S., y BRU RONDA, C. (2002). *Agua, regadío y sostenibilidad en el Sudeste ibérico* (J. MARTÍNEZ FERNÁNDEZ y M. Á. ESTEVE-SELMA (eds.)). Bakeaz.

MARTÍNEZ VICENTE, J.S. y REQUENA RODRÍGUEZ, A. (1988). *Simulación dinámica por ordenador*. Alianza.

MEA (MILLENIUM ECOSYSTEM ASSESSMENT). (2005). *Ecosystems and human well-being: Desertification synthesis*. World Resources Institute.

MICKLIN, P., ALADIN, N. V., y PLOTNIKOV, I. (2014). *The Aral Sea*. Springer.

MIRZABAEV, A., J. WU, J. EVANS, F. GARCÍA-OLIVA, I.A.G. HUSSEIN, M.H. IQBAL, J. KIMUTAI, T. KNOWLES, F. MEZA, D. NEDJRAOUI, F. TENA, M. TÜRKEŞ, R.J. VÁZQUEZ, M. W. (2019). Desertification. En J. M. P.R. SHUKLA, J. SKEA, E. CALVO BUENDIA, V. MASSON-DELMOTTE, H.-O. PÖRTNER, D.C. ROBERTS, P. ZHAI, R. SLADE, S. CONNORS, R. VAN DIEMEN, M. FERRAT, E. HAUGHEY, S. LUZ, S. NEOGI, M. PATHAK, J. PETZOLD, J. PORTUGAL PEREIRA, P. VYAS, E. HUNTLEY, K. KISSICK, M. (Ed.), *Climate Change and Land: an IPCC special report on climate change, desertification, land degradation, sustainable land management, food security, and greenhouse gas fluxes in terrestrial ecosystems* (pp. 249–343). UNEP.

NABHAN, G. P., RIORDAN, E. C., MONTI, L., REA, A. M., WILDER, B. T., EZCURRA, E., MABRY, J. B., ARONSON, J., BARRON-GAFFORD, G. A., GARCÍA, J. M., BÚRQUEZ, A., CREWS, T. E., MIROCHA, P., y HODGSON, W. C. (2020). An Aridamerican model for agriculture in a hotter, water scarce world. *Plants, People, Planet*, 2, 627-639.

ORR, B. J., COWIE, A. L., CASTILLO, V. M., SANCHEZ, P., CHASEK, N. D., CROSSMAN, ERLEWEIN, A., LOUWAGIE, G., MARON, M., METTERNICHT, G. I., MI-

NELLI, S., TENGBERG, A. E., WALTER, S., y WELTON, S. (2017). *Scientific Conceptual Framework for Land Degradation Neutrality. A report of the Science-Policy Interface.* In United Nations Convention to Combat Desertification-UNCCD.

POSTEL, S. L. (1999). *Pillar of Sand: Can the Irrigation Miracle Last?* WW Norton & Company, World Watch Institute.

PRINCE, S. D. (2016). Where Does Desertification Occur? Mapping Dryland Degradation at Regional to Global Scales. En R. BEHNKE y M. MORTIMORE (Eds.), *The End of Desertification? Disputing Environmental Change in the Drylands* (pp. 225–263). Springer.

PUIGDEFÁBREGAS, J. (1995). Desertification: Stress beyond resilience, exploring a unifying process structure. *Ambio,* 24(5), 311–313.

PUIGDEFÁBREGAS, J. (1995): Erosión y desertificación en España. *Campo,* 132: 63-83.

REYNOLDS, J. F. (2021). Desertification is a prisoner of history: An essay on why young scientists should care. *Ecosistemas,* 30(3), 2302.

REYNOLDS, J. F., KEMP, P. R., OGLE, K., y FERNÁNDEZ, R. J. (2004). Modifying the "pulse-reserve" paradigm for deserts of North America: Precipitation pulses, soil water, and plant responses. *Oecologia,* 141(2), 194–210.

REYNOLDS, J. F., y STAFFORD SMITH, D. M. (2002). Do humans cause deserts? En J. F. REYNOLDS y D. M. STAFFORD SMITH (Eds.), *Global Desertification: Do Humans Cause Deserts?* Dahlem Workshop Report 88 (pp. 1–21). Dahlem University Press.

RODRÍGUEZ ROS, P. (2023). *El mar que muere.* Editorial Balduque.

RONG, J. (2008). Totem lobo. Alfaguara

SAFRIEL, U. (2017). Land degradation neutrality (LDN) in drylands and beyond – where has it come from and where does it go. *Silva Fennica,* 51(1), 1–19.

SANJUÁN, M.E.; DEL BARRIO, G.; RUIZ, A.; ROJO, L.; PUIGDEFÁBREGAS, J. y MARTÍNEZ, A. (2014): Evaluación y seguimiento de la desertificación en España: Mapa de la Condición de la Tierra 2000-2010. Ministerio de Agricultura, Alimentación y Medio Ambiente, Madrid.

SCANLON, B. R., FAKHREDDINE, S., RATEB, A., GRAAF, I. DE, FAMIGLIETTI, J., GLEESON, T., GRAFTON, R. Q., JOBBAGY, E., KEBEDE, S., KOLUSU, S. R., KONIKOW, L. F., y LONG, D. (2023). Global water resources and the role of groundwater in a resilient water future. *Nature Reviews Earth & Environment,* 4, 87 – 101.

SCHUBERT, S. D., SUAREZ, M. J., PEGION, P. J., KOSTER, R. D., y BACMEISTER, J. T. (2004). On the Cause of the 1930s Dust Bowl. *Science,* 303, 1855 – 1859.

SIMS, N. C., NEWNHAM, G. J., ENGLAND, J. R., GUERSCHMAN, J., COX, S. J. D., ROXBURGH, S. H., VISCARRA ROSSEL, R. A., FRITZ, S., y WHEELER, I. (2021). *Good Practice Guidance. SDG Indicator 15.3.1, Proportion of Land That Is Degraded Over Total Land Area.* Version 2.0.

STEFFEN, W., BROADGATE, W., DEUTSCH, L., GAFFNEY, O., y LUDWIG, C. (2015). The trajectory of the Anthropocene: The Great Acceleration. *The Anthropocene Review,* 2(1), 81–98.

STEINBECK, J. (2012). *Las uvas de la ira.* Alianza Editorial, Madrid

STRINGER, L. C., MIRZABAEV, A., BENJAMINSEN, T. A., HARRIS, R. M. B., JAFARI, M., LISSNER, T. K., STEVENS, N., y TIRADO-VON DER PAHLEN, C. (2021). Climate change impacts on water security in global drylands. *One Earth*, 4(6), 851–864.

UNCCD. (2022). The Global Land Outlook, second edition. UNCCD.

UNEP-WCMC. (2007). A spatial analysis approach to the global delineation of dryland areas of relevance to the CBD Programme of Work on Dry and Sub-humid Lands. Dataset based on spatial analysis between WWF terrestrial ecore-gions (WWF-US, 2004) and aridity zones (CRU/UEA; UNEPGRID, 1991).

UNEP. (2006). Global Deserts Outlook (E. EZCURRA (ed.)). UNEP (United Nations Environmental Programme).

VERNE, J. (2008). 20.000 leguas de viaje submarino. Edhasa.

VOLTERRA, V. (1931). Variations and fluctuations of the number of individuals in animal species living together. In B. M. Chapman (Ed.), *Animal Ecology* (pp. 409–448). McGraw-Hill.

WADA, Y., VAN BEEK, L. P. H., VAN KEMPEN, C. M., RECKMAN, J. W. T. M., VASAK, S., & BIERKENS, M. F. P. (2010). Global depletion of groundwater resources. *Geophysical Research Letters*, 37(20), L20402.

YU, Y., FENG, K., y HUBACEK, K. (2013). Tele-connecting local consumption to global land use. *Global Environmental Change*, 23(5), 1178–1186.

ZHANG, X., ZHANG, L., HE, C., LI, J., & JIANG, Y. (2014). Quantifying the impacts of land use / land cover change on groundwater depletion in Northwestern China – A case study of the Dunhuang oasis. *Agricultural Water Management*, 146, 270–279.

Biografía

Jaime Martínez Valderrama es Doctor Ingeniero Agrónomo por la Universidad Politécnica de Madrid. Es especialista en Desertificación y Cambio Global y científico titular de la Estación Experimental de Zonas Áridas del CSIC. Su investigación se centra en el estudio holístico de los sistemas socioecológicos. El objetivo principal es analizar, dentro de un marco de estudio integral, los procesos de degradación de las tierras secas, sus causas socioeconómicas y las posibles soluciones que permitan desactivar a tiempo un problema que supone, en muchos casos, la degradación permanente del territorio.

Buena parte de su actividad investigadora la ha dedicado al desarrollo de modelos de simulación dinámica, prestando especial atención a los sistemas de pastoreo y a la agricultura de regadío basada en la explotación de aguas subterráneas. Ha impartido diversos cursos, seminarios y conferencias sobre estas materias, y publicado decenas de trabajos de investigación en revistas científicas de alto impacto. Ha participado en más de 30 proyectos de investigación nacionales e internacionales relacionados con la desertificación, y ha contribuido al desarrollo de una herramienta de alerta temprana del riesgo de desertificación en el Programa de Acción Nacional contra la Desertificación. Actualmente forma parte del grupo de expertos de la Estrategia Nacional de Lucha contra la Desertificación.

Combinando la ciencia con su faceta de escritor ha dedicado buena parte de su actividad a la divulgación científica. En este contexto destacan los libros *Los desiertos y la desertificación* y *Expediciones al Sahara Atlántico*, escrito en colaboración con la Asociación Harmusch, de la que es miembro fundador. Además, colabora con diversos blogs y plataformas de divulgación científica como *The Conversation*, *Naukas* o *La cuadratura del círculo*, y es editor del *blog Arida Cutis*, dedicado al estudio y divulgación de las zonas áridas.

DESERTIFICATION: LANDS IN TROUBLED WATERS

Index

Introduction 127

Glossary 133

Foreword 135

1. **DESERTIFICATION STORIES** 139
2. **DRYLANDS, THE BACKDROP TO DESERTIFICATION** 147
3. **DESERTIFICATION, FROM SOLVENCY TO AMBIGUITY** 155
4. **SOME CASES OF DESERTIFICATION (AND DEVELOPMENT)** 169
   - 4.1. THE ARAL SEA SYNDROME, WHEN THE WATERS DISAPPEAR. 169
   - 4.2. FROM THE DUST BOWL TO THE DECLINE OF THE ESPARTO GRASS "SEAS" 172
   - 4.3. WHEN WATER ACTS AS A POWERFUL EROSIVE AGENT 175
5. **WATER AND DESERTIFICATION: MIRACLES AND ADDICTIVE RELATIONSHIPS** 181
   - 5.1. DESERTS AND WASTELANDS TURNED INTO EDEN 183
   - 5.2. THE CONVERSION OF AGRICULTURE INTO A FINANCIAL ASSET. 188
   - 5.3. DEVELOPMENT AND DESERTIFICATION, TWO SIDES OF THE SAME COIN 191
6. **BUILDING A MULTIFACETED SOLUTION** 195
   - 6.1. THE INNOCUOUS NATIONAL ACTION PLANS 195
   - 6.2. LAND DEGRADATION NEUTRALITY 198
   - 6.3. COMBATING DESERTIFICATION THROUGH OTHER SDGs ... 202
   - 6.4. PEDAGOGY TO COMBAT MISINFORMATION 204
7. **IN A GLOBAL WORLD** 209
   - 7.1. TELECOUPLING, WHEN THE GLOBAL DETERMINES THE LOCAL 209
   - 7.2. CLIMATE CHANGE AND DESERTIFICATION 212
8. **EPILOGUE** 217

Acknowledgements 221

References 223

Biography 229

Introduction

The *Foro de la Economía del Agua,* is a renowned and recognised international think tank, specialising in integrated urban water cycle management from an economic, social, environmental, and good governance perspective. Endorsed by several universities including the *Universidad de Granada, Universidad de Alcalá de Henares,* and *Universidad Católica de Chile,* and markedly academic and scientific in nature, the *Foro de la Economía del Agua,* provides independent forums for reflexion and dialogue, publications, and advice on sustainable water management.

The forums provide a space for the exchange of knowledge, experience, and best practice in achieving more efficient and sustainable water use, and rely on contributions from experts, academics, representatives from government and other public-sector organisations, businesses, and other stakeholders.

'Escritos del Agua' aims to disseminate multidisciplinary academic and scientific reflections on the sustainable and efficient management of this resource, with a particular emphasis on urban water management and its various connections with other global challenges identified under the 2030 Agenda.

As an independent organisation for reflection and dialogue, the *Foro de la Economía del Agua,* encompasses different (and sometimes contradictory) perspectives and viewpoints, all of which are underpinned by research and scientific and academic studies, and on which the forum establishes itself as a space for open, cooperative, and multidisciplinary discourse.

With this in mind, we would like to emphasise that the content, opinions, and information presented in 'Notes on Water' are the sole responsibility of their authors and do not necessarily reflect the editorial stance or position of the *Foro de la Economía del Agua.*

'Escritos del Agua 1' "The Circular Economy and the Water Sector in Spain: Legal and Economic Analysis" (March, 2023), is a work by Professors Joaquín Melgarejo Moreno, María Inmaculada López Ortiz and Andrés Molina Giménez, from the Institute of Water and Environmental Sciences (*El Instituto del Agua y de las Ciencias Ambientales)* at the *Universidad de Alicante (IUACA).* It focuses on water reuse: the mechanism that aims to simulate the natural hydrological cycle, transforming it into a circular, efficient, and sustainable process.

'Escritos del Agua 2' "Water Law: The Spanish and Chilean models" (December, 2023), has been developed by two prominent academics on water law in Spain and Chile, namely Ángel Menéndez Rexach, Professor of Administrative Law at the *Universidad Autónoma de Madrid* and Alejandro Vergara Blanco, Lawyer and Professor of Administrative Law at *Pontificia Universidad Católica de Chile.*

In this second paper the authors conduct a profound descriptive analysis of the two regulatory models of both countries, which goes beyond a mere presentation of the legal framework of the two nations.

'Escritos del Agua 3' "Desertification: Land in Troubled Waters researcher Jaime Martínez-Valderrama reviews the conceptual and historical foundations of desertification and presents the cutting-edge concept of Land Degradation Neutrality, a very personal, ambitious, and original proposition.

For more information visit: www.forodelaeconomiadelagua.org

Francisco Lombardo Enríquez
President of the Foro de la Economía del Agua

Estanislao Arana
Academic Director of the Foro de la Economía del Agua

Desertification: lands in troubled waters

Jaime Martínez Valderrama

SUMMARY

Desertification is formally defined as the degradation of drylands (including arid, semi-arid and dry sub-humid areas) as a result of climatic variations and human activities. This definition contains an unsuspected complexity, resulting in a concept which is ambiguous and not very operational. The pinnacle of this deconstruction is revealed in the latest Atlas of Global Desertification, where the first thing that is done is to justify the absence of desertification maps. This long process of decline, which dates back to the colonial origins of the concept, explains the loss of influence of the United Nations Convention to Combat Desertification, a trajectory opposite to that of its sister conventions on Climate Change and Biodiversity, and the failure of the solutions implemented to date. The drift has crystallised into a series of clichés and half-truths that this text aims to clarify. Of particular interest is the relationship between desertification and water or, more specifically, water use in a territory that is characterised, according to the definition, by water scarcity.

The text reviews the conceptual and historical foundations of desertification, illustrating with several examples how the confluence of various factors (environmental, technological or political) leads to serious processes of environmental degradation, which liquidate the productive capacity of a territory forever. In addition, in an effort to present a more optimistic view of desertification and the Convention, this text introduces the cutting-edge approach of Land Degradation Neutrality, a highly ambitious proposal embedded in the United Nations Sustainable Development Goals. It transcends both the climate issue of desertification, and what apparently appears to be the only solution to this major problem and climate change, the reforestation of ecosystems. Through examples we will see that solutions to tackle desertification are not simple. If anything, they are closer to ethical or socio-economic innovations than to technological ones, and require precise administrative and sectoral coordination.

To the three suns that warm my life: Julia, Jaime and Paula

"The more you explain it, the more I don't understand it"
Mark Twain

"The soil, overworked and mismanaged by this greedy cultivation,
was left exhausted within a short time, and tangled,
miry wastes encroached upon the land"
Jorge Luis Borges. *The Dread Redeemer Lazarus Morell,*
Universal History of Infamy

"We all know what to do, but we don't know how
to get re-elected once we have done it"
Jean-Claude Juncker. Ex Prime Minister of Luxembourg and President of the Eurogroup.
The Economist (2007), "The Quest for Prosperity", March 15th.

Glossary

WAD	World Atlas of Desertification
CE	Convergence of Evidence
UNCCD	United Nations Convention to Combat Desertification
UNWCD	United Nations World Conference on Desertification
PET	Potential evapotranspiration
FAO	Food and Agriculture Organization of the United Nations
GGB	Great Green Barrier of the Sahara and the Sahel
AI	Aridity index
INE	Spanish Institute of National Statistics
IPCC	Intergovernmental Panel on Climate Change
MEDALUS	Mediterranean Desertification and Land Use
LDN	Land Degradation Neutrality
SDGs	Sustainable Development Goals
PAND	National Action Programme to Combat Desertification
RCP	Representative Concentration Pathway Scenarios
RUSLE	Revised Universal Soil Loss Equation
SOC	Soil Organic Carbon
SURMODES	Surveillance and Monitoring of Desertification

Foreword

In this new volume of Water Writings invites us to reflect on one of the most urgent and often overlooked challenges in the public discourse on water: desertification. Desertification is the process of land degradation that results from inadequate economic activities and decisions, both at the public and private levels.

The author, Jaime Martínez Valderrama, is a researcher at the Experimental Station for Arid Zones of the Spanish National Research Council (CSIC) and is one of the leading Spanish researchers in the study of global drylands. As a writer and dedicated scientist, the author understands the importance of communicating research findings and contributing through evidence, debates, and persuasion to the development of critical awareness in society, allowing us to build responses and forge the necessary cooperation mechanisms to put them into practice.

Desertification affects many drylands in the world regions, particularly those located on both sides of the Mediterranean. The territory is the convergence point of all the impacts of human activities, and its dynamics are shaped by the modifications caused by multiple land uses. All its associated ecosystems and their capacity to provide services to the economy, such as water provision, nutrients, primary biomass production, biodiversity preservation and recreational services among others, are affected by desertification. Desertification entails a progressive loss of the capacity to provide these services. In drylands, these degradation processes are closely linked to decisions regarding water use.

Through examples from different places and time periods, Martínez Valderrama presents a compelling story of the life cycle experienced in many arid areas of the planet. All stories of economic development in these areas share a common origin: the mobilization of water to take advantage of the comparative advantages of the territory.

Water used for irrigation transforms seemingly unproductive lands into productive ones. Once the take-off is achieved, the dynamics of accumulation tend to be maintained thanks to access to large markets, abundant labour availability, and the development of complementary transportation and transformation services. Technology contributes to maintaining this expansion process by accessing larger quantities of water, often from aquifers, and by substituting natural soil with artificial soils. Additionally, intensive use of fertilizers and agrochemicals is required at these production scales instead of relying on the natural nutrients and pest control services provided by the soil.

In its expansive phase, it becomes evident how these dynamics can transform the initial disadvantage of drylands into an opportunity to build a prosperous economic activity centered around water-intensive sectors such as irrigation agriculture or tourism. However, not all adaptive processes have the same positive impact, and sooner or later, these regions must face their own limitations and the effects resulting from the adaptations occurring in both the economy and the supporting territory.

Within the economic system, multiple market changes lead to a gradual reduction in profit margins, whether as a result of competition among producers of identical goods, the monopolistic power exercised by major buyers, oversupply, or a combination of these factors. In the physical system, various degradation processes affect both the quantity and quality of water sources, contributing to desertification. This latter phenomenon emerges as the main symptom of the unsustainability of economic transformation processes.

It is within this analytical framework, rather than a purely descriptive one, that Martínez Valderrama suggests understanding desertification as a process of productive land degradation resulting from inadequate and unsustainable interventions. However, despite the severity of some impacts, the author does not present a catastrophic scenario nor does he consider the cycle of boom, expansion, and decline as an inevitable script for drylands. On the contrary, from an enlightened and humanistic perspective, Martínez Valderrama sees profound understanding of the problem as the best opportunity to build solutions. According to him, it is possible to redirect the management of the territory as a whole, and specifically water, towards a model that recognizes the necessary balance between the economy and society on one hand, and the physical systems and resources that sustain them on the other.

After an exhaustive examination of the problem, the author proposes seeking Land Degradation Neutrality (LDN) as a criterion for long-term sustainability of the territory. The details of this criterion are explained in the book and constitute the best approach to pursue the conservation of basic resources in semi-arid areas, which is an indispensable and necessary condition for achieving sustainable development goals.

The book by Martínez Valderrama is also an invitation to focus attention on water as a resource that must be protected. Its aim is to situate the discussion in a broader context than the partial and fragmented perspectives that dominate the analysis and proposals for addressing contemporary water challenges. For example, when facing desertification processes, it is evident that water challenges will not be solved if we limit them only to hydrological planning. Undoubtedly, hydrology plays an important role in their solution, but beyond managing water flows and quality, water policy should focus on ensuring that the decisions and activities of economic agents using water can coexist in the territory without degrading the basic resources that sustain the economy.

In a broader sense, addressing desertification in drylands requires comprehensive water management. Despite progress in various areas, this remains a significant challenge. Coordinating sectoral decisions, bridging the gap between water efficiency and sustainable usage, and adapting to climate change in water-stressed areas are crucial steps toward achieving the vision of integrated water resource management. Tackling these challenges demands collaborative efforts, innovative solutions, and a global commitment to ensure the sustainable and equitable management of our invaluable water resources.

While the concept of a circular economy has contributed to improving technical efficiency in urban and rural water cycles, it alone is insufficient to halt land degradation and unsustainable water trends. The circular economy primarily focuses on optimizing the economy's water use efficiency, without considering its impact on the underlying water resources. Even in the most technically water-efficient regions, water consumption continues to exceed available resources. Despite technological advancements, closing the gap between efficiency and sustainable water usage remains an urgent concern.

The looming threat of climate change further exacerbates water stress, particularly in regions already experiencing scarcity. As water scarcity intensifies and droughts become more frequent, communities must adapt to these changing conditions. Unfortunately, many water-stressed regions lack adequate adaptive measures, leaving them highly vulnerable to the increasing frequency of extreme water-related events.

This book emphasizes a fundamental but often overlooked principle: the crucial link between science and policy in integrated water and land resource management. Jaime Martínez Valderrama provides compelling evidence and arguments to highlight the importance of understanding the diverse adaptation processes that occur within physical ecosystems as a result of human interventions. Desertification, algae blooms, saline intrusion, coastal erosion, and wetland contraction are not merely natural catastrophes; they are transformations induced by human activities. These transformations are manifestations of human-induced alterations in ecological and physical systems, with significant impacts on human well-being. Acknowledging this crucial aspect is fundamental to align our actions with sustainable practices. Without comprehending these changes, transitioning towards a path of sustainable development can be an impossible task.

Establishing a strong connection between science and policy is essential for advancing integrated water resource management. By recognizing human-induced changes and understanding the adaptation processes within physical ecosystems, we can make informed decisions and shape policies that promote sustainable development. This critical alignment between science and policy is vital for building a resilient future, where the sustainable management of water resources and the preservation of ecosystems take precedence in decision-making.

The degradation processes occurring in the southern Mediterranean areas of Spain demand immediate attention. It is crucial to move away from the assumption that there will always be alternative solutions to compensate for the depletion of local water resources and soil degradation. Relying solely on technological advancements to replace the vital functions provided by local water and soils is a temporary and unsustainable approach. Therefore, integrated water management requires holistic land management and interventions in water-related ecosystems.

The book invites us to effectively address the degradation processes in Spanish drylands. This involves implementing sustainable practices that preserve water resources, maintain soil productivity, and protect the invaluable ecosystem services upon which various economic sectors depend.

Water conservation and maintaining soil productivity are paramount, not only for agricultural yields but also for the numerous ecosystem services they provide. These services extend beyond physical outputs and encompass vital aspects such as biodiversity preservation, tourism, recreation, carbon sequestration, and water regulation. Neglecting degradation processes in the southern Mediterranean areas would have far-reaching consequences for both the environment and the economy.

CARLOS MARIO GÓMEZ GÓMEZ
Catedrático de Economía de la Universidad de Alcalá

1. Desertification stories

Ibrahim rides his dromedaries and goats across the stony plain, sparsely studded with dusty bushes and scattered trees. He follows the faint trail of vegetation which, in turn, is the ephemeral response to scarce and unpredictable rainfall. The animals seek revenge for the hunger of the last few months. Some have easier access to the fresh grass that covers the ground, searching every nook and cranny; others reach the shoots of the tree layer, grappling with the thorns of the acacias. The herd moves as nomads along the edge of the Sahara, in a place where the aridity is not yet so persistent as to reach desert status. Grazing is the main activity in this type of territory, where rainfall is less than 300 mm and the power of the sun has the capacity to evaporate much more water than that which falls. Ibrahim gazes at the horizon, looking for the dry riverbed of a non-existent river that only when the water pours down can it acquire such status. These *oued* or *wadis* have alluvial deposits under their surface that trap the water that percolates inside after the chance rains. In reality, such water reserves have been there for centuries, or millennia, and are the result of a missing rainfall regime. In strategic locations, pits have been dug with picks and shovels, structuring the territory around these artificial oases. Ibrahim goes to one of them to quench the thirst of his livestock.

Figure 1. Dromedary herders in Oued Mird, Zagora, Morocco. Source: María E. Sanjuán.

Things have changed a lot lately in Oued Mird, this small valley in southern Morocco, very close to the city of Zagora and bordering Algeria. Indeed, Ibrahim may be one of the last shepherds in this remote region. Like other nomads, he has thought changing his lifestyle by of taking advantage of the opportunities that the Moroccan government is bringing to the region. Already many have become farmers. A couple of days ago he was able to see Mohammed's land. There, water gushes uninterruptedly from a hose. Watermelons and potatoes thrive in the plots, which are equipped with drip irrigation systems. The unseen. The government has apparently drilled very deep wells, and modern pumping equipment is used to irrigate crops on demand, which grow very well in the warm temperatures of the area. In addition, they have opened airstrips to take all these goods to faraway places, such as Marrakesh, where they fetch a good price. Mohammed is earning a lot of money selling potatoes and watermelons (who on earth would imagine that someone would make a living in the Sahara growing watermelons?!) and it's a more comfortable life than going stumbling through those rocky paths. When Ibrahim asked him what he would do if one day the water ran out, while an open tap let the fresh flow soak the earth, Mohammed replied that he would do the usual, go somewhere else, like when the grass ran out. After all, he will never stop being a nomad. This is an exceptional situation, he knows, but just listening to the water running he feels a millenary relief, as if it quenched the thirst of all the generations that preceded him through these drylands.

Figure 2. Potato harvest in Oued Mird, Zagora, Morocco.
Source: María E. Sanjuán.

Ibrahim has seen in his walks the aftermath of this ephemeral wealth. Many of the wells that the government has drilled have already dried up. The attempt to settle the population around productive and profitable agricultural fields has been predictably short-lived. Rudimentary accounts attest to this. There is virtually no rainfall, so recharge of these alluvial aquifers from which water is drawn is almost non-existent. On the other hand, withdrawals are very high. The wells, drilled down to the bedrock, provide access to all the water reserves in the area. Thus, year after year, the water table is decreasing. When a well dries up, farmers have to abandon their farms and look "upstream" for a new place to "tap" the aquifer. If the economic consequences are serious, the environmental ones are no less so. The small groves of acacias, trees used as food by dromedaries, cannot develop deep enough roots to reach the dwindling water table, and thus they dry up. But for that to happen, they have to overcome the growing demand for fuel that the burgeoning population uses for heating and cooking. The echoes of wealth have been attracting more and more herders, increasing the need for firewood. As the vegetation disappears, the soil becomes unstructured and the desert and sandy landscape takes over. It gives the impression that the Sahara is advancing, but what is actually happening is that desert land is being "manufactured".

Figure 3. Abandoned farm in Oued Mird, Zagora, Morocco, as a result of the depletion of the irrigation well. Source: María E. Sanjuán.

What has happened in Oued Mird is a clear case of desertification, that shows that desertification does not refer to the growth of a desert that swallows people and towns, but rather to the inadequate management of the resources of a territory to the point of expelling its inhabitants, who no longer have any means of livelihood. Water disappears and perennial vegetation disappears. The logical search for a future takes advantage of the opportunities that present themselves. Modern technology transforms this water into dirhams, in exchange for exhausting the area's main resource: groundwater. Given the limited technological possibilities of the region, more careful management of the water resources, would make the use of land more sustainable. After all, the much more austere practice of nomadic herding, enabled its practitioners to survive for millennia.

If we move some 600 kilometres north and travel 60 years into the past, we find a case very similar to that of Mohammed. The impression of a traveller touring the area was this: "I remember very well the deep impression of violence and poverty that Almería made on me"; "Announced by a string of caves carved out of the mountainside … 'capital of esparto grass, mucus and runny eyes', as the inhabitants of the neighbouring provinces ironically say — Almería stretches out at the foot of a desolate moorland whose folds imitate, from afar, the swell of a petrified and muddy sea". These are the words of Juan Goytisolo, taken from his book *Níjar Country*.

It was around this time that a number of events coincided that completely changed the landscape of the province. The agronomic experiments of the National Institute for Agrarian Reform and Development led to the development of a local technique known as sand-plotting (or "enarenado"), which made it possible to overcome one of the main obstacles to agricultural development in the area, its poor soils. Improved drilling techniques, inherited from the booming oil industry, coupled with cheaper pumping equipment, removed the water restrictions imposed by the climate by providing access to groundwater. For centuries there had been a desperate struggle to exploit them. The 2,000 underground galleries excavated with very precarious means, i.e. one every four square kilometres, testify to the effort with which water was sought in Almería. Finally, the adaptation of windbreaks used in the cultivation of grapes — a thriving early 20th century business based on their good natural preservation, which the invention of the refrigerated ship made disappear — were the inspiration for the first greenhouses. The third of Almeria's territorial hallmarks (along with wind and low rainfall), its sunshine, was thus put to good use.

The yearly three thousand hours of sunshine began to be converted into thousands of tonnes of vegetables that were shipped to a very profitable destination: the European markets. With the entry into the European

Union, the southeast of the peninsula became the market garden of Europe and the area under irrigation grew exponentially. In the face of the flow of euros, uncomfortable externalities that nobody bothered to consider were the last thing on their mind. Plastic waste on land and sea, toxic waste dumping, disappearing coastal dunes, contaminated aquifers, marine intrusion and collapsing water supplies were the toll that had to be paid to develop. Anything went at that time of expansion.

The degradation of water resources, together with a growing environmental awareness among the population, reflected in environmental protection laws and figures, gradually led the sector to acquire more sustainable practices, which, however, do not solve the problem. Groundwater bodies remain degraded and energy and water dependency is increasing. Water transfers, desalination plants, chemical fertilisers, and a long etcetera of inputs that raise production costs and make greater technification necessary to patch up the deficiencies of the ecosystem. To survive the only option is to produce on a large scale. This feeds the perverse spiral, known as the *Treadmill of production*, in which supply increases and prices fall. The business figures continue to attract farmers and, more recently, investment funds. The region has become a world reference in irrigation techniques and vegetable production. Transgenic seeds, dream varieties such as blue tomatoes, chance discoveries such as the RAF tomato (which in the original Spanish stands for "Resistant to Fusarium", a fungus that wilts the plant) that thrives well when irrigated with poor quality water, with high conductivity, and a whole industry of distribution, transport, packaging and agri-food research, have given shape to what has become known as the *Almerian Miracle*. It seems to be the answer to the desperate yearning of one of the locals Goytisolo encountered on his journey: "Years and years have gone by here without a drop falling, and my wife and I sowing barley like fools, hoping for some miracle..."

The situation is essentially the same as in Ibrahim's story. Rapid economic development at the expense of water resources that have either collapsed or have little left. Moreover, it is a haphazard, ephemeral development, which only momentarily solves the problem of making a living on these lands. The progress of the province of Almería in many aspects is unquestionable. However, there are disturbing signs of decrepitude. Beyond the environmental deterioration, which undermines the pillars of this astonishing economic growth, the latest data from the National Institute of Statistics (INE) on municipal per capita income do not corroborate the euphoria that underlies this business. Among the poorest municipalities in Spain are those dedicated to this type of super-intensive agriculture (not only in Almeria, but also in Murcia and Huelva). Níjar closes the list. Just as it was sixty years ago.

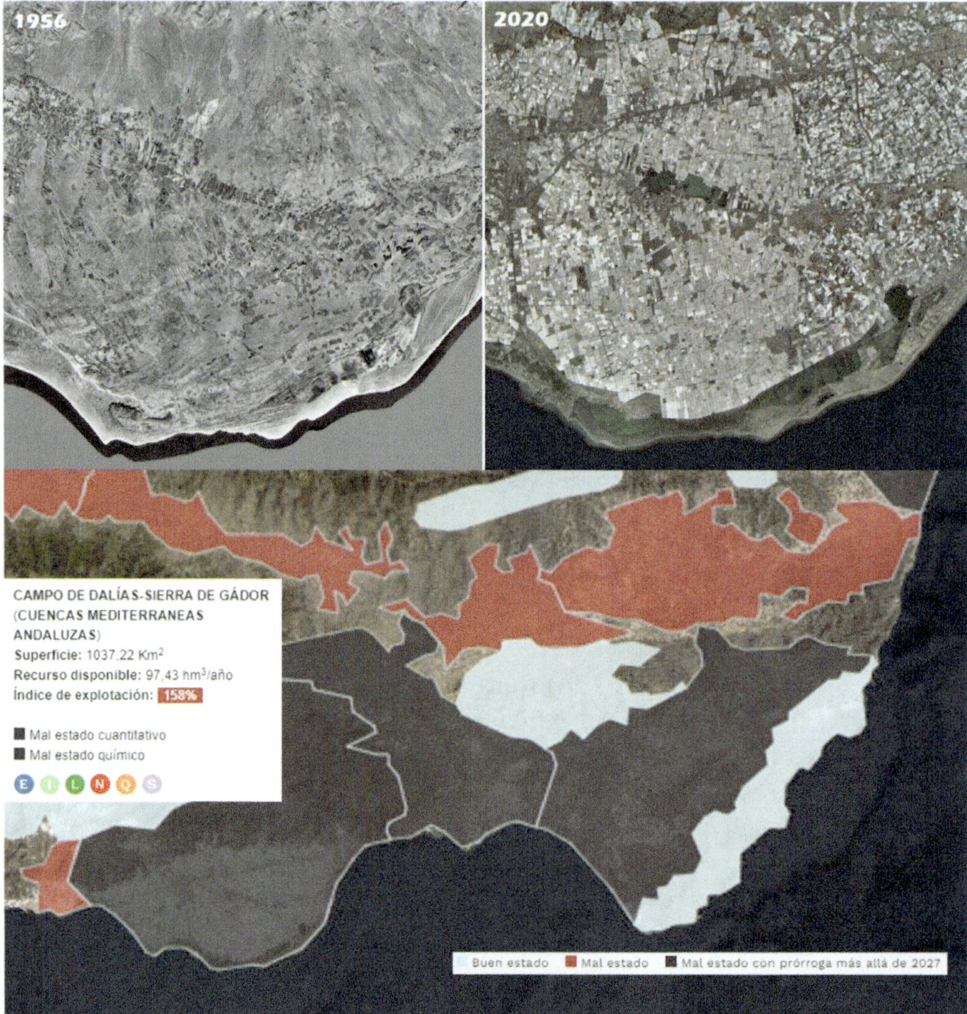

Figure 4. Above: Change of land use in Campo de Dalías, Almería. From the wasteland that dominated the area in 1956, it is now home to the largest concentration of greenhouses in the world (2020). Source: American Flight Series B, National Air Spelling Plan (2020). Below: State of groundwater bodies in the province of Almería. Detail of the Campo de Dalías-Gádor water body: E, Impact on groundwater-dependent terrestrial ecosystems; I, Alteration of water flow direction by saline intrusion; L, Lowering of the water table (depth of aquifer, volume of water) due to abstractions; N, Nutrient pollution, especially nitrates from fertilisers and animal excrements, above the legal limit (50 mg/l) or close to the limit and with upward evolution; Q, Decrease of the associated surface water quality due to chemical or quantitative impact; S, Saline intrusion or pollution. Source: Greenpeace (https://es.greenpeace.org/es/en-profundidad/sos-acuiferos/) and MITECO 2023 (https://www.miteco.gob.es/es/cartografia-y-sig/ide/descargas/agua/estado-masas-agua-phc-2015-2021.aspx).

The two stories presented fit the definition of desertification adopted by the United Nations Convention to Combat Desertification (UNCCD): "land degradation in arid, semi-arid and dry sub-humid areas resulting from various factors, including climatic variations and human activities", where degradation is understood as "the loss [...] of biological or economic productivity and complexity". But they also correspond to that legitimate desire to survive and thrive in an austere environment. The opportunistic nature of the inhabitants of drylands and their ingenuity, like the inhabitants of more prosperous areas, seeks to forge a dignified life for themselves using the means at their disposal. Should people in drylands be content to herd goats and just survive? Should they consider that being at the mercy of the vagaries of the climate is the price to pay for a sustainable way of life? Should they emigrate to other wetter, more affluent countries in search of better opportunities? Or should they take advantage of the resources the region has to offer? Even if it means putting the future of their descendants at risk? Is there an intermediate option to use scarce resources without degrading them?

The purpose of this text is to explore these questions, analysing the complex boundary between development and desertification, which are, after all, determined by the same factors. In order to do so, we will present the climatic environment in which desertification processes potentially occur, the drylands. This is followed by an analysis of the conceptual evolution of desertification and the Gordian knots in which the UNCCD has entangled itself. Below, we will detail some of the world's most emblematic cases of desertification. We will then focus on examples of desertification linked to overexploitation of water resources, analysing its reasons and impacts. Finally, we will present the solutions to this complex problem and leave space to present tele-coupling, a paradigm that warns us of the need to address desertification and other environmental problems with a necessarily global perspective without losing sight of the local.

As we have done in this introduction, the text emphasises the overexploitation of water resources, which, paradoxically, have never been a central subject of debate in the field of desertification. In fact, none of the three indicators currently proposed to monitor and track desertification (primary productivity, land use change, amount of soil organic carbon (SOC)) looks at the state of water resources, even though the Convention refers to droughts. Part of this neglect can be explained by the misconception in the Mediterranean region around the term desertification, linking it to soil erosion due to confusion caused by the use of the English word 'land', which is taken to mean 'soil' or 'earth' and not a territory or region. Irrigation has also been a vehicle for social cohesion and financial gain whose impact on the environment has not been appreciated until recently. Highlighting the degradation of water resources as an issue of desertification is one of the objects of this text. Recognising that the degradation of water resources is a desertification problem is one of the challenges of this study.

2. *Drylands, the backdrop to desertification*

The area in which desertification processes occur or may occur is clearly delimited. As the UNCCD definition notes, it is "the degradation of arid, semi-arid and dry sub-humid lands". In other words, it refers to a substantial part of what is commonly known as drylands (hyper-arid areas are excluded, and we will discuss the reasons for this mistaken exception later). However, as we can see, the drylands themselves are a subset of the generic term we use in Spanish. These areas are characterised by water scarcity, which limits their two main and interrelated services: primary production and nutrient cycling. In the long term, natural moisture inputs (i.e. precipitation) are offset by moisture losses due to evaporation from surfaces and plant transpiration (evapotranspiration). This potential water deficit affects both natural and managed ecosystems, limiting crop, fodder and other plant production and having major impacts on livestock and humans.

It is precisely the water deficit that is used to formally define what is arid and to what extent. Indeed, drylands are not uniform, as they differ in the degree of water limitation they experience. Following the terminology proposed by the United Nations Environment Programme, this assessment recognises four sub-types of drylands according to an increasing level of aridity or moisture deficit: dry sub-humid, semi-arid, arid and hyper-arid.

There are different ways of quantifying aridity. The Lang and Martonne indices, for example, compare precipitation with temperature. Others, such as Meigs', include potential evapotranspiration (PET), which is the amount of water that could be lost through direct evaporation and transpiration from vegetation if water availability were unlimited. The index that has become most popular, and is currently the most widely used to characterise these areas, is the aridity index (AI), which is calculated as the ratio of mean annual precipitation to mean annual PET. Following the creation of the UNCCD and the adoption of this index, most national and international institutions and organisations use it to designate which territories are arid. For example, the Intergovernmental Panel on Climate Change (IPCC), the FAO or the World Bank use this indicator.

We speak generally of drylands when the AI is less than 0.65. The most severe are hyper-arid (AI < 0.05). Next, we have the arid ones (0.05 < AI < 0.20). The former and the surrounding arid zones make up the world's deserts. The term "neighbouring" alludes to the imprecision of these boundaries (no one knows where exactly the Sahara begins). Without going into too much more detail, we will say that in order to speak of desert, other criteria must be added: (i) climatic (at least one year without rainfall and average rainfall of less than 250 or 100 mm, depending on the author); (ii) physiological, which considers large contiguous areas with low vegetation cover and large areas of bare soil as deserts; and (iii) biological, which understands deserts as ecoregions containing plants and animals with clear adaptations for survival in arid environments. The aridity categories are completed by semi-arid (0.20 < AI < 0.50) and dry sub-humid (0.50 < AI < 0.65).

Figure 5 shows the enormous extension they occupy. Almost half of the planet's surface (46%) meets the aridity requirement. Drylands are found on every continent except Antarctica. This is part of the cold deserts, another type of biome where precipitation is also very low, but temperatures are too low to reach high PET. Drylands are home to almost a third of humanity. This includes much of the poorest countries. About 50 per cent of dryland dwellers are poor (about 90 per cent of dryland dwellers live in developing countries), and more than 400 million of them live on less than $1.25 a day.

In the collective imagination, drylands are perceived as places without any use. Dusty, barely usable uncultivated land from which people flee. The figures we have given on its enormous size and population disprove this cliché. We would add that half of the world's livestock graze in these territories. They also account for 44% of arable land. Pastures and croplands together account for 90% of drylands and are often intertwined, favouring an integrated agri-pastoral way of life. Even more striking is the fact that 30% of the world's forests are in arid areas. Almost one third of the world's drylands are covered by trees, equivalent to 1.1 billion hectares of forest globally. These forest areas provide habitats for biodiversity, protect the soil against erosion, provide shade, help water to penetrate the soil and contribute to soil fertility (due to the supply of organic matter: leaves, branches, roots...). In addition to forests or woodlands (representing 28%), 25% of drylands are grasslands and 14% are croplands. The rest, another 28%, corresponds to that more stereotypical view of arid areas, barren places with little vegetation, where life makes its way through physiological and morphological adaptations that compensate for the stubborn lack of water. Finally, all this vegetated area constitutes 36% of the Earth's carbon sinks.

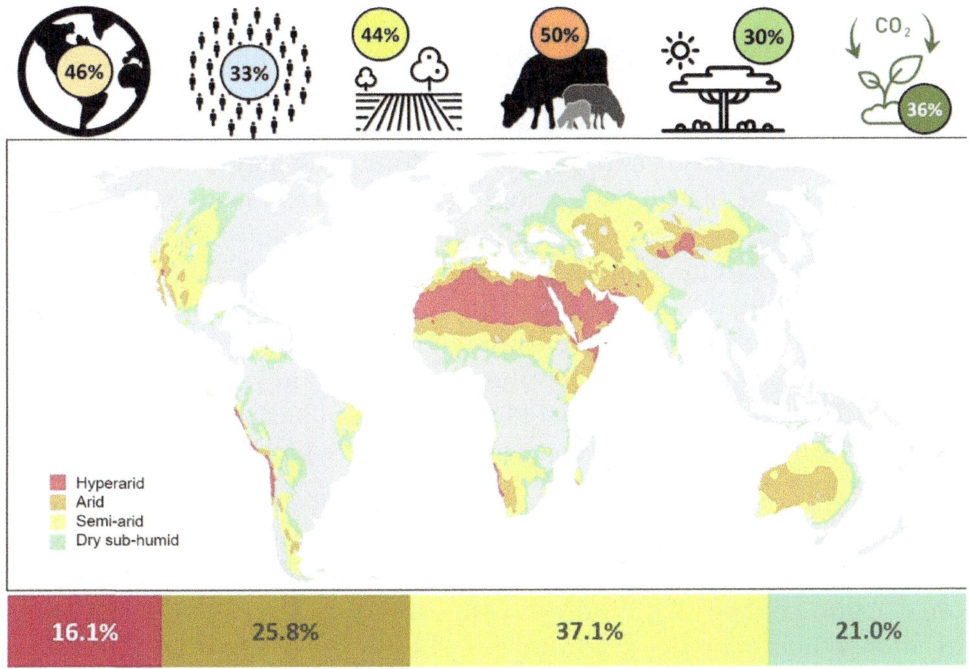

Figure 5. Global map of drylands. Above, its importance in various fields is highlighted. The percentage share of each aridity category in arid zones or drylands is given below. Source: Own elaboration based on UNEP-WCMC, 2007.

If the scarcity of rainfall is intuitively and formally linked to drylands, the spatial and temporal variability of rainfall, which becomes more acute as aridity increases, is even more decisive in the structure and functioning of their ecosystems. The lack of rainfall during part of the year is another hallmark of these regions. Although droughts affect almost all climatic regions, and more than half of the Earth is susceptible to drought, drylands are characterised by the presence of dry seasons, as well as the possibility of out-of-season droughts. It can be difficult to determine when a drought begins or ends, and its effects may extend over a wider geographical area than other natural hazards such as fires, floods or disease. This makes it one of the major natural disasters in terms of the number of people directly affected. There are different types of droughts, depending on the segment of the hydrological cycle to which we refer. Meteorological drought is related to the lack of precipitation. Hydrological drought can be defined as a reduction in the availability of surface water and groundwater within a management system over a given time period (with respect to average values). Finally, agricultural drought can be understood as the deficit of moisture in the root zone required by a crop at a given location at a given time.

More than 8.5% of drylands are above 1000 metres. This orography is key to water supply in drylands. Only here is rainfall sufficient to generate runoff and recharge groundwater. Mountains act as water "towers" or "castles" that store water and regulate runoff, extending their influence over large and often distant territories. Mountains play a key role in the hydrological cycle of arid regions and are the source of many of the world's great rivers, such as the Nile, the Colorado, or the Yangtze. In addition, the melting of snow accumulated on the summits feeds important agricultural areas, which have been expanding in recent decades. Among the most notable cases are Punjab, in the disputed region of Kashmir (India, China and Pakistan), which draws from the most important relief on the planet, the Himalayas, the desert region of Ica, in Peru, subject to the contributions of the Andes, or northwest China, where the oases have been expanding in a process known as "oasification".

The climatic characteristics of drylands, coupled with the relatively low fertility of their soils, impose important limitations on their biota. However, once again, contrary to another of the stereotypes associated with these locations, their ecosystems are not only highly diverse, but also provide a fascinating natural laboratory for studying the evolution and adaptation of species to extreme conditions, as well as offering ecosystem services essential for sustaining life. Although there are only four subtypes of drylands, within each subtype there are a larger number of ecosystems. These are grouped into large, higher-order units known as biomes, which are characterised by distinctive life forms and major plant species (such as tundra, rainforest, grassland or desert biomes). While the boundaries of the dryland sub-types are determined by two climatic factors (precipitation and evaporation), many environmental factors are used to delimit the boundaries of the different biomes.

Drylands include some of the most heterogeneous biomes in terms of animal diversity, such as deserts and xeric shrublands, and are home to about 20% of the world's major centres of plant diversity, which in some cases is greater than that found in more productive biomes. In addition to their high plant diversity, which in some cases exceeds that found in more productive biomes, arid ecosystems also harbour very diverse microbial and edaphic communities. This biodiversity is crucial for maintaining the functioning of arid ecosystems, as well as their capacity to provide multiple ecosystem services simultaneously.

Figure 6. As a consequence of water restrictions, vegetation in arid areas is often sparse and scattered, forming a "two-phase" mosaic in which discrete patches of vegetation, mostly grasses and shrubs (in this case esparto grass, *Macrochloa tenacissima* and palmetto, *Chamaerops humilis*), are separated by a matrix of bare soil and/or biocrusts (orange patch in the foreground). Cabo de Gata Natural Park, Almería, Spain. Source: Photo by the author.

Dryland plants have developed a set of adaptations and strategies to escape, evade, resist or withstand the climatic conditions present in drylands. Terophytes are short-lived plants that escape the dry season as seeds. The seeds of many annual plant groups have very thick layers that need to be scarified or weakend before germination by sand and gravel when moved by wind or during flooding or runoff. Until scarification is complete, the seeds are viable for decades, effectively becoming propagules that travel through time and space until they find the right conditions to germinate. Perennial plants, such as frankincense *(Encelia farinosa)* in northern Mexico and the southwestern United States, avoid the effects of drought by losing their leaves during the harshest part of the dry season. They can also reduce transpiration from stem photosynthesis, as is the case with broom *(Retama sphaerocarpa)* in southern Europe. Other plants have developed above– and/or below-ground water and nutrient storage tissues to resist drought. This is the case for succulent plants such as stone plants *(Lithops spp.)* or the emblematic Saguaro *(Carnegiea gigantea)*. Most succulents store water in mucilage or pectic gel. Other species have shallow and wide rooting systems that grow rapidly just after rain events, which die when the soil dries out. Some evergreen trees and shrubs use their deep root systems and thick bark to withstand drought. Root depths of more than 50 metres have been recorded for species such as tamarisk (*Tamarix spp.*) or jujube *(Ziziphus lotus)*. Deep roots are often accompanied by extreme longevity, which helps ensure long-term survival when seed predation is high and seedling survival is very low.

The vertical structures of cacti and the vertical leaves of several succulent taxa reduce incoming radiation, protecting them against dangerous levels of infrared and ultraviolet radiation. Columnar cacti such as *C. gigantea* use their cuticle and epidermis to absorb ultraviolet radiation and reflect infrared radiation. The small leaves also help to avoid excessive exposure to sunlight, limiting heat stress. Trichomes, those kind of "hairs" or small appendages that cover leaves and/or stems, help to avoid heat by reducing the absorption of the leaves by reflecting infrared radiation, but also reduce transpiration rates, contributing to the conservation of water in the plant tissues. Prickles also play a small role in buffering daily temperatures while increasing night temperatures in cacti, euphorbias or acacias.

Another typical formation in drylands are biocrusts (Figure 6). These are complex communities of algae, bacteria, fungi, cyanobacteria, archaea, lichens and bryophytes living on the soil surface, intimately associated with soil particles and constituting miniature ecosystems. They live on the surface of 12% of the Earth's soils, where they act as ecosystem engineers. They occupy only a few centimetres of the soil profile, but are key in arid areas by regulating the exchange of water and gases between the soil and the atmosphere, improving soil structure and stabilising the soil surface. In addition, they act as facilitators of vascular vegetation, constituting a "source-sink" system in which runoff and associated nutrients generated in the biocrusts are distributed to the vegetation patches, where these resources are intercepted.

The morphological and physiological adaptations of animals are essentially no different from those used by plants. Cooling mechanisms that prevent the temperature from exceeding critical thresholds are necessary in these places. Constitutionally the temperature of mammals and birds is abnormally high. Panting and sweating promote the evaporation of water, resulting in the cooling of the animal, as heat is extracted from the body to change from a liquid to a gaseous state. Many animals have highly developed external ears that act as heat-dissipating surfaces for body heat, as blood is cooled as it circulates through the ears. Some birds recharge their plumage with water and can fly wrapped in a watery film that keeps them cool. The same insulating structures that prevent water loss also serve to mitigate overheating. The air chamber formed under the plumage or coat is an excellent insulator against high temperatures.

There is a strategy unique to animals, derived from a crucial difference with plants. They can move around, avoiding water scarcity and high temperatures, resulting in habits that tend to be nocturnal and daily or seasonal movements in search of resources. We can think of herbivores, wild or domestic, as the most emblematic of this behaviour. Their predators will follow in their wake, giving rise to movements that fill these seemingly inhospitable places with life.

Figure 7. Example of Saharan fauna: Left, Cuvier's gazelle (*Gazella cuvieri*); Right, spiny-tailed lizard (*Uromastyx nigriventris*). Source: Asociación Harmusch.

3. Desertification, from solvency to ambiguity

The definition of the UNCCD is the result of a consensus that was not without its critics and culminates a long process that left a trail of more than a hundred definitions in its wake. We can still propose amendments to it today. Each expert who studies this complex issue is likely to have his or her own nuances. In the case of this author, for example, a broader climatic scope is missing. Although arid areas are considered to be those where the AI < 0.65, the UNCCD definition excludes those where the AI < 0.05, i.e. hyper-arid areas. The reason is that, until a few decades ago, human activity in these territories was considered to be little or non-existent, limited to nomadic pastoralism and the testimonial agriculture of the oases. However, the possibility of drilling deep wells has allowed the exploitation of groundwater and the development of intensive irrigated agriculture, opening up the possibility that deserts can also become desertified.

The definition, which we can see graphically represented in Figure 8A, captures, however, an essential issue: its internal dynamics. Although it considers that external factors, such as climatic variations, are involved in its genesis, it highlights the role of humans. This rules out the possibility that desertification is the advance of deserts (although arid areas may expand, thus expanding potentially desertifiable sites), or that droughts alone are the cause of the problem.

The consolidation of climate change even allows us to consider these climatic variations, which could initially be taken as exogenous, as at least partially endogenous. This is shown in Figure 8B. As we know, in addition to global warming and altered precipitation patterns, which will decrease in many drylands, resulting in climate aridification, an increase in extreme weather events is expected. In other words, human activities exacerbate natural climatic variations. We interfere, therefore, through a double loop in the creation of the problem.

This assessment is of utmost importance in order to be able to focus adequately on the problem's solution. Indeed, if desertification is unrelated to what humans do in the environment, then it acquires the status of a natural disaster, similar to earthquakes or a meteorite impact, and there is little to do but try to protect oneself. Hence, rows of trees were planted on the edges of the desert as a barrier or wall to contain them (remedies that have failed miserably). Actually, it is good news that we are the ones causing it, and that it is not something random, where we do not have the opportunity to intervene. Desertification is the result of bad planning, not bad luck, and that is the main lesson we owe to the UNCCD definition.

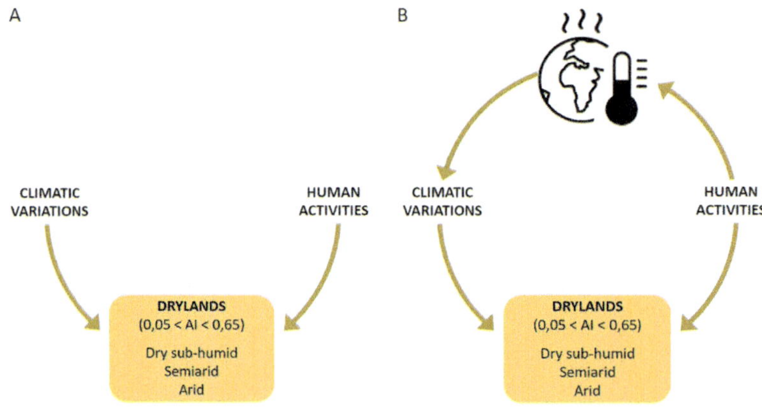

Figure 8. A) Illustration of the UNCCD definition of desertification; B) Relationship between human activities, climate change and desertification, making the problem almost exclusively anthropogenic. Source: Own elaboration.

Although the solutions are varied and complex, when the problem is multidisciplinary and multi-sectoral, the diagram in Figure 9 shows a useful interpretation of the definition to address desertification. A socio-ecological system that is in equilibrium (1) and supports a subsistence economy, undergoes a series of alterations that make it more productive (in chapter 4 we will specify these factors with various examples). This is followed by an increase in population and pressure on resources, leading to a gradual degradation of the system (2), which is approaching dangerous thresholds (3). If the rate of exploitation persists, the system will be desertified. To prevent this from happening, it is necessary to resize the system, adapting the use of resources to their natural disposition. This approach, which requires taking action on the functioning of the system rather than on something external, can bring us back to the original situation or at least to a version that, although more degraded than the initial one, can still be sustainable.

An important element introduced by this approach is the existence of thresholds. They mark the limit to which resources can be exploited. Although difficult to specify in practice, they make it possible to articulate an essential idea, which is the irreversibility of the problem. In other words, desertification is not only the depletion, or degradation, of one or more resources, but also the undermining of the regenerative capacity of these resources. Soil erosion is a very clear example of this. Once the vegetation cover of a territory is lost and the soil is unprotected against erosive agents (water and wind), the ability of that territory to return to its original state is then eliminated, since without soil, vegetation cannot grow, and without vegetation it is impossible for fertile soil to form (see this perverse loop in Figure 17). The thickness of soil below which this lethal loop is activated (or the sustainability loop, in which fertile soil enables vegetation to grow and protects the soil, is deactivated) will depend on each situation (lithology, climatology, orography, etc.), but its quantitative ignorance does not nullify its existence.

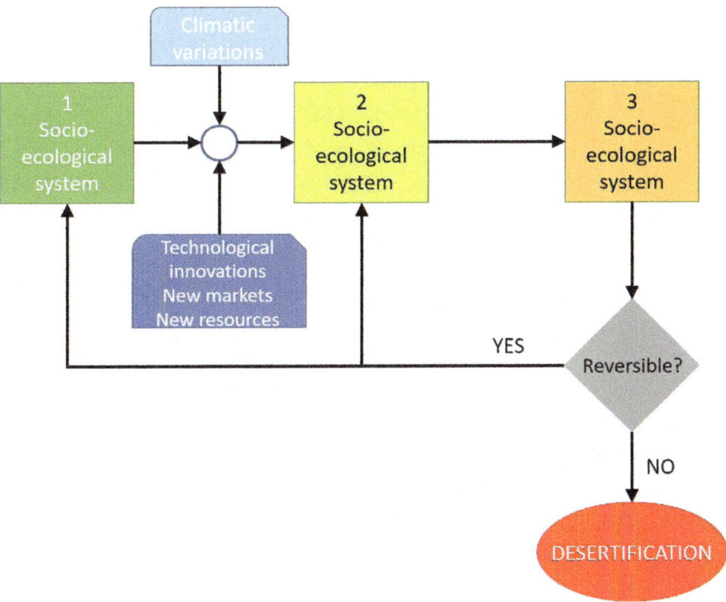

Figure 9. Diagram of a theoretical desertification process. Source: Own elaboration from Puigdefábregas (1995).

Despite the merits of the UNCCD definition, this has not prevented desertification from being understood as referring to too many things. For example, some authors refer to grasslands that have been invaded by low growing woody vegetation — shrubs — as "green deserts" due to the absence of grazing, which causes the land to lose economic value (and one meaning of desertification is the consideration of degradation as an economic loss). However, many ecologists will agree that such an increase in plant biomass is a clear indication of ecosystem recovery, and many of the indicators used to monitor the advance or retreat of desertification — after all, the indicators respond to the ideology/training of their designers — will corroborate this view (another meaning of desertification is that degradation is the loss of primary productivity, so its increase implies recovery from desertification). The differences in viewpoints do not stop there. We can find studies related to desertification that state things like "soil degradation is 38% compaction and 4% salinisation, and it is also 0.2% desertification", or that, in northern China, desertification is the main form of land degradation, as it causes soil degradation. There is even work on land degradation and desertification in Iceland, or that, in tundra areas, thawing permafrost can lead to desertification.

In a recent essay, the world expert on desertification, James F. Reynolds, presents desertification as a "prisoner of history", due to its peculiar conceptual evolution. This metaphor points to the biases that the concept has acquired, hindering the implementation of effective solutions. The term "desertification" was first used in 1927 by Lavauden, a French forester stationed in Tunisia, to describe the transformation of productive land into desert as a result of human activity in the tropical forest zone of Africa. This colonialist view, which blamed the natives for deforesting the landscape and promoting the advance of the desert, persists to this day. The proposed solutions were to settle the population and their herds, and to green the landscape through reforestation and by expanding farmland.

The terrible famine that followed one of the worst droughts ever recorded in the Sahel in the 1970s is the second turning point in this story. The humanitarian catastrophe forged the United Nations World Conference on Desertification (UNWCD), held in Nairobi in 1977, which added the climatic component of desertification to the mismanagement of the natives' land. Indeed, the Sahel catastrophe was the result of an unusual wet spell, which attracted thousands of livestock farmers because of the sudden explosion in fertility. They then established permanent crops and herds, which flourished for a few years. But the drought that began in 1970 eventually trapped three million people between the northern desert and the traditional farmlands further south, whose population had also increased. Resources were depleted and the fertility of the land was exhausted. Between 50,000 and 250,000 people perished, while the livestock lost numbered in the millions. The Rio Summit of 1992 is the third and last nail on the coffin. African states struggled to link desertification with poverty, recurrent drought and food insecurity. Finally, the current UNCCD was ratified (1994), which aims to "combat desertification and mitigate the effects of drought, especially in Africa".

Another expert on the subject, Diane K. Davis, dissects the interrelationship of these three events, documenting how the ideas and philosophy of the colonial era formed the basis for UNESCO's Arid Zone Programme (1950s), which in turn provided the background for the UNWCD (1977), leading to the UNCCD (1994). The main consequence of this conceptual drift is that the implementation of effective solutions has been blocked. Indeed, discussions around desertification often begin and end with what exactly desertification is. In 1987 there were already more than a hundred definitions and, as we have seen, each expert in the field provides his or her own. By covering such diverse, and sometimes opposing, issues (e.g. "green deserts" vs. "shrub encroachment"), desertification lacks a common front and a clear, synthetic message.

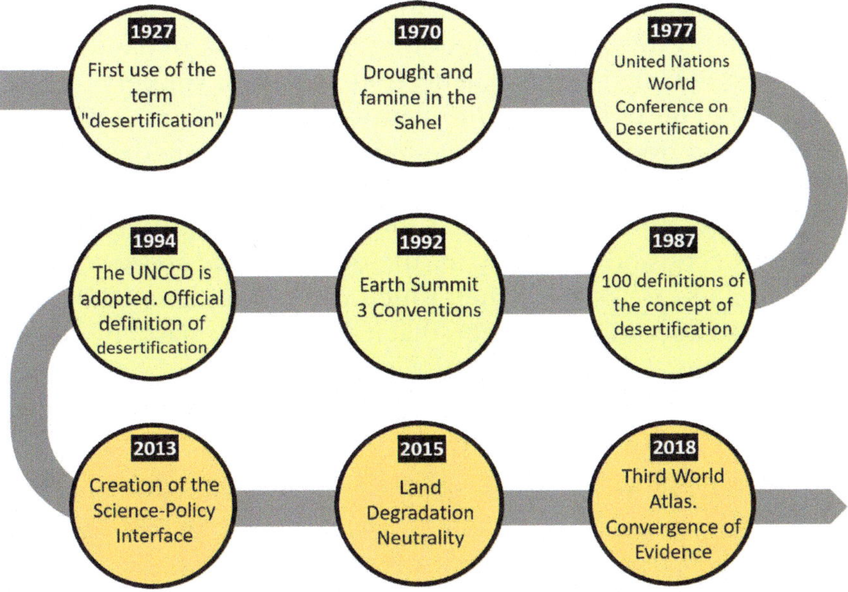

Figure 10. Major milestones in the history of modern desertification. Source: Own elaboration.

The succession of blunders surrounding desertification has rendered the UNCCD inoperative. The lack of scientific rigour, the differences in criteria between member countries, and the complexity of a problem that encompasses various processes, have meant that the influence and relevance of the UNCCD is minimal in comparison with its sister conventions, the Biodiversity and Climate Change Conventions. Proof of this is that the International Year of Desertification (2006) or the UN Decade of Deserts and the Fight against Desertification (2010) have gone unnoticed by the general public and even the scientific community. The number of scholarly articles that appear when searching for "desertification" and "land degradation" in Google Scholar (12,766) pales in comparison to the other two sister conventions that came out of the Rio Summit: 158.200 for "biodiversity" and 282,360 for "climate change". Furthermore, there is a lack of interest and awareness among the general public, as demonstrated by low scores on Google Trends: on a scale of 0 to 100, "desertification and land degradation" scores 4, compared to 27 points for "biodiversity" and 48 points for "climate change".

In addition, the UNCCD itself continues to propagate conceptually erroneous messages, illustrating the problem with images of deserts or cracked soils, leading to a conception of the problem as the advance of the desert, or linked exclusively to drought (errors that we have already pointed out above). Similarly, the false idea has spread that reforestation is the antidote to this problem, ignoring the fact that drylands, given the precariousness of their water balance, often do not support forests, and that the ecosystems of these territories are home to many endemic species typical of open ecosystems, i.e. species that do not tolerate shade or require low forest densities. There are even studies that, based on the regreening of areas that were considered desertified, deny the possibility that this problem has occurred. Thus, for example, in the book *The end of desertification,* the aforementioned case of the Sahel, which is the foundational basis of the modern era of desertification, states that it is an unfortunate episode related to drought. These equivalences between desertification and drought, or desertification and erosion, are examples of the dangerous reductionism that is sometimes exercised within this confusing field.

Perhaps one of the most striking impasses that has been reached concerns the impossibility of mapping desertification. The latest World Atlas of Desertification (WAD), published by the European Commission in 2018, contains maps on a multitude of variables, but not on desertification. Indeed, the WAD considers that this problem cannot be represented cartographically and as an alternative offers Convergence of Evidence (CE), which we will see in chapter 6. Efforts to map where desertification is occurring and how severe it is has been a continuous challenge since the first global-scale map was presented in 1977. Since then, a total of six global desertification maps have been produced, three of them called Atlases (Figure 11).

The reliability of desertification maps was never very high. The authors themselves have questioned its validity. For example, Dregne and Chou, referring to the 1992 Atlas, stated that: "The information base on which the estimates were made is weak: anecdotal accounts, research reports, travellers' descriptions, personal opinions and local experience provided most of the evidence used". When contrasted with other data, the results are often puzzling. In the case of Algeria, the same map by Dregne and Chou estimated that 93% of its arable land was desertified, while the FAO showed data of increased agricultural yields of 400–600 kg/ha. Criticism is not only restricted to the lack of consensus between the different approaches, but also to their inability to be applied, especially at regional and local level, to prevent and control land degradation.

As mentioned above, the WAD presents maps on a large number of desertification-related variables. This is precisely one of the main reasons for the failure of such maps. Degradation includes too many processes, and not all of them biophysical in nature, as the definition of desertification rightly points out. The recurrent problem encountered in desertification mapping is the failure to recognise that desertification is not a single phenomenon, and therefore not a single measurable variable. This is where the UNCCD shows its cracks with respect to its sister conventions on Climate Change and Biodiversity. In the first, the problem can be monitored by a very simple indicator, the parts per million of CO_2 in the atmosphere. Moreover, regional differences are unnecessary since climate change refers to the average condition of the atmosphere. In the second, a variety of indicators can be used, which may make more or less sense depending on the place to which they refer. But they all point in the same direction, which is to measure biodiversity and the degree of habitat conservation.

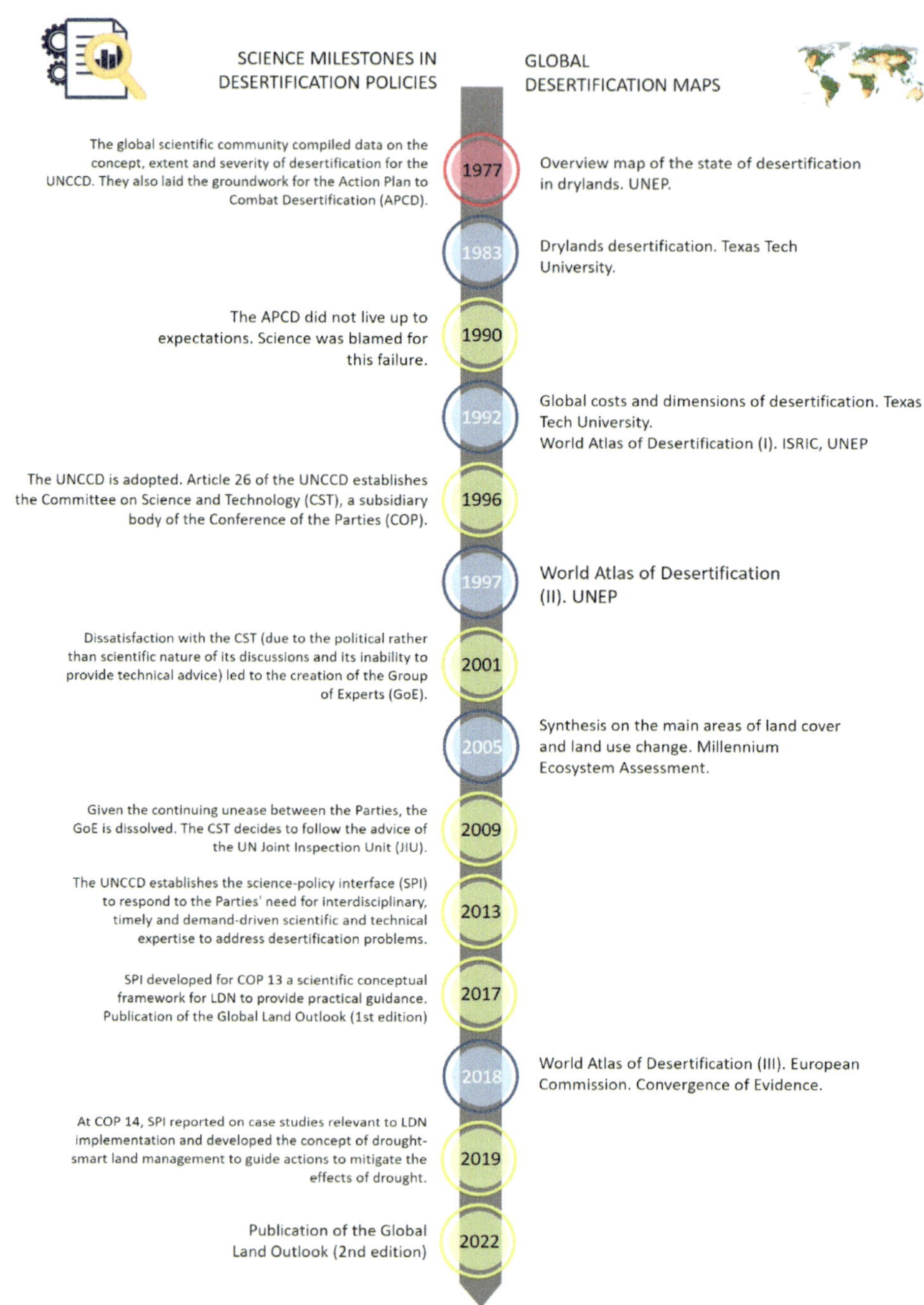

Figure 11. Science milestones in desertification policy and chronology of global desertification maps. UNEP: United Nations Environment Programme; LDN: Land Degradation Neutrality. Source: Own elaboration.

Concentrating the various desertification processes into a single indicator has so far been an insurmountable obstacle, which various approaches have tried to overcome. Many of them try to aggregate a collection of very different variables. Thus, for example, the desertification risk map of Spain, presented in the 2008 National Action Programme to Combat Desertification (PAND), applies the methodology developed in the MEDALUS project. Specifically, this map is a simple algebraic operation to add up the effect of four factors (aridity, erosion, aquifer use and area burnt by forest fires), excluding the possibility of synergy between them. For example, in an area with higher aridity, and therefore lower productivity rates, soil loss has a greater impact than in less arid areas, where soil formation rates are higher. These types of interactions are not considered in the methodology used in PAND, which also ignores the causes of the problem. Thus, the PAND risk map does not include any variable representing the evolution of the irrigated area, which causes the deterioration of groundwater bodies, nor does it consider any other land use or variable that could explain the reasons for desertification. The four variables used were weighted according to subjective criteria. For example, when soil erosion estimated by the Revised Universal Soil Loss Equation (RUSLE) model is between 12 and 25 t ha^{-1} yr^{-1}, the weight of the erosion factor is 2 (Why not 3 points, or why not between 12 and 20? There is no statistical or scientific reason to support these thresholds). If in that pixel, in addition, there is an overexploited groundwater body, a point is added, and if the percentage of accumulated area covered by fire for 10 years (a somewhat intricate variable) exceeds 10%, we have another point. Finally, the degree of aridity adds one point if semi-arid and two points if arid (dry sub-humid does not penalise). As can be deduced, the more points, the higher the risk of desertification. The greatest merit of this type of approximation is that it manages to give a figure for each pixel of the territory. However, such maps are to be taken as first attempts to address and delimit the problem, but they require profound conceptual reforms to give an accurate picture of the problem. New methodological tools and the wealth of available data can shed light on the problem of mapping desertification.

In addition to the difficulty of measuring desertification, other weaknesses of the available mapping have already been pointed out. These atlases are mostly based on subjective assessments by experts and would therefore be difficult to apply elsewhere or by different observers, and be considered as a baseline condition for assessing future changes. In addition, many of the quantities measured at the local scale are very difficult to estimate on a larger scale. In many places, field data are missing and these "gaps" have to be filled with estimates. Soil erosion, which is one of the main variables considered in the characterisation of desertification, illustrates this problem. Thus, measurements on plots are expensive and it is impossible to have this type of data on large territories. Instead, mathematical models (such as the aforementioned RUSLE, which was conceived for use on an individual plot scale and therefore cannot be applied at the landscape scale) are used to deal with one of the main characteristics of erosion, namely its unpredictability. A key factor in erosion is the coincidence of bare soil (as a result of forest fires or agricultural work) and torrential rainfall. A model usually overestimates the erosion rate if this coincidence does not occur, or underestimates it if it does, since it uses average values. Although erosion models have been refined, their estimation depends entirely on accurate climate prediction, which locates temporal and especially torrential rainfall events.

Finally, it is very difficult to quantitatively determine the threshold that separates the non-degraded state from the degraded state. To determine that a site has been desertified, we need to have a baseline of what the site looks like without degradation, and thus estimate how far the variable(s) we have chosen to assess desertification are moving away from that threshold. This is another thorny issue that requires, as we said, a consensus on what is meant by degradation. We can consider a pristine ecosystem to be the ideal, and compare the current state with that somewhat utopian benchmark. In this case, and if we are in the Mediterranean area, where ecosystems have undergone transformations and adaptations over thousands of years, practically the entire territory can be considered to be degraded; nothing remains of the original Eden. Consider the *dehesas*, which result from clearing an original forest to create grazing areas. These agro-silvo-pastoral systems have been paradigms of sustainable land use. If they were degraded by erosive processes triggered by overgrazing, a hypothetical desertification map would show a very different degree of severity if the reference were a dense holm oak forest than if it is a degraded version of it, i.e. a *dehesa*. The same conceptual conflict will emerge when implementing restoration plans, as the objectives will be different if the whole territory is to be covered with trees or if the planting density is lower and the species to be used are diverse and include shrubs.

The following figure is an attempt to explain the multitude of research fields that overlap with desertification. As with the definition of the problem, there are many possible figures, and even the same author, depending on what he or she is researching, may propose different versions. Therefore, it is not my aim to be exhaustive, or to arrive at the most complete version, but simply to show that desertification is a problem related to many others and that, depending on the historical moment, the local or regional context, or other circumstances, desertification can be more or less related to very diverse fields. For example, in Spain, for decades, desertification has been equated with erosion, ignoring the problem of water. Therefore, desertification (or erosion, which were almost synonymous) was combated by planting trees, so that the vegetation would prevent the rains from washing away more soil. Water management was not at all linked to desertification and has been closely linked in our country (and in many others) with engineering departments dedicated to satisfying the growing demand of various sectors through large infrastructures (reservoirs, water transfers, desalination plants), or with the economy, pending the search for where water generates the greatest social welfare. On the other hand, water and agriculture form an inseparable binomial, and irrigation schemes are their most obvious imprint on the territory, generating development and various types of degradation, which is why desertification cannot be left on the sidelines. Consideration of the water-food-energy nexus is an interdisciplinary approach that considers the interdependence and interactions between these three fields, and focuses on finding sustainable and integrated solutions to ensure food security, water and energy availability, and environmental protection, which in arid areas is related to addressing the problem of desertification.

Historically, desertification has been linked more to the lack of water (droughts) than to the possibility of intervening in its management. It has also been wrongly linked to deserts and in the oases of China's hyper-arid northwest, "oasification", i.e. the expansion of oases, is seen as a way of combating desertification. Interactions with the other two UN Conventions are obvious. For example, in relation to the UN Convention on Climate Change, the degradation of drylands means turning them into carbon emitters rather than sinks. Perhaps surprisingly, the release of carbon stored in soils, due to the conversion of ecosystems to other uses (e.g. agriculture, which is the most widespread use), has released more carbon into the atmosphere than fossil-fuel combustion (456 Gt versus 270 Gt). On the other hand, one meaning of degradation is the loss of biodiversity, and thus connections with habitat fragmentation or the decline of certain species linked to human interventions can also find a place in the UN Convention on Biodiversity. In the midst of these interactions is the debate between sharing or conserving land. It refers to the different strategies for balancing agricultural production and biodiversity conservation. The land sharing strategy involves the integration of agriculture and conservation in the same landscape, while the land conservation strategy involves the separation of production and conservation areas.

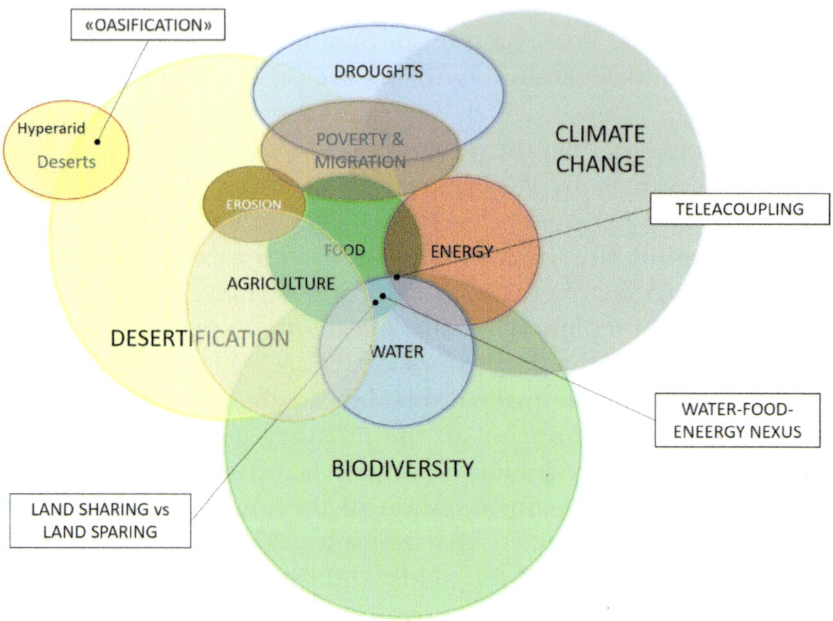

Figure 12. Overlaps between different fields of study, disciplines or paradigms related to desertification. Source: Own elaboration.

Agriculture, water and desertification have been mutually exclusive fields of study, but only if we intertwine them will we have a chance to tackle desertification problems and, incidentally, combat climate change and conserve biodiversity. Indeed, only by modulating the development and enrichment that agriculture generates, by seeking a sustainable use of water resources, can desertification be tackled successfully. What this figure suggests is the need to create a unified front against environmental degradation, integrating the inevitable impacts derived from the necessary production of goods with the functioning of ecosystems. All of this must be coordinated on the basis of coherent policies that seek citizen participation and know how to deal with the frustrations generated by certain limitations. Such an aspiration is aligned with the recent perspectives of the United Nations, represented by its ambitious Sustainable Development Goals (SDGs).

With regard to the UNCCD, it seems that the conceptual and operational stagnation into which it had fallen may be revitalised by two new developments that may serve to relaunch it and make progress in solving the problem. Land Degradation Neutrality (LDN, chapter 6), an initiative that forms SDG target 15.3, was formalised in 2015. The LDN recognises that land degradation is inherent to human activity and instead of eliminating it, it proposes to compensate for it by following a series of premises that ensure the success of the initiative. Furthermore, the LDN goes beyond the drylands, recognising that degradation processes elsewhere are intimately linked to dryland dynamics (related issue of tele-coupling, chapter 8). Finally, it relegates reforestation actions to a secondary role and as a last solution to the problem, giving priority to prevention. This ties in with the second new development, CE. Without being something strictly new (for example, the SURMODES project applied the same idea to outline desertification landscapes in Spain), CE is the alternative to desertification maps proposed by the European Commission in the last WAD. Concluding that desertification cannot be mapped (or so it appears from the accumulated failures), CE proposes to overlay layers of biophysical and socio-economic data in order to detect places where economic development triggers degradation processes. This analysis, far from being a methodology that is simply replicated in each pixel of the territory, should reveal hot spots prone to desertification in relation to their socio-political context, which gives local and regional conditions an important role in desertification processes.

4. Some cases of desertification (and development)

There are many cases of desertification, too many. Those that are the result of processes that occurred many years, decades or even centuries ago are known as inherited desertification; those that are taking place today are active desertification processes. They can be found in Africa, which is the continent most intuitively related to desertification, as well as in America, Australia and Eurasia. Below, we present some of the most representative cases, considering a classical classification according to the main cause of desertification: overcultivation, overgrazing and deforestation. In the following section we will focus on cases related to groundwater overexploitation.

4.1. THE ARAL SEA SYNDROME, WHEN THE WATERS DISAPPEAR.

When the seabed is exposed to sunlight we are most likely to speak of miracles or catastrophes. Moses, the Bible tells us, had to open a passage in the Red Sea to bring the Israelite people to safety. If the sea retreats and then returns with force, we are facing a tsunami. And when the sea disappears, never to return, as a consequence of the unbridled use of the water resources that used to feed it, then we speak of desertification. The most famous case, which gives its name to this peculiar syndrome, and under which are grouped all those inland seas and large lakes that have disappeared due to a disproportionate use of water resources, is that of the Aral Sea.

It was the fourth largest inland body of water in the world, occupying 68,000 km^2. The chimerical idea of converting the arid lands surrounding the Aral into cotton fields to supply the entire Soviet Union meant the end of this huge and rich body of water. The mega-project envisaged diverting water from the rivers that fed the Aral Sea, the Amu Darya and Sir Darya, to the cotton fields. The rate of extraction was such that for many years the rivers did not carry a single drop of water. The lack of inputs, together with evaporation, reduced the volume of water. This resulted in an increase in salinity and a reduction in its surface area. In 2007, only 10% of the Aral remained (Figure 13 A). The fishing industry (which once reached production quotas of 40,000 tonnes per year and provided 60,000 jobs) had gone down the drain decades ago and the seabed became a fountain of salt that the wind dispersed throughout the region, nullifying the productive capacity of the soil.

In Iran, Lake Urmia has undergone a similar process (Figure 13 B). It now occupies only 20% of its original area, which was over 5,200 km^2. This process of desiccation has occurred over the last two decades. Again, the distinctive features of this syndrome appear. The drastic drop in water level after 1998 corresponds to a substantial increase of surface water abstractions to meet upstream drinking and agricultural water demand, which coincided with a 48% decrease in runoff during the prolonged drought of 1998-2002. The receding shoreline of the lake has exposed 400 km^2 of salt crust, which the wind turns into salt storms that diminish the fertility of nearby agricultural land, alter the region's biodiversity and have negative consequences for human health.

Lake Chad (Figure 13 C), once the sixth largest in the world with an area of 25,000 km^2, was only 300 km^2 in 2017. Ninety per cent of Chad's water supply comes from one of the most important wetlands in Africa and on the planet: some 300,000 km^2 of flooded land that discharged through the Chari River into this unique inland body of water. Although it is easy to blame their location (in the Sahel, the region south of the Sahara Desert) and droughts for part of this disappearance, the role of irrigation is again key. Although it is true that the lake split in two due to its peculiar bathymetry — with a maximum depth of 11 metres and an elevation that splits it in two — and the severe droughts of those years, if not so much water had been diverted for irrigation, the lake would have recovered its unity after the wetter period that the area experienced in the 1990s.

The list of inland water bodies under the Aral syndrome is growing all the time. Owens Lake in eastern California was completely drained in 1940 due to the development of the city of Los Angeles, which needed water for drinking and irrigation of its farmland. The dust bowl left behind by the lake has become a particulate emitter, making the air thinner. The city will spend a staggering $3.6 billion over the next 25 years to mitigate the health effects of this dust on its residents.

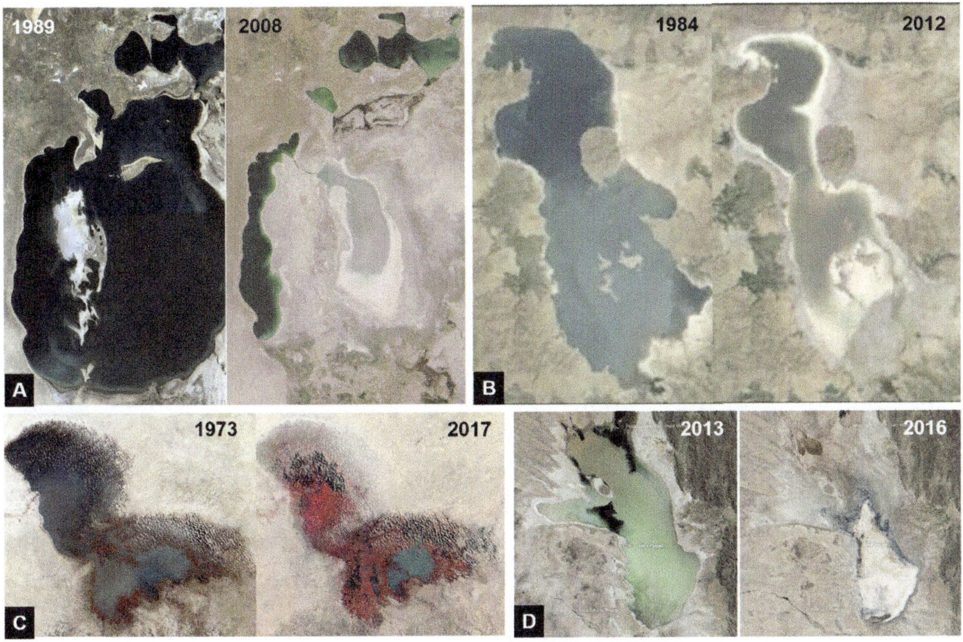

Figure 13. Desiccation of some of the world's largest inland lakes and seas as a result of overexploitation of the rivers that feed them. A) Aral Sea, Kazakhstan and Tajikistan; B) Lake Urmia, Iran (Source: Google Earthengine); C) Lake Chad, Chad; D) Lake Poopó, Bolivia. Source: A, C, D, NASA Earth Observatory; B, Google Earth Engine.

The eighth largest salt lake in the world —as the reader can imagine this ranking is highly variable depending on the dynamics of each lake or inland sea— the Great Salt Lake (Utah, United States) reached its lowest level in its history in 2016: its area had shrunk by 50%. Historical rainfall records since 1847, when the first settlers arrived in the region, tell of ups and downs, but no major changes that could have affected the flows of its tributary rivers. On the other hand, agricultural development and diversions of the river have led to a persistent reduction in the flow of water reaching the lake, close to 40% in recent years.

One of the latest victims to join the list of water bodies that have disappeared due to excessive consumption of water resources is Lake Poopó, in the Bolivian highlands (Figure 13 D). Beyond the spate of desertification associated with the decline of surface water bodies, recent (2023) satellite work has revealed a general decline in water storage in the world's lakes. Climate change and excessive consumption patterns explain this trend.

4.2. FROM THE DUST BOWL TO THE DECLINE OF THE ESPARTO GRASS "SEAS"

Another of the major environmental disasters of the last century has to do with desertification. It took place in the American Midwest, a place unsuitable for farming, with harsh winters, strong winds and a dry climate. In his book *A Tour on the Prairies,* Washington Irving provides an accurate description of this ecosystem, which in 1832 was in excellent health: "It consists of great grassy plains, interspersed with forests and groves, and clumps of trees, and watered by the Arkansas, the grand Canadian, the Red River, and their tributary streams. Over these fertile and verdant wastes still roam the elk, the buffalo, and the wild horse. These, in fact, are the hunting grounds of the various tribes of the Far West [...] Their hunters and 'Braves' repair thither in numerous bodies during the season of game, throw up their transient hunting camps, consisting of light bowers covered with bark and skins, commit sad havoc among the innumerable herds that graze the prairies, and having loaded themselves with venison and buffalo meat, warily retire from the dangerous neighbourhood".

However, the gradual arrival of settlers in their expansion into the "Wild West", coupled with a series of developments in a short period of time, completely changed the appearance of the place. The arrival of settlers boosted wheat cultivation. Although modest to begin with, the wheat fields gradually took over. The development of cold-resistant varieties, together with the adoption of the deep mouldboard plough, which allowed the tenacious grass cover to be ploughed through, led to promising harvests. Two other circumstances completely transformed the place. An unusually mild period of weather created a false sense among the new inhabitants that this was a friendly place. The collapse of Russian wheat exports due to the Bolshevik revolution opened up a niche market that attracted a multitude of settlers.

The exposure of crumbling soil to strong windstorms meant that the green prairies of the American Midwest have since become known as the Dust Bowl, because the fertile soil literally blew away (Figure 14). The ultimate socio-economic consequences of an apparently successful model were magnificently portrayed by John Steinbeck in his novel *The Grapes of Wrath.* The protagonists, a family of ruined farmers, flee the devastation to the promised land of California. Even today, the so-called Dust Bowl reappears when the wind blows hard. The lesson to be learned from this case is that sudden changes in land use often have unexpected consequences.

Figure 14. Dust storm in Texas, USA (1935). Source: Wikimedia Commons. NOAA George E. Marsh Album, theb1365, Historic C&GS Collection.

Very similar events took place on the other side of the world. The arid steppes of Inner Mongolia (China) were converted to agricultural land in order to make it more profitable, and livestock pressure increased. Once again, the short-term vision led to the desertification of the site, the effects of which are palpable in the long term. Indeed, the replacement of the original ecosystem by agricultural land has exacerbated dust storms. Increasingly, they are reaching as far as Beijing, a reminder to the inhabitants of this city that chasing high profits in the short term has its toll. Another book, *Wolf totem*, tells in an entertaining and well-documented way how the original ecosystems, where wolves regulated herbivore populations, were replaced by modern agricultural systems, upsetting the balance that kept the ecosystem in good shape.

The decline of the Algerian steppes is interesting because it adds a variant to the previous cases, overgrazing as a cause of desertification, and reveals another of the paradoxes surrounding desertification, namely that it is not always pristine landscapes that are degraded, but rather territories that had already suffered other episodes of degradation in the past, but had reached a stable situation. Thus, the vast expanses of esparto grass that flooded the whole of North Africa are but the remnants of a more complex ecosystem, interspersed with pine forests.

This "Alfa sea", as the huge esparto grass expanses were called, was crossed by nomads who followed the grasses that grow after the rains.

Esparto grass is not really a very nutritious plant, but it contains a lot of fibre, which is essential for ruminants, and it also allows livestock to survive when there is no grass, as it is a perennial species that is well adapted to droughts. However, thanks to the high demand for animal protein, and the low productivity of these pastures, the Algerian government decided on a change in land use. To make up for the shortage of grass, subject to the variability and scarcity of rainfall, livestock would be given feed, specifically barley. To this end, many wheat fields were replaced by this cereal. These calorie inputs succeeded in increasing meat production, but took a heavy toll.

The stocking rate quadrupled and animal mobility decreased. The sheep therefore grazed on the same land over and over again. Although the feed intake should appease their hunger — as they were receiving the necessary calories — paradoxically this was not the case. The reason is that ruminants, in addition to meeting their calorie needs, need to meet their fibre requirements. As barley did not cover these ballast units, in which the fibre requirements are measured, the animals ate the only thing they could find: the esparto grass. The enormous livestock pressure eventually ruined "alfa seas". Its disappearance led to the destabilisation of the soil and the appearance of dunes, ruining the ecosystem forever. This is a very illustrative case, showing how desert land is created by mismanagement rather than by the advance of the neighbouring Sahara. Moreover, by decreasing wheat production and establishing cereal-based (rather than pasture-based) livestock farming, Algeria is dependent on cereal imports and is highly vulnerable to rising cereal prices.

Another case of desertification associated with overgrazing is found in Mongolia, which is not surprising considering that the average annual rainfall is 300 mm, a circumstance that often leads to grazing as the most predominant use of land. The liberalisation of the sector after the fall of communism, coupled with the huge demand for cashmere from neighbouring China, which is also a major producer and keeps prices low, has led to the intensification of herding. Mongolia's main competitive weapon is to produce as much of this highly prized fibre as possible at low cost — using natural pastures. Goats, which make up more than half of the animals that graze the grasslands (there are also camels, cows, horses and sheep), may be more profitable than other animals, but they are also much more destructive than the sheep they have replaced because they eat the roots and flowers, jeopardising the regenerative capacity of the grassland.

4.3. WHEN WATER ACTS AS A POWERFUL EROSIVE AGENT

Water is the main ingredient for life. However, under certain conditions, it can be the reason why an ecosystem loses its natural fertility. When the vegetation cover disappears, the soil is exposed to one of the main agents of erosion, water. This is particularly damaging when combined with two other factors, torrentiality and slope. This is what happened almost two centuries ago in the coastal mountain ranges of the south-eastern peninsula. We refer here to the Sierra de Gádor, in Almería, where the landscape has not yet recovered from that devastation.

Due to another unusual episode, the Little Ice Age, which occurred in the 16th and 17th centuries, the *sierra* had a forest that did not correspond to the current aridity of the area. According to the inventories of the time, holm oaks predominated, but oaks and strawberry trees were also common. The people of the area lived modestly, exploiting the forest for charcoal and clearing it into ponds for grazing and cultivation. The nomads crossed the mountain range and settled there during the hot summers, taking advantage of its high altitude pastures (over two thousand metres). Proof of the livestock use is that the territory is studded with cisterns that supplemented the supply of natural springs, although these were abundant due to the peculiar geological structure of Gádor. The alternation of Cretaceous limestone materials traps rainwater, and the lava — a clay from the alteration of the phyllites — forms impermeable layers through which groundwater is channelled to the surface and gives rise to springs. In addition, there were some lead mines that had been exploited on a small scale since Roman times.

In the early 19th century, the price of this metal was high, due to the demand associated with warfare, which required lead to manufacture projectiles. Family farms required esparto grass and firewood to melt the metal. Noticeable clearings began to open up in the dense forest. The booming market unleashed a lead rush, which proved to be a very important source of income for Spain, so much so that it stabilised the country's balance of payments. The precarious mines became real factories that provided work for many people. The region became a hub of attraction. The fuel to melt the lead was close at hand: the forest was mercilessly cut down. In addition, an ever-growing population had to be heated and fed. The slopes surrounding the settlements were cleared and terraced.

The British took their investments elsewhere when the price of lead began to fall. Gádor came out of the era of easy money very badly. The ground was left without the protection provided by the trees. The rains — which tend to be torrential in this area — washed it away easily. That soil, which was the basis of the territory, went to the bottom of the sea. The deforestation and mining of the Andarax river basin, whose mouth was originally an 8 km long estuary, became a 6 km^2 delta from the 18th century onwards. There was no more shade or moisture for the acorns to thrive. Because of this there were no acorns. Attempts were made to replant with Aleppo pine *(P. halepensis)* and Black pine (*P. nigra*). They are small specimens, which can do little more than survive in such meager soil. Genistae, some mastic trees and broom thrive, although the dominant shrub is undoubtedly esparto grass.

Figure 15. Solitary pine tree in the Sierra de Gádor. Reforestation of this site is practically impossible because all the fertile soil has been lost. The specimens that manage to take root are usually small in size. Source: Photo by the author.

The Sierra de Gádor is a case of inherited desertification. The degradation that occurred more than a century ago has not been reversed. When soil is lost, recovering it is an arduous task for nature, since in these arid environments, where the lack of water slows down the metabolism of natural processes, soil formation is very slow (1 cm every 800 years).

Despite this, we continue to mistreat the land. With the powerful pull of producing more and increasing profits, the widespread practice is to eliminate any hint of "weeds" (with herbicides or ploughing), which are so called because they take away part of the water that the crop would use to increase its yield a little more. Thus, many olive groves appear "clean", which is synonymous with good management. However, by stripping the soil of its protective layer, the only thing we can expect is for the soil to disappear. Although the maintenance of a vegetation cover increases evapotranspiration, we must consider that a well-protected soil evaporates less water and creates conditions of fertility that favour the crop. In addition, the rooting of these grasses and the biodiversity they generate make the soil healthier, spongier and greatly improve its water retention capacity. When an olive grove is more like a forest than a collection of poles driven into the ground, the yield is likely to be somewhat lower, but we will ensure that the soil remains.

Otherwise, erosion is triggered. The replacement of natural vegetation in areas where historically there were no crops (i.e. the least favourable areas, with slopes of up to 10 degrees) by woody crops, such as the aforementioned olive groves, vines or almond trees, in combination with torrential rainfall, means that we are recording erosion rates of over 100 tonnes per hectare in many cases (it should be noted that in the Mediterranean area the natural rate of soil formation is less than 1 tonne per hectare). Erosion events are very random, and can depend on exceptional rainfall coinciding with the maximum vulnerability of the soil, i.e. freshly ploughed, without any vegetation cover and with crumbling soil. When this happens the loss of soil condemns the system. In June 2000, a storm of 215 mm in 24 h (return period: 105 years) caused an erosion rate of 282 tonnes per hectare in a vineyard in Alt Penedès (north-eastern Spain), of which 58% was transferred by ravines and gullies (0.4-0.5 m deep). About 207 tonnes per hectare of sediment was recovered from the small hillside ditches and dumped in the vineyard, in particular to fill the gullies, resulting in a final sediment balance loss of 74 tonnes per hectare during this storm alone. These coincidences make estimating erosion using models very difficult and make ploughing and annihilation of vegetation cover a risky sport, where the chances of succeeding diminish as climate change generates more extreme events, decreasing the return periods of storms, floods and droughts. Soil erosion leads to the loss of a territory's water storage capacity and its natural fertility. It is estimated that each year the world's soils lose between 23 and 42 million tonnes of nitrogen and between 14.6 and 26.4 million tonnes of phosphorus as a result.

Figure 16. Olive groves in the province of Córdoba. The high profitability of olive oil has led to its expansion into marginal areas with steep slopes. This, combined with the lack of vegetation cover between the trees and ploughing, makes the effect of torrential rains devastating. Source: José Alfonso Gómez Calero.

As we have seen, desertification processes are caused by a number of factors. Understanding how the underlying biophysical and socio-economic processes are threaded together is essential to tackling them. A socio-ecosystem in equilibrium, governed by reinforcing dynamics that exhibit sustainable behaviour, can become unbalanced and spiral into a devastating spiral of deterioration. The erosion loop (Figure 17) illustrates this idea. From basic elements of System Dynamics methodology we can understand how a positive loop is formed in which the health of the ecosystem is reinforced. Thus, a higher vegetation cover leads to a lower erosion rate (negative or indirect relationship between variables). The less erosion, the more soil (again an indirect relationship). More soil leads to higher primary productivity (this is a positive or direct relationship, i.e. the variables move in the same direction). Finally, higher productivity means higher vegetation cover. The concatenation of these four relationships (two positive and two negative) takes the form of a positive loop (since a double negative relationship is equivalent to a positive relationship). In summary: more vegetation cover leads to more vegetation cover.

Obviously, this is a simplification of the system. In reality, their behaviour is governed by a combination of loops that nuance this behaviour. If only this loop existed, it would lead to an infinite growth of vegetation cover. One of the reasons why this is not the case is that as the density of vegetation cover increases, other mechanisms are activated. Without going into too much detail, competition for space and nutrients causes growth to slow down and a negative loop causes the canopy to converge to a maximum value, which we usually call the carrying capacity. For our purposes, however, it is useful to consider this loop in isolation. The aim here is only to point out how this loop, which leads to sustainable behaviour, can be turned on its head by changing certain factors. Thus, if vegetation cover is removed for reasons such as replacing natural vegetation with cropland or because these "weeds" are removed for the benefit of crop yields, then the positive loop works in a devastating way. Let us read under this scenario the cause-and-effect relationship: a decrease in vegetation cover leads to an increase in the erosion rate (indirect relationship); a higher erosion rate leads to less soil (the second indirect relationship); less soil means less primary productivity (positive or direct relationship); less primary productivity leads to less vegetation cover. In short: Ever lesser vegetation cover leads to the loss of soil, which destabilises the system.

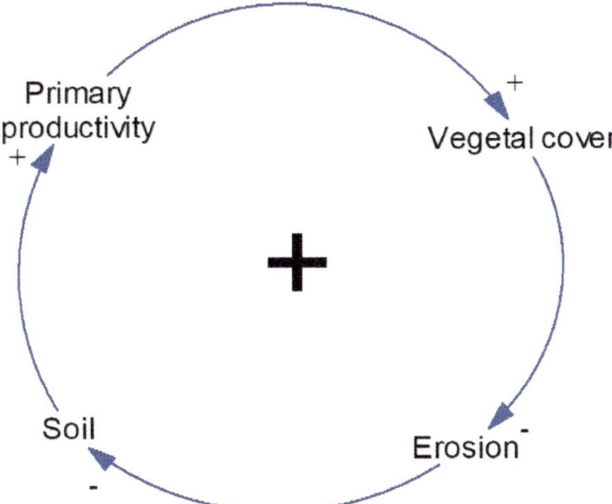

Figure 17. Erosion loop implemented using a System Dynamics causal diagram. Source: Own elaboration.

5. *Water and desertification: miracles and addictive relationships*

We all, at the same time, want more water everywhere. The construction of reservoirs, water diversions, the exploitation of groundwater, the development of hyper-efficient irrigation systems and the construction of desalination plants are all traces of a water supply model based on unambiguously covering a demand that is growing at a tumultuous rate. The approach is flawed. In the end, it is nothing more than a race to the bottom, with each new solution creating a bigger problem than the last. For example, the announcement of the Tagus-Segura water transfer meant that thousands of hectares of rainfed land became irrigated overnight, which automatically generated a greater demand for water. Increasing the efficiency of irrigation systems saves water for the plot on which the technology is installed, but on the landscape scale it leads to increased water use, as the supposedly saved water is used to irrigate one or more new plots.

The phenomenon, known as the Jevons paradox (i.e. as the efficiency of resource use increases, consumption increases), is not new, although the terminology under which sustainability arguments are used when in fact we are doing nothing more than using resources unsustainably is. *Greenwashing* (section 6.4) is a facelift in which we try to fool ourselves and change a few things so that everything stays the same. It is not a bad thing that everything remains the same: a continuous flow of food (in some countries), economic growth torpedoed from time to time by crises of various kinds and, in short, a material well-being far superior to that of a few decades ago. Nor is it novel to claim that we change things (any self-respecting company has its slogan or plea in favour of the environment), so that nothing changes, this is the most famous sentence in *The Leopard*, the novel by Tomasi di Lampedusa, and Martín Caparrós exposes it with rigour and an enveloping charm in *Contra el cambio* (*Against Change*). Indeed, no matter how much we claim to be concerned about the environment, nature or certain emblematic species, we do not want to change our way of life, if anything we demand it from others (people or countries), but no one, or almost no one, is willing to review our ecological (and social) footprint in depth and act accordingly. It doesn't make much sense if the change is not widespread, we tell ourselves quietly to justify ourselves.

We are doing well like this, sweeping our disasters under the carpet, looking the other way, convening big international meetings where nothing is concluded. According to a recent study, the carbon footprint induced by travel to international conferences translates into more than 2,000 tonnes of greenhouse gases. The average participant produces between 500 and 1,500 kg $CO_{2\text{-eq}}$ per round trip to a conference. In other words, business as usual, even if they claim otherwise. The political cost of using resources in a different way, of devising economic systems that do not focus so much on short-term profits, but look at other indicators and consider the medium to long term, is very high. The long shadow of the dilemma posed by the *Tragedy of the Commons* looms large. In other words, if someone stops using natural resources to give them a break and create more sustainable socio-economic systems, someone else will. If one country grows less economically, others can take advantage of this and use resources more intensively, resulting in stronger, more profitable economies that attract more investors. If you opt for stabilisation or degrowth, everything seems to sink. It is not the aim of this book to explore the derivations that this line of thought suggests, but to show that talking about desertification leads inexorably to thinking about the economy and society.

Supplying water demand with new resources inevitably leads — at least in the current economic context — to more demand, in a positive feedback process reminiscent of the behaviour of people dependent on the consumption of psychotropic substances or hooked on toxic and suffocating love affairs: obtaining additional amounts of water to meet water demand leads to further increases in demand until the situation becomes untenable. Our society's relationship with water is addictive (and additive), and is leading to widespread "water bankrupcy". The rest of the chapter is devoted to (i) detailing how the massive exploitation of groundwater resources leads to ephemeral growth patterns; (ii) explaining under the economic theory of the Treadmill of Production the mechanism that drives large-scale agricultural production and its consequences; and (iii) elaborating on the need for water-based forms of economic development in drylands, due to their natural predisposition for water use, and on the threat of desertification that arises when such development exceeds certain limits.

5.1. DESERTS AND WASTELANDS TURNED INTO EDEN

Desertification occurs closer to home than we often think, as we have seen in the previous chapter. In the Mediterranean area, moreover, it is directly related to water resources or, to be more precise, to their depletion. The deterioration of the Mar Menor, the Doñana and Tablas de Daimiel National Parks are some examples of desertification linked to the overexploitation and degradation of groundwater, although they are often not identified as such. They are just the tip of the iceberg of many other cases, where a mixture of climatic, political and agronomic factors have ended up ruining emblematic ecosystems and, in the process, all the economic uses that gravitated around them, such as tourism, agriculture and fishing.

Water is the main ingredient for life and has historically limited the development of drylands. At the same time, the long history of civilisation in drylands has seen the consolidation of relatively stable human-territorial relationships, exploring innovative ways of coping with the uncertainty associated with highly variable — spatially and temporally — and scarce resources. Populations have adapted to this uncertainty and many cultures, such as nomadic, agricultural, oasis and savannah cultures, have survived for millennia in the arid regions of the world, giving rise to diverse ethical systems and religions. Careful management of their water resources has been key to the survival of their societies. This is illustrated by the ingenious and specific rules of water distribution in the North African oases, or the coupling of agriculture in the oases of northeastern China to the thawing of the mountains that nourish them. But also traditional Mediterranean irrigation, which has created symbolic landscapes, has been a way of increasing agricultural yields in places that would otherwise have required much larger areas of cultivation, as well as depriving the population of foods necessary for a much healthier diet, such as vegetables.

Indeed, the traditional irrigated land of Mediterranean Spain is an example of sustainability and has been one of its most emblematic and functional agro-landscapes. In their distant origins, and until very recent times, in addition to their socio-economic role, irrigation played an important environmental and ecological function. The areas occupied by these irrigated lands were located in places with a natural availability of water, where the soil was fertile (which is explained precisely by the humidity and the soil metabolism associated with it), and suitable topographical conditions, i.e. fertile plains and flood plains particularly suited to cultivation. These are places connected to the whole river system and its ecosystems. The irrigated plots were sequentially laid out and participated in the flow of water and nutrients through meadows, irrigation channels, irrigation ditches, dams that collected the surplus water that the soil did not absorb, the river or stream (or even *wadi*) itself, and the sub-valve aquifer. This meant that irrigation was in tune with the rest of the landscape and was almost an inseparable part of it. In essence, they replaced the role of natural riparian systems, providing a scenic and cultural outcome of great value. Their mimicry was confirmed by the fact that they did not particularly alter the natural water cycle, and maintained a high biological and agronomic diversity.

This rational use of water resources, sustained for centuries, changed in the middle of the last century. The so-called "Great Acceleration", characterised by exponential population growth and resource consumption, coupled with climate change (a product of the same phenomenon), has led to a situation of global water scarcity: it is estimated that 80% of the world's population faces serious threats to their water security. Atmospheric changes resulting from climate change do not only mean a decrease in precipitation in certain geographic zones (especially in the Mediterranean region) and an increase in temperatures. In addition, extreme weather events (droughts and floods) are increasing, exacerbating the spatio-temporal disconnection between water supply and demand. In other words, water is being used worse. For example, rapid snowmelt generates runoff that the ground is not able to absorb as it does when the release of water is slow and gradual.

Particularly vulnerable in this context is food production, for which demand is growing steadily. To meet these needs we have witnessed a spectacular expansion of irrigated agriculture during the 20th century, a sector that consumes 70% of the world's water resources (some 2,800 km^3), and which in some basins in our country can represent the consumption of 90% of the available water resources. In addition, rapid urbanisation, economic development and lifestyle changes have had a major impact on per capita water use. As a result, water used to meet human needs has increased from about 500 to 4,000 km^3 per year in the last century, and is expected to increase further to 6,000 km^3 per year by the end of this century. Groundwater, thanks to its perennial and distributed nature, is a reliable resource that provides almost half of the water used in irrigated agriculture and supplies drinking water to billions of people.

As a result of this trend, the rate of depletion of groundwater resources has increased in recent decades and is likely to persist or worsen in the very near future. Although groundwater overexploitation was first raised almost two decades ago, the true extent of non-renewable groundwater use only became apparent to the wider public in 2009, when the first GRACE satellite analyses were published, showing persistent negative trends in groundwater storage in several regions of the world (India, Pakistan, North America, South America and the Middle East), and after the first global assessment of groundwater depletion was published in 2010.

This crisis is the aftermath of several "miracles" spread across the world's drylands. Indeed, these regions have temperate climates with mild winters (often frost-free), a high level of sunshine and low temperature fluctuations, which have made it possible to avoid costly investments in heating and power supply systems. In this context, water works miracles. The widespread use of groundwater, thanks to advances in geological knowledge, cheaper drilling and pumping techniques, rural electrification, mechanisation and technification of the countryside, and other advances such as biotechnological development, has led to enrichment that is as unexpected as it is, all too often, unsustainable. This rapid wealth creation has earned irrigation bombproof social and institutional backing.

Even in light of compelling evidence of degradation, which goes beyond the depletion and contamination of water resources to include the presence of plastics, pesticides, and other pollutants causing various adverse environmental effects, the persistent push for expanding irrigation is notable. This drive appears to lose its justification when applied to marginal lands with limited agricultural suitability. In such instances, there is a tendency to overlook anything lacking an apparent market value, thereby worsening environmental challenges. This is why the various decrees, laws or prohibitions are diluted in by the popular demand, which equates irrigation with social welfare and progress. The thousands of illegal wells in Spain are a reflection of this social disregard, as well as the partial compliance with the Water Framework Directive.

In Almería in the 1980s, at the height of the greenhouse agriculture boom, Royal Decree 2618/1986 declared many aquifers in the province to be in a situation of overexploitation. The provisions of this law were ignored. In fact, the irrigation plans of the time, and even the current ones, gave carte blanche to the expansion of irrigation, whose exponential growth is another clear example of the aforementioned Great Acceleration. Thus, under Law 1/1994 on Spatial Planning of the Autonomous Community of Andalusia, the Spatial Planning Plan for the Poniente (Almeria) was formulated in 1996 — referring mainly to the Campo de Dalías, see Figure 4 — and it is stated that "Bearing in mind that in the economic system of the Poniente intensive agriculture is the main activity [...] it is necessary to consider it as not dispensable. Therefore, it is logical not to impose a self-limitation or reduction in the size of the sector in order to adapt it to the possibilities of natural resources; on the contrary, it is more coherent and appropriate to address the design of a general model for the use of resources, especially water, which allows for sustainability without questioning the evolution of the sector." This omission has led to the degradation of coastal aquifers as a result of marine intrusion. These reserves, in these times of climate change, were a strategic asset of the first order that has been squandered.

It is not only purely productivist or developmentalist arguments that are used in the exploitation of groundwater to justify irrigation schemes that are clearly disproportionate for places that are so unsuitable for this use. In addition, we are witnessing narratives (which can turn into proclamations) based on arguments that seek to justify them from an environmental point of view, claiming that they are barriers against desertification and act as carbon sinks. Nothing could be further from the truth (see section 6.4 for more details).

The use of groundwater has made it possible for such arid and hyper-arid places to witness the desert bloom there. This allows us to point out another inconsistency or contradiction in the definition of desertification. As we have seen, hyper-arid regions are excluded, and the reason was that in these areas a marginal economic activity, relegated to nomadic pastoralism or oasis agriculture, is assumed to be innocuous. However, deserts can also become desertified, in the sense that they can be deprived of their most valuable resource, groundwater, due to the exploitation of aquifers following the application of technology developed to drill wells for oil and the subsequent cheapening of pumping equipment.

North Africa, for example, has seen its agriculture intensify. We began the book with a short story about this, but it is not an isolated case. Under Morocco's Green Plan, the production of high-value agricultural products for export has been promoted. Thus, in 2022, Morocco supplied more horticultural products to the Spanish market (worth 850 million euros) than the province of Almeria, the undisputed leader of this market for years. The growth of greenhouse agriculture in this country confirms the exponential behaviour of the phenomenon. In the last two decades, it has increased from 9,000 to 26,000 hectares in the Souss-Massa-Draa region alone (south of the High Atlas, whose capital is Agadir). The greenhouses have already been extended to the provinces of Kenitra and Larache (in the north-east of Morocco, with more than 8,500 hectares), and another

5,000 hectares are expected in the Atlantic Sahara, in what has been called the "Tomato Megalopolis", an ambitious plan promoted by large business groups with the aim of creating one of the largest tomato production centres in the world. The consequences of this rapid expansion are the degradation of groundwater resources and poor working conditions driven by the pursuit of high short-term profits.

In Biskra, Algeria, located on the edge of the Sahara Desert, the rapid expansion of date palm (some 43,000 hectares) and intensive horticulture (17,365 hectares in 2014, of which 4,900 hectares are greenhouses) has made the area (with more than 100,000 hectares of irrigated land) a place of remarkable economic development and the main supplier of fruit and vegetables for the domestic market. This development has meant a shift from traditional practices characterised by small fields managed collectively through community irrigation systems, towards massive use of groundwater in the hands of private capital. Hundreds of tube wells have been drilled for this purpose, many of them illegal, and overexploitation has come in the form of salinisation of the soil and lowering of groundwater levels. In northwest China, there has been a rapid transition from food crops to cash crops. When farmers gained more autonomy in land use in the early 1980s, the traditional oasis area began to expand (a process called "oasification", which is sometimes interpreted as a success in combating desertification). This, together with the retreat of the glaciers surrounding the area and the increased melting of ice (both a consequence of climate change) has led to the overexploitation of groundwater and compromised the future of these agricultural areas. The hyper-arid region of Ica (south-eastern Peru, <10 mm per year) has evolved rapidly since the late 1990s to become the most advanced agricultural development in the country. The Fujimori government's political reforms allowed foreign investment in the country (through the World Bank). As a result of these investments, large agro-industrial exporters have the latest methods and technology available, enabling them to produce asparagus of consistently high quality (an export industry valued at approximately US$6 billion per year). The intensive use of water wells for irrigation throughout the year is both the cause of economic enrichment and groundwater degradation. The Arabian Desert has also experienced a boom in groundwater use and depletion, and in California, large groundwater withdrawals, combined with minimal monitoring, have led to the overdraft of aquifers and subsequent groundwater depletion. As we can see, this is a recurring story that is found all over the world.

Technology and markets have enabled extraordinary enrichment in traditionally backward regions, which have been able to turn what was only a perfunctory part of their identity — heat, good temperatures and many hours of sunlight for much of the year — into a basic ingredient of their economy by blending it with groundwater. The problem has been the oversizing of the economic system that has been created. As we saw in the opening story of this book, more attention has been paid to the signals of the market than to those of nature, and after a boom in growth, many of these economies have been caught in a downward spiral, which we explain in the next section.

5.2. THE CONVERSION OF AGRICULTURE INTO A FINANCIAL ASSET.

The intensification of agricultural activity, like other economic sectors, has become a clear example of the *Treadmill of production* theory. This theory highlights how the constant pursuit of economic growth leads advanced economies to become trapped in on a "treadmill", where their welfare is not improved by economic growth, but the impacts of this pursuit of growth cause massive and unsustainable environmental and social damage.

The trajectory of many of the socio-ecosystems mentioned in the previous section fits into this economic theory. The fundamental postulate of the *Treadmill* is that capital is accumulated to replace labour through new technologies, which allow for large-scale production and increased profits. Agriculture, like other extractive activities, is well suited to illustrate the mechanisms that drive this "treadmill". First, because agriculture directly extracts natural resources and this directly connects the ecosystem to the production process. Secondly, agriculture illustrates most clearly how capital motivates the self-exploitation of the farmer-owner (who becomes less and less so as he becomes indebted), making him or her more and more dependent on the amount of production and capital accumulation as the treadmill turns.

Figure 18 illustrates how the spiral works in which farmers get caught in a process where sustained technological advances create productivity gains for the benefit of progressive farmers (it is important to note the competitive advantages of early adopters, whose success attracts other farmers), but where there is also an increase in supply, a fall in prices, and thus the need for new technological inputs to differentiate themselves and thus take market share, albeit temporarily. Investments in technology, the creation of increasingly sophisticated structures, or the search for alternative sources of resources (e.g. desalination and wastewater treatment in the case of water), form the beginning (Step 1) of the treadmill.

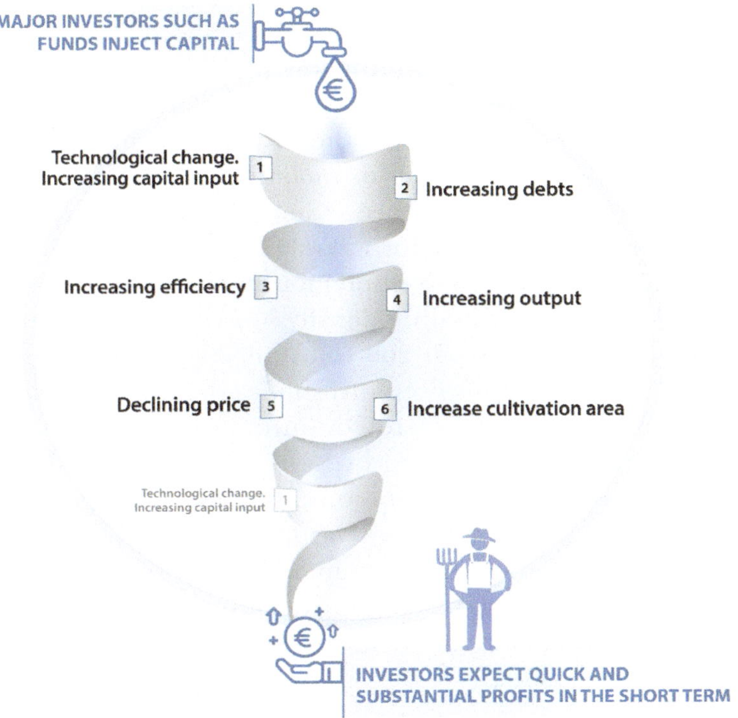

Figure 18. The economic theory of the *Treadmill of production* allows us to explain in six repeating stages how technological changes (or other competitive advantages such as the use of various types of certifications) aimed at large-scale production trigger a process of socio-environmental degradation that ends up ruining the original producers. The consolidation of the food production sector as a highly profitable financial asset spurs and consolidates this mode of production, which benefits a few and jeopardises the future of these regions by deteriorating public resources, such as groundwater, and creating more dependent and vulnerable territories. Source: Isabel Sáez.

This substitution of labour for capital results in a series of investments that generate debt (Step 2). In the case of greenhouse agriculture (one of the most technified), the cost of 1 hectare of greenhouse varies between 177,000 and 275,000 euros, while a hectare for this use is valued at almost 250,000 euros. If we add the necessary inputs (seeds and seedlings, fertilisers, phytosanitary products, energy), which add up to around 20,000 euros per hectare, we see that the investment needed to start production generates a debt of more than half a million euros. Amortizing the fixed and operating costs of the new technology, usually requires a substantial increase in production. As farmers extend irrigation infrastructure to more land, production can expand, potentially increasing incomes. The use of capital-intensive irrigation systems also allows water to be used more productively or efficiently in market terms (Step 3). Thus, the yield per unit area increases, resulting in higher profits. However, the treadmill is exacerbated by overproduction (Step 4). As competitors adopt available technical improvements, the volume of production increases, to the point where supply can outstrip demand and prices begin to fall (Step 5). As income falls indebted producers tend to increase the investments to once again boost production and offset the decline in income. Thus, the treadmill keeps turning, increasing the cultivated area (Step 6) and leading to even lower prices. Producers will then look for ways to differentiate their product, by opting for organic production or implementing new innovations. Another example is the increase in planting density in irrigated olive groves, which in some regions has gone from 200 trees per hectare to 2,000 trees per hectare, which entails an enormous investment in crop mechanisation and land preparation. This allows us to continue to increase production per unit of surface area (Step 1). This process of intensification and expansion implies increased resource consumption. The *Treadmill of production* theory captures a dynamic familiar to many farmers: some appear to "advance" one year, but in reality they still find themselves in the same position the following year, with a stagnant or even declining standard of living due to the depletion of a non-renewable resource, i.e. the image of a society running without advancing.

The whirlwind generated by this spiral can accelerate when investments go beyond agriculture. The consolidation of food production as a highly profitable sector, especially since the 2008 crisis, has attracted investors of all kinds. Their hope is that the money they invest in this activity will generate a return. At this point, no other considerations count. Investors provide the technical means to create a system that produces profits quickly, through harvests. Large-scale production and the minimisation of production costs are sharpened. Wages fall, inequalities increase (for example, according to INE data, many of the municipalities in Spain with the lowest per capita incomes are those with the most intensive agricultural models) and negative environmental externalities skyrocket. These investment funds migrate very easily to contexts that are more favourable to them: laxer environmental laws, cheaper labour, lower tax burdens. In this context, desertification is a collateral effect. These large investment funds are not concerned about the devastation caused by this speculative use of land. The truth is that its inhabitants are left with fewer options after a short period of profitability. It is reminiscent of the case of the Sierra de Gádor (section 4.3). After the mining boom, the felling of trees and the subsequent soil erosion, a bad memory remains: a hollowed-out wasteland that no longer produces anything. The investors fled, leaving behind a territory with fewer options for making a living.

5.3. DEVELOPMENT AND DESERTIFICATION, TWO SIDES OF THE SAME COIN

As a counterpoint to the previous theory, we can turn to two ecological theories to help us understand human behaviour in drylands. The first is the predator-prey model, an elegant mathematical formulation authored independently by Lotka and Volterra, which provides us with a key fact in ecology: that predators depend on prey. As we see in Figure 19A, the predator density follows with some lag the trajectory represented by the prey density. As the number of prey increases, the number of predators increases, killing off the prey. As the level of prey falls, so does the density of predators. They are cyclically dependent, self-regulating dynamics. The logic of the predator-prey model tells us that there can never be too many predators, there is a limit.

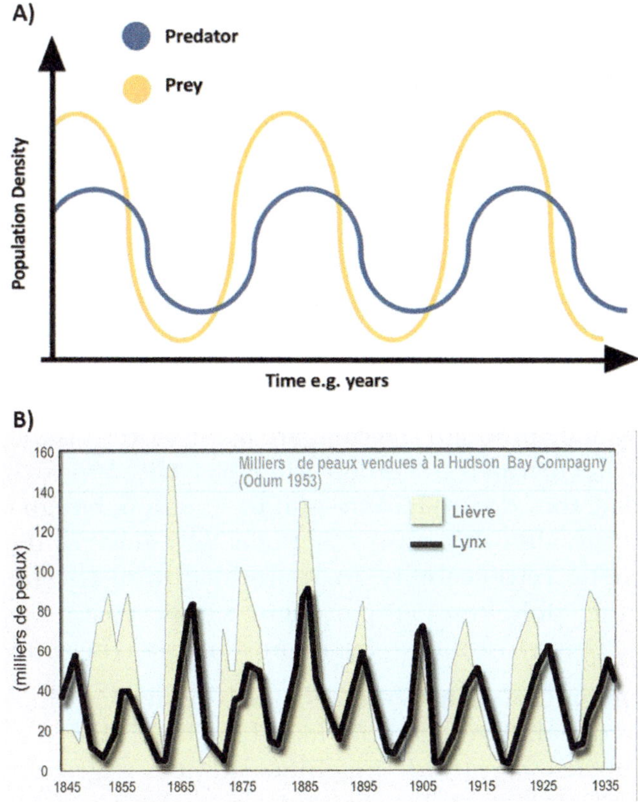

Figure 19. A) Evolution over time of predator and prey density according to the Lotka-Volterra model. B) Reality does not show such clean cycles, as droughts and other eventualities cause populations to behave more randomly. However, the 90-year series of fur numbers reported by trappers in Hudson Bay for Canada lynx and American hare shows the robustness of the predator-prey model. Source: Own elaboration based on images from Wikimedia Commons (Hczam, 2020 y Lamiot, 2015).

This idea has been transferred to socio-economic systems, where the predators are us, humans, in the form of economic agents such as the number of herds or livestock farms, and the prey are natural resources (water, pasture, soil, forests, etc.). In societies where land use systems have been highly sustainable, the evolution of resources and populations has followed a logic similar to the one explained above. Population surpluses could follow two paths: They either die, as happens in nature when resources are scarce, or migrate. Only by matching demographics and economic systems to available resources can it be sustainable, but this generally means aiming for underdeveloped subsistence economies. It is therefore necessary to qualify the idea expressed in Figure 9 on the need to readjust the dimensions of the socio-economic system in order not to drift into a desertification dynamic.

Before developing the argument further, let us look at another dryland theory, the "pulse-reserve" theory, originally introduced by Westoby and Bidges, and later developed by other authors, such as the above-mentioned James F. Reynolds. Dryland species are adapted to take advantage of rare and unpredictable rainfall events in order to accumulate as many reserves as possible to last until the next event. An extreme case would be the flowering that occurs in the Atacama Desert. When it rains, the seeds sprout, taking advantage of the humidity, and in a very short period of time they develop their entire phenological cycle to flower and produce seeds, which after all is a reserve of nutrients that will be used in the next rain. This strategy, which mixes opportunism and resistance, has been transferred to socio-economic systems. One of the most successful of these has traditionally been herds, which, although starving, are living stores (as the word *livestock* literally indicates), which are filled whenever the opportunity arises. As they are mobile, they do not have to wait for the rain, but go in search of it. In reality, they go after the grasses that take advantage of the rain to carry out their genetic responsibility, to reproduce until the next favourable event. Thus, the "pulse-reserve" paradigm is a succession of strategies that link one living being to another. Everyone dances to the sound of the rains.

This being natural behaviour, it is also natural to look for ways to overcome this dependency. Only mankind has been able to expand storage capacity by means of various ingenious devices. Agriculture generates surpluses which, if they can be accumulated, make it possible to survive in better conditions than if they were not. We see this in all societies, but some have done it in a more sophisticated way than others. In Niger, one of the poorest countries on earth, the planting season is a time of both hope and hunger. After planting maize and millet in June, they have to survive five long months on what is left of the previous harvest. August and September are particularly sensitive months, when often only one meal a day is eaten. The hardship will be greater as rainfall decreases and the harvest cannot stretch as far.

In more developed countries, storage capacity is very varied, and is not restricted to the end of the production chain. Reservoirs are the way to transcend water scarcity. The same applies to water transfers, desalination and groundwater exploitation. There are not only granaries, but also warehouses in which to store frozen food and even the possibility of rebalancing a year of poor harvests through international trade.

The various forms of stocking make it possible to decouple the predator curve from the number of prey. It can be interpreted as the supremacy of the human being over the environment. This obsession with subduing a perverse nature is fully justifiable from the perspective of those who have suffered from the onslaught of hunger. As mentioned in chapter 3 (and as a result of the fact that degradation can be understood as both economic and ecological), the vision of the developing countries of the UNCCD is to seek forms of economic progress that will allow them to emerge from poverty and economic situations reminiscent of the pure predator-prey model. It is logical that for these countries the priorities are SDGs 1, 2, 3 and 6. They need to decouple themselves from droughts and other calamities, and ensure a continuous food supply. That is why development is a way of combating desertification.

However, ignoring nature's signals of scarcity has consequences. Exceeding the carrying capacity of the territory creates a series of imbalances that erode the natural resource base to the point of collapse. We have been able to gradually replace some of the ecological functions that are deteriorating, decoupling the economic system from the natural system (Figure 20). But we have also had to abandon depleted territories that have not been able to recover. Often production in one place is at the expense of the productivity of another. For example, when an aquifer is exploited beyond its recharge capacity (i.e. by rainfall infiltration), then lateral recharge from adjacent aquifers becomes more important. Thus, pumping in one area is felt in another, which sees its productive potential or the livelihoods of other forms of life diminished. In general, each remedy we apply to one of the natural deficiencies generates one or more side effects, which in turn we deal with as best we can. The cost of sustaining continued growth in the productive sectors is increasingly high. The supply of fertilisers, water and energy needed to meet the territory's needs is increasing, and with it the vulnerability and dependence of the production system. Food security is curtailed, or at least in the hands of outsiders (and thus becomes insecure). It is at this point, once we transcend the constraints imposed on us in arid zones by the volatility of rainfall, that it makes sense to rethink the economic system and to place ourselves below the natural limits that these regions present.

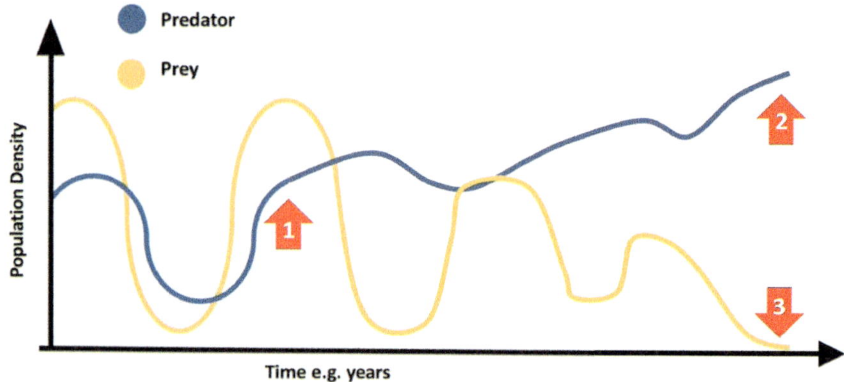

Figure 20. Decoupling of the predator-prey model. (1) The shift from a subsistence economy to a market economy (due to the confluence of various factors such as technological and logistical factors), causes the number of predators (i.e. economic units) to be much higher (2) than what naturally sustains them (prey), leading to (3) their decline as the continuous pressure does not allow for their regeneration. Beyond certain thresholds, the process cannot be reversed. Source: Own elaboration from Wikicmedia Commons images.

The same drivers that allow a region to develop (technology, access to markets, land tenure systems, reduction of inequalities, etc.) are the ones that can trigger episodes of desertification, reverting such ephemeral development to the tyranny of natural cycles. If we strip the territory of the natural defenses it has to survive aridity (for example, a healthy soil that, among other things, retains water, underground reserves with which to cushion stubborn droughts, perfectly synchronised biodiversity to take advantage of the cascade of organic matter triggered by rainfall events, etc.) opportunities for sustaining a dignified life decrease or vanish entirely. There is no technology that can improve on what nature offers, which after all has been achieved through thousands (or millions) of years of trial and error. Precisely because it is a priority to obtain dignified living conditions, we must not fall into economic growth models such as those described under the *Treadmill* theory, where we no longer speak of dignity or food security, but of pure speculation and covering demands that are no longer basic needs, but whims.

6. *Building a multifaceted solution*

As can be seen from the previous chapters, the complexity of desertification does not allow for a silver bullet solution (such as massive desalination of seawater, or planting forests wherever there is open space) that will solve the problem at a stroke. On the contrary, to tackle desertification we need a conglomerate of initiatives that act at different territorial (landscape and plot scales) and sectoral (e.g. agriculture and environment) levels, and that are agreed upon by the populations living in the affected territories. Above all, as we shall see, it is necessary to develop preventive attitudes that defuse threats before they become entrenched. Territorial planning, knowledge of socio-ecosystems and tools for monitoring and tracking desertification processes in their embryonic stages are essential. This is followed by a brief overview of (i) national plans to combat desertification, which is the way to make the UNCCD effective in each country; (ii) the LDN, the most recent initiative to implement truly effective solutions; (iii) the way to address the problem from various SDGs apparently unrelated to the problem; and (iv) the pedagogical need to rigorously convey what desertification consists of, in order to dismantle myths that not only do not help to tackle it, but also aggravate it.

6.1. THE INNOCUOUS NATIONAL ACTION PLANS.

As the length and structure of this book demonstrates, historically more time has been spent defining and characterising the problem of desertification than solving it. While it is true that a clear understanding of the process is necessary in order to tackle it with some guarantee of success, we have reached the time for solutions. The fight against desertification has been articulated around national desertification plans. Each UNCCD signatory country is obliged to have such a plan. However, there are no guidelines to steer their design and implementation, and in many cases, such as in Spain, they are no more than a good diagnosis of the situation or, in any case, a white book on desertification that compiles information on the problem.

The Spanish National Action Programme to Combat Desertification (PAND), approved in 2008, identified “desertification landscapes” based on the analysis of economic and climatic variables. This methodology, developed in the SURMODES project, was a foretaste of what is new under "Convergence of Evidence" (CE), mentioned in chapter 3. After detecting which provinces showed the most active agricultural development and at the same time fulfilled the aridity requirements of the problem definition, the land uses that could trigger degradation processes were analysed. The result was a series of potential desertification landscapes or scenarios: (i) Woody crops affected by erosion, such as olive trees in eastern Andalusia, which present higher desertification risks due to their expansion on marginal areas; (ii) Extensive rainfed crops at risk of erosion, such as rainfed arable crops located on moderate to high slopes and which are not subject to conservation practices, with significant soil losses due to erosion; (iii) Agro-silvo-pastoral systems affected by overgrazing, where the pasture deserves special consideration, due to its size and its value as an ecosystem; (iv) Irrigated agronomic systems subject to desertification processes, present in three areas, the coastal horticultural area of the southeast peninsular and eastern Canary Islands (with serious problems of overexploitation of aquifers), the southern plateau, especially eastern La Mancha –where the classic Mediterranean trilogy of cereals, vines and olives, has evolved towards fodder crops (maize and alfalfa) associated with an increase in sheep and goat farming and industrial crops, increasing the pressure on groundwater by several orders of magnitude–, and the central depression of the Ebro valley, where the expansion of irrigation amplifies continental saline intrusion, naturally predisposed by its lithological characteristics including evaporitic formations; and (v) Degraded scrublands and wastelands, which constitute the most counter-intuitive scenario since, unlike the previous landscapes, desertification phenomena are triggered by the abandonment of a territory accustomed to human presence, and not to the overexploitation of its resources.

Most of these landscapes have been consolidating or diversifying. The tropical crops of the southern peninsular would be a variant of landscape (iv), and only those related to erosion by overgrazing have decreased. In contrast, the threat related to livestock farming is concentrated in the macro-farms, which have become home to the animals that previously grazed and used crop residues. Macro-farms are sinks for inputs whose manufacture has high impacts on the environment. The livestock feed is made from soya grown thousands of kilometres away, which means the deterioration of vast tracts of tropical forests (we will look in more detail at the implications of this relocation of desertification in section 7.1).

PAND also included desertification risk maps, which fall into the category of methodologies currently discarded due to the problems already mentioned in chapter 3, and was nourished by cutting-edge methodologies related to the monitoring of the problem, such as geomatic methods that estimate the condition of the territory (which compares the net primary productivity of an area with what it should have been according to the precipitation received.), or early warning systems, which make it possible to calculate the risk of desertification by implementing simulation models.

After the successful diagnosis, a plan of action was to be expected in line with the analysis. PAND itself stated that "the diagnosis will facilitate a better understanding of the problem by summarising the current situation in qualitative terms; such a description and, above all, reflection on the real root causes of its development, the drivers of the phenomenon, and its effects, can help lay the foundations for the design of solutions". However, PAND ends up becoming a sort of white paper on desertification, which amasses information related to the problem.

There is no plan as such, with a timetable, financial resources and technical and logistical specifications. A number of policy measures are presented, which may be effective in their own right, but lack the necessary coordination to tackle the problem effectively. Thus, the plan brings together a multitude of options related to agriculture (soil conservation measures), forestry (related to hydrological-forestry restoration and fire prevention) and water resources (such as water resource management and improving the efficiency of water infrastructures), and emphasises the necessary coordination of policies to effectively combat desertification. Perhaps because desertification is not a national priority — probably due to the enormous simplifications to which it is subjected: a strictly environmental problem, something external related to the advance of the desert and droughts, or yet another conflict between environment and economic development — or because of the administrative melting pot in which competencies are divided, the truth is that PAND has not been successful. This is not just Spain's failure, but that of all the countries that are part of the UNCCD and, therefore, of the Convention itself.

On the occasion of the 15th Conference of the Parties (sessions to assess the implementation of the UNCCD), held in Abidjan (Côte d'Ivoire) and taking advantage of the fact that the World Day to Combat Desertification and Drought (17 June) was held in Madrid in 2022, Spain renewed its PAND. The new National Strategy to Combat Desertification involves the ratification of the 2008 landscapes and an update of figures dating back more than twenty years (in fact, the data used in SURMODES date from before 1998). Although the new strategy does not offer a concrete plan, it proposes a framework within which to develop various initiatives, aware that we are at a time of profound changes in the way desertification is tackled. One was to recognise that the desertification maps produced to date are useless, and the other has been the so-called LDN, which we explore below. Both facts are also a good breeding ground for research and innovation, another set of measures with which this problem should be tackled

6.2. LAND DEGRADATION NEUTRALITY

UNCCD incorporated the idea of a "land degradation neutral world" into the outcomes of the United Nations Conference on Sustainable Development (Rio+20) *The Future We Want.* Around 2008, the UNCCD started a search for tools to revitalise the Convention and improve the visibility of its main theme: soil and land. This search brought to the fore the principle of compensation that was already preached and practised in the sister environmental conventions. Thus, the United Nations Framework Convention on Climate Change proposes offsetting carbon emissions by creating or enhancing carbon sinks. For its part, the UN Convention on Biological Diversity aims to compensate for the loss of biodiversity habitats in a location under development, such as urban sprawl, by conserving/ restoring biodiversity habitats in another site that had lost them, so that there is no net loss and preferably a net gain of biodiversity on the ground at the global scale.

LDN is defined as "a state in which the quantity and quality of land resources needed to support ecosystem functions and services and enhance food security remain stable or increase within specific temporal and spatial scales and ecosystems" LDN is part of the SDGs. Specifically, it is included in target 15.3, which proposes to "combat desertification, restore degraded land and soil, including land affected by desertification, drought and floods, and strive to achieve a land degradation-neutral world" by 2030.

LDN combines two types of actions: (i) reduce the rate of degradation of undegraded land and (ii) increase the rate of restoration of degraded land. The implementation of LDN is no small matter. To this end, the scientific body advising the UNCCD has been working for years to clarify concepts and propose courses of action. Among them (Figure 21) the following are worth highlighting:

It is necessary to underline that the LDN should not be interpreted as a licence for degradation. This is an aspect that experts in the field emphasise as the main premise. LDN will be the basis for National Desertification Action Plans. Each country should consider territorial subdivisions in which to apply the LDN. This can be done, for example, on the basis of administrative (provinces) or physical (river basins) criteria. The trade-off between degradation and regeneration should be made within the same land use or land cover types in each of these areas. This mechanism avoids the spread of degradation, as compensation will be limited to the chosen territorial subdivisions. In other words, the erosion that may be triggered by the cultivation of woody crops in the Guadalquivir basin cannot be compensated by the reforestation of tropical forests in Central America, but by the recovery of agricultural land in the same basin.

LDN is deployed through three types of actions — avoid, reduce, reverse — where the order in which they are presented determines their preponderance. The reason is that, given the irreversible nature of desertification, attacking the problem when it is very advanced is the least effective and most expensive option. Thus, it is desirable to detect which land uses can trigger degradation processes or promote the use of green coverage in agriculture than to carry out forest restoration on sites devoid of fertile soil.

The various actions to be taken to achieve the desired neutrality must be implemented through existing spatial planning. This is a complex task, as it requires assessing existing plans and analysing what impact they have and what regenerative actions they propose. Implementing LDN ultimately involves tidying up existing plans, uncovering overlaps and resolving inconsistencies. The aggregation of the proposed actions cannot exceed the 2015 level of degradation, so this is the threshold chosen by the UNCCD as the upper limit of degradation.

A minimum of three indicators are proposed to monitor progress on LDN. These can be improved and expanded, and each country has the power to implement those it deems appropriate, while respecting the three proposed. The first indicator is land cover change, which reflects land use dynamics and reveals changes in vegetation cover and the resulting habitat fragmentation and intensification of resource use. The second is land productivity, which reports rapid changes in ecosystem functionality. The interpretation of this indicator is not straightforward and should be done together with the first indicator. Increasing the productivity of a territory may mean that it is being degraded. The example of irrigation as a barrier against desertification is one such example. Another case could be the felling of a forest, which in terms of primary productivity is a clear increase, as the biomass accumulated in the trees is transformed into a nutrient bank that in the first years of exploitation results in a large increase in primary productivity. Finally, SOC reflects slower changes resulting from the net effects of biomass growth and disturbance/removal, making it an indicator of resilience.

In addition to choosing indicators, it is necessary to propose concrete metrics. For example, for the second indicator, there are numerous possibilities. Many rely on the Normalised Difference Vegetation Index (NDVI), which has a high correlation with Net Primary Productivity. Depending on the data available, one or the other can be chosen. It should be borne in mind that one of the objectives of indicators is to monitor and therefore the chosen metric should be maintained.

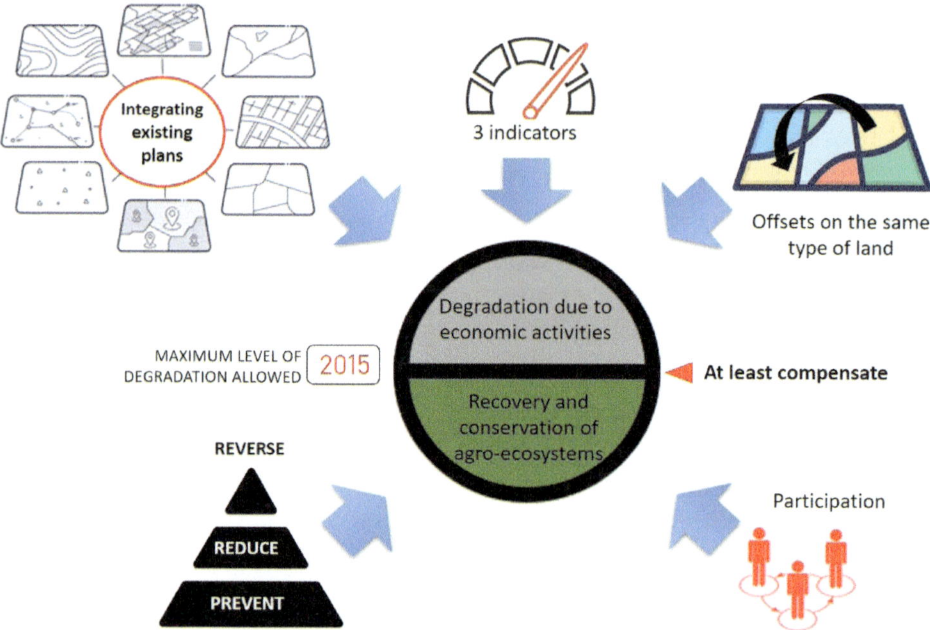

Figure 21. Principles of LDN. The aim is to generate compensation within a territory so that the degradation recorded in 2015 is not exceeded. This requires citizen participation, prioritising prevention strategies, integrating existing planning and monitoring the process through various indicators. Source: Own elaboration.

A simple example can help us understand how LDN can be implemented. If we focus on the Andalusian Mediterranean basins, specifically in the province of Granada, we can see that in recent decades greenhouses full of vegetables and plantations of tropical crops (mainly cherimoya and avocado) have been installed, taking over a dry and rugged territory. Thanks to the supply of groundwater in the first instance and the derivation of various reservoirs, the area, known as the Costa Tropical, has experienced rapid economic growth, taking advantage of the fact that many of these crops grow well in the area's temperate climate.

The consequences of the increasing pumping of these groundwater bodies have ended up ruining them, mainly due to problems of seawater intrusion. However, the high profitability of agricultural activity, in addition to the generous contributions from tourism, have led to an unstoppable spiral of water demand. Traditionally, this demand has been met by improving water use efficiency and providing new water resources. From the point of view of the Water Framework Directive and the LDN, and considering the decline of water resources throughout the Mediterranean region due to climate change, the way forward should be different.

First of all, a comprehensive assessment of available water resources and the demand associated with each use should be carried out. In addition, the various plans for the area, which are articulated at different administrative levels (municipalities, autonomous communities and national), should be coordinated. For example, irrigation schemes would have to make sense with water planning. It will probably be necessary to reduce the irrigated area — or at least contain it — or to focus on climate change adapted crops and varieties. Thus, in the Mediterranean context, with increasingly unexpected and acute droughts, there is more room for carob than cherimoya. The opening and search for new markets that demand food products (dragon fruit), cosmetics (jojoba) and medicinal products (aloe vera) or aromatic essences (rosemary, lavender, etc.) would make it possible to establish profitable crops that require much less water. In addition, actions should be planned in search of new local water resources, in order to reduce dependence on the uncertain arrival of resources from elsewhere. On the one hand, by promoting the reclamation of wastewater for irrigation, on the other hand, by building desalination plants linked to renewable energies. To improve the recharge of aquifers and recover them as a strategic water supply, it would be necessary to implement hydrological-forestry restoration at the headwaters of the basins. This would be a clear example of the offset proposed by the LDN, where groundwater use would be neutralised by environmental improvements in the same territory (and not by forest restoration thousands of kilometres away that promises to offset the local carbon footprint).

Once the irrigated area is limited, measures that improve water use efficiency make sense. Indeed, efficient irrigation methods, and the use of smart agriculture (e.g. technology dedicated to providing water and fertilisers according to the weather conditions of the moment and the phenological state of the plant), lead to a decrease in water consumption which, by not being devoted to a new irrigated plot, truly saves water (short-circuiting the aforementioned Jevons paradox that we saw in the previous chapter).

Finally, it is important to note that the examples provided are not exhaustive, as a more comprehensive analysis could reveal additional options beyond the scope of this mere illustration, it would be interesting to promote other economic activities and diversify income possibilities. In addition to tourists, which should be aware of the water reality of the places they visit and adapt their consumption patterns accordingly. Extensive grazing is an excellent way to take advantage of resources that otherwise serve to increase the risk of fires. The generous contribution of the Mediterranean scrubland to livestock production is an economic activity that must contribute to a new way of using the resources of the territory, more focused on the quality of its products than on volume, and which also spreads a way of earning a living to these unpopulated inland territories.

As we can see, from the perspective of LDN, the growing water gap is not addressed by offering more water, but by providing new ways of using the territory, accompanied by the much-needed spatial planning, which must be aware of its resources and weaknesses, and involve the various groups living in the area.

6.3. COMBATING DESERTIFICATION THROUGH OTHER SDGs

LDN is imbued with a strong environmental character, with a focus on limiting degradation. As we have seen, it is integrated into SDG 15 (Life of Terrestrial Ecosystems), which precludes linking it directly to socio-economic issues. However, various currents in the UNCCD advocate for development policies that intensify land use to tackle some of the most pressing problems, such as hunger (SDG 2), poverty (SDG 1), health (SDG 3) or access to clean water (SDG 6). Only by promoting the development of these poor areas can the spiral of degradation that comes with living off starving resources be halted. Irrigation has established itself as the main tool for achieving these goals and has led to groundwater deterioration in all arid areas, as abstractions exceed recharge rates. We see another complexity of the problem: lack of development leads to desertification, but so does overdevelopment. The same tension can be seen in addressing the SDGs, where some goals require a slowdown in economic activity, while others urgently need economic growth.

If the aforementioned SDGs are essential in the fight against desertification, SDG 5 (gender equality) is no less so. The connection between population pressure and desertification is obvious. The population of drylands is projected to increase from 2.7 billion in 2010 to 4 billion in 2050. This growth is particularly pronounced in the Sahel (expected to grow by 312% by the end of the century), the Middle East, Central Asia and the coastal regions of East, South and Southeast Asia. The high birth rates are closely related to the marginalisation of women in these societies, where they are relegated to a quasi-reproductive function and take on a large part of the tasks in the countryside, where, however, they are unable to make decisions. Breaking these pernicious effects requires equal access to land, water, credit, extension services and technology. Education is particularly important (SDG 4). More education for women translates into greater opportunities in the labour force, which reduces inequality and poverty and translates into greater control over reproductive health and, consequently, the birth rate. Economically empowered women are more independent and therefore less vulnerable to violence and much less vulnerable to unequal proposals such as polygamous marriage. Securing women's land rights and tenure security (SDG 5.1) is fundamental to reducing poverty and land degradation.

The decoupling of the causes of desertification and land degradation, which will be discussed in more detail in the next chapter, leads us to look at SDGs specific to urban societies, where most of the population lives. Indeed, responsible consumption (SDG 12) is a way to minimise the consumer's impact on the environment through their choices, supporting sustainable production and rejecting those that cause degradation. Changes in our lifestyles must be reflected not only in the food we demand, but also in the use of cleaner energy (SDG 7) and in the proper management of the waste we produce (SDG 11), which should lead to circular economies that reduce the consumption of natural resources.

As we can see from these brief examples, the connections between the SDGs and desertification are not restricted to the explicit fight against desertification announced in target 15.3, or to the environmental policies it shares with SDG 15, but to a multitude of indirect actions that are implemented through various SDGs. The challenge is to seek their synergies and minimise conflicts that may arise between them.

Figure 22. Combating desertification through different SDGs. Source: Own elaboration.

6.4. PEDAGOGY TO COMBAT MISINFORMATION

Misleading narratives

We live in a time full of contradictions. Among them is the fact that access to information is easier than ever before, but information does not always point in the same direction. In relation to the subject of study of this book, irrigation is presented, from certain interests, as a barrier against desertification, which entails several errors. Firstly, the consideration that desertification is something that is advancing and that we therefore need walls behind which to protect ourselves (a point we have already made). Secondly, maintaining irrigation in arid conditions (or hyper-aridity, as is the case in the Sahara or Arabian desert) implies an enormous expenditure of water which, on many occasions, means triggering a real desertification process (see section 5.1), by using up the resource which, if well managed, is a real pillar for dealing with desertification. In a figurative sense, irrigated land can effectively act against desertification, as it addresses the economic dimension of the problem, and can offer socio-economic development that ends poverty. In this water-development-poverty reduction causality, irrigation is a necessary instrument to achieve SDGs 1 and 2. However, it must be done in such a way that it is not a mirage and leads to an episode of ephemeral wealth that exhausts the territory and leaves a worse situation than the starting point (poverty and without resources to exploit).

The fallacies surrounding irrigated land continue as they are considered to be excellent carbon sinks when, with the exception of some traditionally irrigated land, the opposite is usually the case. Indeed, the CO_2 storage capacity of a crop depends on its lifespan, and in the case of irrigation, this cycle is very short. It also depends on the amount of organic matter in the soil, which under current farming methods is reduced (we saw in chapter 3 how agriculture has emitted more carbon into the atmosphere than fossil fuels). In addition, we must consider all the greenhouse gases that a crop generates in its production and consumption, which far exceed the stored CO_2

Another stable discourse, despite evidence to the contrary in various regions of the world, is that improvements in irrigation efficiency translate into huge water savings. The confusion here lies in the scale to which we pay attention, as we have already seen. Thus, on a plot scale it is certainly a water saving, but if the water resources of an area and their use are considered in aggregate, we will see that the saving is not such, since what is left over on one plot is used to irrigate another, so that the increase in irrigation efficiency is usually accompanied by the expansion of the irrigated area.

Greenwashing

Concern for the environment is widespread, and a large part of the population is aware that our way of life is not very environmentally friendly. The influence of an increasingly urban society on land use can be shaped by the choice of more or less sustainable products. Taking advantage of this situation, we are offered all kinds of products that link their purchase with the promise of creating a fairer world, using resources in a sustainable way, conserving certain species or reforesting the planet. These are all laudable initiatives but, in general, they turn the fight into a publicity stunt in search of a larger market share. Such practices, which ultimately aim to create an "environmentally friendly", "green", or "sustainable" brand — with the various nuances that can be added to these concepts — are known as greenwashing.

We are apparently the greenest consumers in history, but the planet is more degraded than ever. There are mechanisms, such as labelling, that can reward more sustainable modes of production, but first we need to agree on what is truly sustainable. In many regions where aquifers have been overexploited and are contaminated by nutrients or seawater intrusion, initiatives as ineffective as they are candid are seen, such as the banning of plastic bottles, when in the same place each kilo of product produced requires almost 15 grams of plastic due to the use of this material in the entire production process. Similarly, there are organic products, which are organic because they comply with the regulations, but in their production they generate serious negative externalities. The distortion, again, is at least partly due to the difference in spatial scales. Producers focus on improving certain practices and adhering to the law, but desertification occurs at the landscape scale and it is up to the administrations to provide plans at that scale.

However, although we find many such examples, labelling is a good mechanism for communicating consumer preferences, which needs to be refined and backed up by a true sustainable use of resources. The growing consumer interest in their impact on the environment and the increasing demand for products that minimise their impact on nature is palpable. If consumers are willing to support sustainable forms of food production, then that is when real change can happen. We must not forget that this implies internalising these negative externalities, which translates into more expensive products.

Carbon tunnel vision

Although the LDN emphasises preventive actions above all others, forest restoration is emerging as the main solution to combat the problem. This takes advantage of the synergy of simultaneous action on climate change (SDG 15), the most socially significant issue. This is also in line with the framework provided by the UN Decade of Ecosystem Restoration (2021-2030), which promotes the funding of such actions.

The prevalence of reforestation over any other initiative is framed by what is known as carbon tunnel vision. The metaphor was proposed by Jan Konietzko, and represents a person looking at the horizon, where the ecological transition is situated. They include issues and challenges such as the water crisis, health, carbon emissions, biodiversity loss, inequality, air pollution, poverty, etc. In other words, all the aspects that the ecological transition should address. However, their eyes are focused on only one of them: carbon emissions.

This is another offshoot of *greenwashing*. Buying a carton of milk promises to plant a tree, just like becoming a bank customer. There are two important aspects to this new 21st century obsession. The first is to ignore the links between the broad spectrum of environmental and social impacts, such as loss of biodiversity, land conversion and gender equality. The second is to put the need to neutralise these emissions above all else. This is leading to massive reforestation of land, which may worsen the problem from the outset. Fortunately, forest restoration has been evolving towards practices that consider the ecosystem as a whole. Until recently they were designed to create a dense vegetation cover, using fast-growing species to stop erosion problems and stabilise slopes, which in reality was more a technical than an ecological solution. Despite the new nuances taken into account (species adapted to the territory, creation of plant mosaics instead of promoting homogeneous forest masses), the collateral effects of greening large territories by planting trees are not negligible, which again shows that reversing desertification is extremely complex. Several studies warn of the impoverishment of the water balance resulting from increased evapotranspiration of the territory. In China, for example, the water used by the mega-reforestation of the Loess Plateau is in competition with human consumption, and in Sierra Espuña (Murcia), the covering of the mountain range with pine trees has led to the depletion of numerous springs.

There is no doubt that climate change is among the most pressing challenges for environmental sustainability, and that ecological restoration is a necessary tool to recover degraded territories (we have used it in our example of the implementation of the LDN to favour the recharge of aquifers in the medium to long term). Indeed, one of the most ambitious global initiatives to combat desertification is the Great Green Barrier of the Sahara and Sahel (GGB). It is a multi-million dollar investment, involving national governments, international organisations and civil society, which aims to create an 8,000 km-long vegetation belt from Senegal to Djibouti, covering 100 million hectares. This mega-project has taken notes from the mistakes of the past. On the one hand, it dissociates itself from reforestations understood as infrastructures that contain the advance of the desert. On the other hand, it draws on local initiatives that have improved people's lives, such as the "zai" in Niger and Burkina Faso, a traditional technique consisting of a grid of deep planting holes in compacted soils, which improve infiltration and water retention during dry periods. The GGB is not just about planting trees, but about creating a plant mosaic with a variety of species. The idea is that they provide a wide range of environmental services: food, fuel, shade, water conservation, carbon stores, soil protection, etc., so that they improve living conditions without degrading the environment.

However, and as the title of this chapter wishes to emphasise, restoration is part of a complex solution, and "only" serves for cases of inherited desertification, i.e. those that have left a trail of destruction from which we have not yet recovered. As the LDN rightly points out, and as has always been a premise of the UNCCD, the most effective initiatives are preventive ones, and these involve implementing land-use plans that harmonise the availability of natural resources with their use.

7. *In a global world*

Part of the ineffectiveness of the fight against desertification is due to top-down policies that ignore the local and regional context and pretend that generalist solutions work everywhere. Indeed, this is one of the criticisms addressed by the CE paradigm, which rules out the possibility of global desertification mapping and suggests developing methods adapted to the local socio-economic context and the perception of desertification at each site. While more weight needs to be given to bottom-up procedures, as advocated by LDN, we cannot ignore the importance of certain processes occurring on a global scale. Here we will refer to the socio-economic (section 7.1) and climatic (section 7.2) in correspondence with the two causes of desertification identified in the definition of the problem.

7.1. TELECOUPLING, WHEN THE GLOBAL DETERMINES THE LOCAL

As we have seen, the building blocks of the UNCCD are the national action plans. Through them, the fight against desertification is to be made effective in each country. However, these plans are not binding, so they are often a polite declaration of intent. Even if some countries comply with the difficult commitment to be neutral, if not all of them do so, escape routes are created (what we can call the "NDT leaks"), turning certain regions into real degradation sinks and others into exporters.

In certain areas of the world, which generally coincide with the most developed countries, we see how in recent decades conservationist policies have been imposed that have increased their forest biomass, which has been helped by the mass abandonment of the rural world. Urban societies that meet their needs with food and raw materials from other countries or continents take precedence. Recent studies have warned us that the countries that consume the most import a large part of their food and raw materials. Indeed, in today's globalised world, it does not seem very sensible to restrict our vision to political borders. In an interesting paper, Yu et al. discuss how the proportion of food produced within and outside a country is changing. It may come as no surprise that this ratio is 8-92 for Japan or 20-80 in the UK, two densely populated islands. But it is striking that in

Europe, on average, more food comes in from outside than is produced, and that in a country like Spain, with so much countryside, the ratio is 37-63. The footprint beyond our borders is profound.

Globalisation has resulted in a spatial decoupling between centres of consumption and centres of production. Telecoupling, the intensification and acceleration of environmental (spread of invasive species) and socio-economic (trade or technology transfer) interactions between distant places, is the recently proposed framework for studying how land use in one place changes as a result of decisions taken thousands of kilometres away. These distortions make it impossible to tackle problems in isolation. Although remote environmental interactions have existed since the formation of planet Earth, and socio-economic interactions have been taking place since the beginning of human history, due to the infrastructures we have created, the means of moving goods and people, and the instantaneous flow of information, these exchanges and dispersions occur at a scale and speed that are unprecedented.

The challenge of implementing LDN is enormous. Desertification mapping is a major task due to, among other things, the spatial discontinuities caused by the decoupling of causes and effects. This mapping used to be conceived as the result of a series of local conditions, such as climate, erosion, or population pressure. Today, desertification processes can occur in an unpopulated but highly mechanised landscape; the factors that explain this intensification of land use and its environmental and social effects are thousands of kilometres away, they are ungraspable, they cannot be reflected in a local or regional map (at least without taking this perspective into account).

A current and nearby example is the replacement of extensive European livestock farming by an industrial livestock model (a paradigm that became known in 1999 as the "livestock revolution") that depends, to a large extent, on South American soya. The confinement of livestock in large sheds relieves pressure on grazing resources. This translates into an increase in forest cover and primary productivity associated with the greening of the abandoned countryside. In Spain, between 2000 and 2010, some 7 million hectares of secondary forest have improved their condition. However, telecoupling masks desertification processes that are exported to other regions, where huge tracts of primary forests have been replaced by soya monocultures. To feed Spanish livestock, almost 32 million tonnes of soya were imported during this period, of which 22 million tonnes came from South America. This resulted in the deforestation of 1.22 million hectares of valuable South American ecosystems, such as the Chaco dry forest, the Amazon rainforest or the Cerrado.

In the globalised world we live in, examples of telecoupling abound. Biofuel policies in the US and Europe catalyse land-use changes that have socio-economic and environmental impacts in various parts of the world. The growing demand for quinoa, due to its praised nutritional properties, has completely transformed the Andean highlands. Cultivation has intensified, depleting nutrients from the less-than-grateful soil. Llama and alpaca farming has been displaced, and local people have little access to a food that has traditionally been the basis of their diet, as it is largely exported. All this in a short space of time. At a speed that makes it impossible to assess whether or not the change was desirable. Or that, by the time the society reacts, it is difficult to turn back. So it usually becomes a flight forward. In Iran, we can speak of a generalised water bankruptcy, after depleting a large part of its aquifers and liquidating Lake Urmia (Figure 13 B). Part of the decline is explained by the huge volumes of water devoted to pistachio production for export. And the case of asparagus produced in Peru, in a region where rainfall is less than 100 mm, only makes sense because of the demand for this product in Europe. All these cases are desertification, but also telecoupling (recall Figure 12).

These changes in land use initially offer opportunities for the local population in developing countries. In Sudan, the area under cultivation has increased in recent years. From an agricultural point of view, it is much more productive. However, international aid to the country continues to grow. The population is starving. The explanation lies in a subtle update of the colonialist era, known as "land (and water) grabbing". It involves selling government or suspiciously expropriated land to corporations or other countries. The new owners are responsible for modernising these lands and bringing them into production. All this production, which is recorded in the statistics as the country's own, disappears to distant markets. Farmers, undocumented, landless and with empty stomachs, have three options: crawl after the crumbs of international aid, migrate to more prosperous places, or die (just as predators do when prey disappears; Figure 19A).

This is a more aggressive form of telecoupling. This is "land and water grabbing" in poor countries, which cede the rights to large areas to corporations or countries. In this way, in addition to transferring the environmental footprint of consumers to a remote location, serious food security problems are created in producer countries, which often have to resort to international aid. Considering such interactions is essential for a sustainable world. As with climate change, land degradation must be tackled simultaneously by all countries, for which it is essential to create fair trade rules.

Globalisation has enormous advantages. It allows us to interact much more, to appreciate other cultures, to balance environmental disasters occurring on one side of the planet with goods coming from another, to have a much more diverse diet, and so on. Analysing land use change under the paradigm of telecoupling can help us to refine these interactions so that we use global resources rationally, filling gaps, generating employment and business opportunities and realising that we need to be careful with our enormous capacity to influence the environment.

7.2. CLIMATE CHANGE AND DESERTIFICATION

If we recall the definition of desertification, we see that climatic variations are part of the problem. Climate change intensifies these variations by altering spatio-temporal patterns of temperature, precipitation and wind. In addition, the aridification brought about by rising temperatures and decreasing rainfall in certain regions has meant an expansion of drylands. According to the 2018 WAD, a comparison of the periods 1951-1980 and 1981-2010 shows that drylands have increased by around 0.35% globally. The figure is probably higher, as this analysis excludes the warmest years on record (2015 to 2023). In particular, the WAD data show that hyper-arid areas have increased by 1.35%. Regional studies of China (where aridity has increased by 75.9% of its land area over the period 1961-2016) and Pakistan (0.52% increase in hyper-arid land over the period 1901-2016), and global estimates of changes in aridity point in the same direction. Thus, under the greenhouse gas emission scenarios (RCP, *Representative Concentration Pathway Scenarios*) RCP8.5 and RCP4.5, studies suggest that drylands will increase by 23% and 11%, respectively, relative to the 1961-1990 baseline, equivalent to 56% and 50%, respectively, of the total land area. Moreover, studies claim that between 1982 and 2015, 5 million km^2 of drylands have been degraded solely due to climate change.

While climate change can drive desertification, the desertification process can also alter the local climate by providing feedback. This feedback can alter the carbon cycle, and thus the level of atmospheric CO_2 and associated global climate change, or they can alter the surface energy and water balance, which has a direct impact on the local climate (Figure 23). Drylands are characterised by limited soil moisture compared to humid regions. Therefore, sensible heat (the heat that raises atmospheric temperature) accounts for more of the net surface convection than latent heat (evaporation) in these regions. This close link between surface energy balance and soil moisture in semi-arid and dry sub-humid areas makes these regions susceptible to land-atmosphere feedback loops that can amplify changes in the water cycle. Land surface changes caused by desertification (loss of vegetation cover and water retention capacity) can modify the surface energy balance, altering soil moisture and triggering this feedback.

Sand and mineral dust are often mobilised in sparsely vegetated terrain, forming "sandstorms" or "dust storms" (remember the case of the Dust Bowl, Figure 14). These events can play an important role in the local energy balance. By reducing vegetation cover and drying out the surface, the frequency of these phenomena may increase. These sand and dust aerosols impact the regional climate in various ways. The direct effect is the interception, reflection and absorption of solar radiation in the atmosphere, reducing the energy available at the earth's surface and increasing the temperature of the atmosphere in the layers with sand and dust. The heating of the dust layer can alter the relative humidity and atmospheric stability, which can change the lifetime of clouds and their water content, known as the semi-direct effect. Aerosols also have an indirect effect on climate through their role as cloud condensation nuclei, changing the radiative properties of clouds as well as the evolution and development of precipitation. Although these indirect effects are more variable than the direct effects, depending on the types and amounts of aerosols present, the general trend is towards an increase in the number but a reduction in the size of cloud droplets, increasing cloud reflectivity and decreasing the chances of precipitation. These effects are called aerosol-radiation and aerosol-cloud interactions.

By decreasing the amount of vegetation cover and thus increasing the occurrence of sand and dust storms, desertification will increase the amount of shortwave cooling associated with the direct effect. There is some certainty that the semi-direct and indirect effects of this dust would tend to decrease rainfall and thus provide positive feedback leading to desertification. However, the combined effect of dust has also been observed to increase precipitation in some areas. Thus, the overall combined effect of dust aerosols on desertification remains uncertain, with little agreement between studies finding positive, negative or no effects.

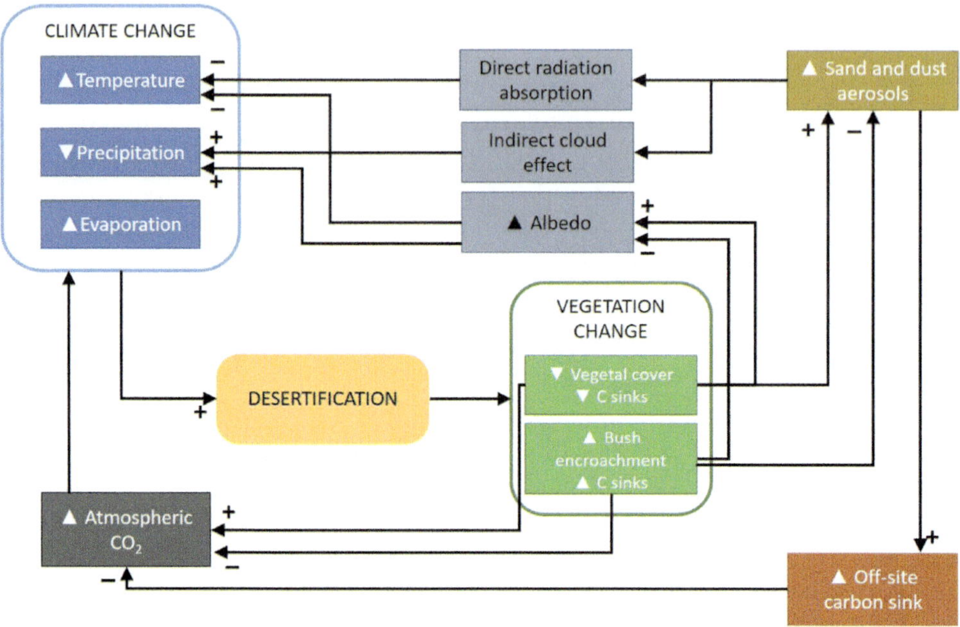

Figure 23. Diagram of the main pathways through which desertification can feed back into the climate. Effects can be positive, negative or indeterminate (where there is no indication), i.e. potentially both positive and negative. Source: Own elaboration based on Mirzabaev et al. 2019.

Aerosols can act as a vehicle for long-range transport of nutrients to the oceans and land surfaces, the so-called external carbon sinks. In several places, especially in the Atlantic Ocean west of North Africa and in the Pacific Ocean east of northern China, a considerable amount of mineral dust aerosols from nearby drylands reaches the oceans. It is estimated that 60 per cent of the dust transported from Africa is deposited in the Atlantic Ocean, while 50 per cent of the dust generated in Asia reaches the Pacific Ocean or beyond. The Sahara is also a significant source of dust for the Mediterranean basin. The direct effect of atmospheric dust on the ocean has been shown to be a cooling of the ocean surface with a cooling of the North Atlantic tropical mixed layer of more than 1°C.

It has also been suggested that dust may act as a source of nutrients for upper ocean biota, increasing biological activity and the associated carbon sink. The overall response depends on the environmental controls on ocean biota, the type of aerosols, including their chemical components, and the chemical environment in which they dissolve. Dust deposited on snow can increase the amount of solar radiation absorbed, leading to faster melting and affecting the hydrological cycle of a region.

An increase in surface albedo (the ability of a surface to reflect solar radiation) in drylands will have an impact on the local climate, decreasing surface temperature and precipitation, with positive feedbacks. Recent studies have found that albedo in arid regions may be associated with biocrusts (chapter 2; Figure 6), which are sensitive to climate change. Its alteration can lead to albedo changes of more than 30%. There is another feedback mechanism between changes in vegetation cover, albedo, soil carbon pools and associated greenhouse gas emissions, called radiative forcing, which is particularly relevant in drylands with low levels of cloud cover. The change in surface albedo due to the degradation of semi-arid areas has been estimated to have decreased radiative forcing in these areas by an amount equivalent to about 20% of global anthropogenic greenhouse gas emissions between 1970 and 2005.

Terrestrial ecosystems affect the amount and composition of greenhouse gases through a number of processes, such as changing plant and soil carbon stocks — by sequestering atmospheric CO_2 during growth or releasing C during plant combustion or respiration, and oxidation of SOC — or through processes such as enteric fermentation of domestic and wild ruminants that lead to the release of methane and nitrous oxide. It is estimated that between 241 and 470 Gt of C is stored in dryland soils. When assessing the effect of desertification, it is necessary to consider the net balance of all associated processes and greenhouse gases fluxes. As we have seen, various desertification processes (such as erosion) lead to a loss of productivity and a decrease in above– and below-ground C stocks.

At the same time, it is expected that a decrease in plant productivity could lead to a decrease in fuel loads and a reduction in CO_2, nitrous oxide and methane emissions from fire. Similarly, declining productivity may lead to a reduction in ruminants which, in turn, would reduce methane emissions. The invasion of woody plants (scrub) can lead to significantly different climatic reactions. In general, woody cover leads to an increase in SOC stocks in drylands, while woody species encroachment can lead to a loss of SOC in wetter ecosystems.

The interaction between various bio-geochemical processes, desertification and climate change is also reflected in the socio-economic field. A logical response to the prospect of longer droughts and reduced rainfall is to convert rainfed land to irrigated land in order to secure harvests. In synergy with higher yields and thus profits, the irrigated area worldwide has been growing steadily. Total annual water withdrawals for agricultural, urban and industrial uses have increased from less than 580 km^3 per year in 1900, to more than 3,900 km^3 in 2016, and are expected to reach between 5,500 and 6,000 km^3 by 2050. The fact that 70 % (2,800 out of 4,000 km^3) of the world's water consumption is used in agriculture puts the focus, irremediably, on this sector.

The impact of agricultural intensification has been noticeably felt and there is evidence of widespread decline in lakes worldwide, as well as in groundwater bodies. Farmers around the world are demanding increasingly scarce water resources, and conflicts over this strategic resource are only increasing. We have them on a national scale, as shown by the growing tension between the regions through which the Tagus-Segura water transfer flows, and we see them in the international news sections when, for example, the conflict between Pakistan and India in the disputed region of Kashmir over control of water resources appears.

The problem, unfortunately, is not only restricted to the provision of water resources. We know that anthropogenic climate change is underway. What seems less clear is the direction of change. On average, it looks set to be warmer. But the average, as anyone who studies statistics knows, hides many nuances. One of the biggest threats posed by this change, and especially the speed at which it is occurring, is the decoupling of crop phenology and climate. That is, it may rain when the crop does not need it, or it may be hot when it is expected to be cold. Each crop requires a set of temperature and humidity conditions to complete its life cycle, and if any of these stages fail, increased water supply will not always solve the problem. Uncertainty is at the heart of the matter.

The good news is that being such closely linked problems, desertification and climate change can — and should — be tackled from the same front (as discussed in Figure 12 in Chapter 3). The most important common action is ecosystem restoration, which consists of restoring the forest mass of deforested territories. However, as we have presented in the LDN framework (section 6.2), reorganising agricultural production systems in order to reduce emissions is a priority. Decarbonising this sector, implementing agriculture that allows agricultural soil to regenerate (and thus increase the amount of SOC), and trying to use crops that are more adapted to climate change, are some proposals that illustrate this type of solution.

8. Epilogue

Desertification is the loss of the natural fertility or productive capacity of a territory due to climatic variations (which can be droughts, but also wet periods that trigger more intensive land use) and human activity. It is inherent in drylands, where poor water balances slow down nature's metabolism, making this degradation, in its advanced stages, an irreversible problem, at least on a human scale.

In these end-stage phases, when the land has lost its life-force and ends up becoming a wasteland, its low productivity makes it resemble a desert, hence the name by which this process is known. Therefore, we should not equate desertification with the advance of the desert. These are unproductive, but not degraded, sites. In other words, a desert can only give so much because of the little water it receives and the natural lack of vegetation cover and structured soils. The cause of this low productivity is a dryness typical of an arid or hyper-arid climate, but this has not been caused by humans. Conversely, a desertified site has climatic conditions that could lead to higher productivity, but this is not the case because of its degradation.

Although history records several episodes of degradation in various drylands of the planet, the modern age of desertification can be dated back to 1977, when the first United Nations Conference on Desertification was convened. It was a response to the horrifying images of famine in the Sahel shown on television around the world. Rainfall had been higher than usual for some time and the population, attracted by the sudden burst of fertility, had moved into regions that had previously supported only precarious nomadic pastoralism. They then established permanent crops and herds, which flourished for a few years. But the drought that began in 1970 eventually trapped 3 million people between the northern desert and the traditional farmlands further south, whose population had also increased. As a result, resources were depleted and the fertility of the land was exhausted. Between 50,000 and 250,000 people perished, while the livestock lost numbered in the millions. Desertification began to be considered as one of the major environmental disasters on a planetary scale.

From the outset, the fight against desertification has been aimed at combating the symptom. If erosion was the problem, then the aim was to stop it by restoring vegetation cover. If the problem was lack of water, then water was brought from elsewhere or reservoirs were built. This is an approach that requires intervention in the territory and knowledge of how ecosystems function. We need soil scientists to study the soil, hydrogeologists to understand the functioning of groundwater, ecologists and biologists to unravel the mechanisms of ecosystems and, of course, engineers who know how to design forestry or agronomic plantations, calculate structures that store and distribute water, or design mechanisms that use resources more efficiently. The fight against desertification was confined to Earth Sciences and Engineering.

A deeper understanding of the problem has led us to raise issues that take desertification out of this domain. The causes of desertification can generally be explained by overexploitation of resources, but what leads to overexploitation? By opening this door, we enter without hesitation into socio-economic issues and concepts such as opportunity cost, profitability or the land tenure system. The Social Sciences come into play and we take our gaze from the symptom to the true origin of the illness. It is true that this makes things more complicated. It is not enough to simply cover up the wound, but it is necessary to consider a treatment for a disorder that has many facets. Using resources beyond their means may respond, as we have seen in many of the examples we have used, to the need to create a more robust economic and food system, or to eradicate poverty. Diagnosis is then key because it will point out which factors are involved. In this way we can connect the erosion caused by stripping a territory of its natural protective layer to increase the production of a crop, with the demand for that product in a market hundreds or thousands of kilometres away. The problem, then, reveals its true complexity and places us on a third level, which is the ethical one.

Is it right to use natural resources in this way? Do the circumstances justify it? Can we degrade the land to enrich ourselves, or is this only permissible if it is to ensure food for the population? How can this way of using resources be acceptable when we take future generations into consideration? This new perspective puts desertification on the level of a moral dilemma. The challenge ahead, which we cannot take too long to solve, is to rethink the way we use natural resources, which is common to all environmental problems (deforestation, plastic pollution, climate change, species extinction, habitat destruction, etc.).

We can approach these problems in two ways. On the one hand, to continue to put all our chips on technology. It is a widespread view and allows us to continue our way of life. In other words, far from restricting our consumption and backed by recent history, we believe that our ingenuity can reverse the problems we have created and that, although these technologies have their side effects, we will also be able to solve them. For example, if we do not have enough water, we can think about desalinating seawater. If that generates too many carbon emissions, then we will link desalination plants to photovoltaic plants. The impossibility of using this water directly for irrigation, the saline waste discharged into the sea, or the distances over which the water has to be pumped inland, will also be solved by new inventions. So far, this is how we have been getting around difficulties, proponents of technological solutions may argue.

The other, more uncomfortable and uncertain option is to change our way of being in the world. It involves recovering our link with nature, recognising that there are limits that cannot be exceeded, and considering degrowth as a new paradigm. This represents a drastic change in the web of values that currently dominate societies. It involves highlighting issues such as wealth sharing (which we already do, for example, by paying taxes in proportion to income), wasting less food, or matching resource availability. As Martín Caparrós ironically points out in the title of his book *Contra el cambio* (*Against Change*), we do not seem ready for it. For the time being we have only made timid demands, and we feel comfortable, especially in developed countries, endorsing initiatives that we feel are just and that are solved by signing letters of support or making small financial contributions, but without disturbing our lifestyle.

Addressing desertification, and all the mutually reinforcing environmental problems, is probably somewhere in between these two proposals. Technology is the hallmark of our species, and should serve to bring us closer to practical solutions, but it would be a mistake to think that it will solve the problem by itself. If so far — with the greatest technological deployment we know of — all we have done is worsen the natural conditions of our home, planet Earth, we will have to change other things to avoid making the same mistakes, the accumulation of which has brought us to the gates of an uncertain future.

To close this text, in the same way as it was opened, let us use a few quotations as a way of reflection and synthesis. The first is an extract from Verne's *20,000 Leagues Under the Sea* and serves as a reminder of the limits of the planet and the need to match the level of degradation to the Earth's regenerative capacity:

So the Nautilus had to halt in its venturesome course among these tracts of ice.

"Sir," Ned Land told me that day, "if your captain goes any farther...

"Yes?"

"He'll be a superman."

"How so, Ned?"

"Because nobody can clear the Ice Bank. Your captain's a powerful man, but damnation, he isn't more powerful than nature. If she draws a boundary line, there you stop, like it or not!"

The second is attributed to one of the last Native American chiefs in North America, Chief Seattle. These are his final words in response to US President Franklin Pierce "Washington's Big Chief", who made a final offer for a large tract of Indian land before launching the extermination, promising to create a "reservation" for the Native American people. Over time, Chief Seattle's testimony reflects well how overdevelopment ruins development itself, caging us in the painful subsistence economy from which we sought to escape:

Where is the thicket? Gone

Where is the eagle? Gone

The end of living and the beginning of survival.

Acknowledgements

Everything that appears in this book I have heard from the various mentors I have had in my scientific career. In addition to good practical advice, pleasant informal chats and numerous literary and academic recommendations, listening to well-crafted narratives has helped me to put together this text. These contributions would not have resulted in articles or books had it not been for the institutional context, mainly the Spanish National Research Council (Estación Experimental de Zonas Áridas and Instituto de Economía y Geografía) and the Instituto Multidisciplinar para el Estudio del Medio at the University of Alicante, where they were developed. More specifically, I have been able to study desertification in greater depth due to the public funding of the research projects in which I have participated. Without being exhaustive, I will mention the main ones: DeSurvey (European Commission FP6 Contract no. 003950), Biodesert (ERC Grant agreement 647038), and Sumhal (LIFEWATCH-2019-09-CSIC-4, POPE 2014-2020).

I have to go back to the people, the mentors and friends, and the long list of different professionals (clerks, librarians, managers, computer staff) who have made it possible for me to be hired at these centres and for me to carry out my research and studies. To all of them, thank you so much for your support over so many years.

References

AGHAKOUCHAK, A., NOROUZI, H., MADANI, K., MIRCHI, A., AZARDERAKHSH, M., NAZEMI, A., NASROLLAHI, N., FARAHMAND, A., MEHRAN, A., and HASANZADEH, E. (2015). Aral Sea syndrome desiccates Lake Urmia: Call for action. *Journal of Great Lakes Research*, 41(1), 307-311.

ASOCIACIÓN HARMUSCH. (2015). Tras Los Pasos de Valverde: Expediciones Al Sahara Occidental. *Quercus*, 348, 26–33.

ASOCIACIÓN HARMUSCH. (2015). *Expediciones Zoológicas Al Sahara Atlántico.* Ediciones Rodeno.

BIERKENS, M. F. P., and WADA, Y. (2019). Non-renewable groundwater use and groundwater depletion: A review. *Environmental Research Letters*, 14(6), 063002.

BURRELL, A. L., EVANS, J. P., and KAUWE, M. G. (2015). Anthropogenic climate change has driven over 5 million km2 of drylands towards desertification. *Nature Communications*, 2020, 1-11.

CAPARRÓS, M. (2010). *Contra el cambio.* Anagrama. Barcelona.

CASTILLO SÁNCHEZ, V. M. (2022). Ciencia y política contra la desertificación: La respuesta de las instituciones ante un reto global. *Mètode*, 13, 67-73.

CHASEK, P., AKHTAR-SCHUSTER, M., ORR, B. J., LUISE, A., RAKOTO RATSIMBA, H., and SAFRIEL, U. (2019). Land degradation neutrality: The science-policy interface from the UNCCD to national implementation. *Environmental Science and Policy*, 92, 182-190.

CHERLET, M., HUTCHINSON, C., REYNOLDS, J., HILL, J., SOMMER, S., and VON MALTITZ, G. (2018). *World Atlas of Desertification* (M. CHERLET, C. HUTCHINSON, J. REYNOLDS, J. HILL, S. SOMMER, and G. VON MALTITZ (eds.)). Publication Office of the European Union.

COWIE, A. L., ORR, B. J., CASTILLO SANCHEZ, V. M., CHASEK, P., CROSSMAN, N. D., ERLEWEIN, A., LOUWAGIE, G., MARON, M., METTERNICHT, G. I., MINELLI, S., TENGBERG, A. E., WALTER, S., & WELTON, S. (2018). Land in balance: The scientific conceptual framework for Land Degradation Neutrality. *Environmental Science and Policy*, 79, 25-35.

DAVIS, D. K. (2016). *The arid lands. History, power, knowledge.* The MIT Press.

D'ODORICO, P., BHATTACHAN, A., DAVIS, K., RAVI, S., and RUNYAN, C. (2013). Global desertification: Drivers and feedbacks. *Advances in Water Resources*, 51, 326-344.

DEL BARRIO, G., MARTÍNEZ-VALDERRAMA, J., RUIZ, A., SANJUÁN, M. E., and PUIGDEFÁBREGAS, J. (2021). Land degradation means a loss of management options. *Journal of Arid Environments*, 189, 104502.

DELL'ANGELO, J., D'ODORICO, P., and RULLI, M. C. (2017). Threats to sustainable development posed by land and water grabbing. *Current Opinion in Environmental Sustainability*, 26-27, 120-128.

DI LAMPEDUSA, T. (2007). *The leopard.* Penguin.

DREGNE, H. E., AND CHOU, N. T. (1992). Global desertification dimensions and costs. In H. E. DREGNE (Ed.), *Degradation & Restoration of Arid Lands* (pp. 249-282). Texas Tech University Press.

FAMIGLIETTI, J. S., and FERGUSON, G. (2021). The hidden crisis beneath our feet. *Science,* 372(6540), 344-345.

FAO. (2021). *The state of the world's land and water resources for food and agriculture. Systems at breaking point. Synthesis report.* Food and Agriculture Organization of the United Nations.

FERNÁNDEZ-ESCALANTE, E., FOSTER, S., and NAVARRO-BENEGAS, R. (2020). Evolution and sustainability of groundwater use from the Ica aquifers for the most profitable agriculture in Peru. *Hydrogeology Journal,*28(7), 2601-2612.

FENG, X., FU, B., PIAO, S., WANG, S., CIAIS, P., ZENG, Z., LÜ, Y., ZENG, Y., LI, Y., JIANG, X., and WU, B. (2016). Revegetation in China's Loess Plateau is approaching sustainable water resource limits. *Nature Climate Change,* 6(11), 1019-1022.

FRIIS, C., & NIELSEN, J. (2019). Telecoupling. Exploring land-use change in a globalised world (C. FRIIS and J. Ø. NIELSEN (eds.)). Palgrave Macmillan.

GAO, H., BOHN, T. J., PODEST, E., MCDONALD, K. C., and LETTENMAIER, D. P. (2011). On the causes of the shrinking of Lake Chad. *Environmental Research Letters,* 6(3).

GARCÍA-RUIZ, J. M. (2010). The effects of land uses on soil erosion in Spain: A review. *Catena,* 81(1), 1-11.

GARCÍA-RUIZ, J. M., NADAL-ROMERO, E., LANA-RENAULT, N., and BEGUERÍA, S. (2013). Erosion in Mediterranean landscapes: Changes and future challenges. *Geomorphology,* 198, 20-36.

GARCÍA LATORRE, J., and GARCÍA LATORRE, J. (2007). *Almería: hecha a mano. Una historia ecológica.* Cajamar.

GOFFNER, D., SINARE, H., and GORDON, L. J. (2019). The great Green Wall for the Sahara and the Sahel initiative as an opportunity to enhance resilience in Sahelian landscapes and livelihoods. *Regional Environmental Change,* 19(7), 1417-1428.

GOULD, K. A., PELLOW, D. N., and SCHNAIBERG, A. (2004). Interrogating the treadmill of production: Everything you wanted to know about the treadmill but were afraid to ask. *Organisation and Environment,* 17(3), 296-316.

GOYTISOLO, J. (2010). *Níjar Country.* Lumen Books.

GRAINGER, A. (2015). Is Land Degradation Neutrality feasible in dry areas? *Journal of Arid Environments,* 112(2015), 14-24.

HOFFMANN, C., FUNK, R., REICHE, M., and LI, Y. (2011). Assessment of extreme wind erosion and its impacts in Inner Mongolia, China. *Aeolian Research,* 3(3), 343-351.

HUANG, J., YU, H., GUAN, X., WANG, G., and GUO, R. (2016). Accelerated dryland expansion under climate change. *Nature Climate Change,* 6(2), 166-171.

IRVING, W. (2013). *A Tour on the Prairies.* Skyhorse.

JÄCKLE, S. (2022). The Carbon Footprint of Travelling to International Academic Conferences and Options to Minimise It. In K. BJØRKDAHL and A. S. FRANCO

DUHARTE (Eds.), *Academic Flying and the Means of Communication* (pp. 19-52). Palgrave Macmillan Singapore.

JASECHKO, S., and PERRONE, D. (2021). Global groundwater wells at risk of running dry. *Science*, 372, 418-421.

CHIEF SEATTLE (1854). *Letter from Chief Seattle to President Pierce*. https://www.csun.edu/~vcpsy00h/seattle.htm

KUMMU, M., GUILLAUME, J. H. A., DE MOEL, H., EISNER, S., FLÖRKE, M., PORKKA, M., SIEBERT, S., VELDKAMP, T. I. E., y WARD, P. J. (2016). The world's road to water scarcity: Shortage and stress in the 20th century and pathways towards sustainability. *Scientific Reports*, 6, 1-16

KUPER, M., FAYSSE, N., HAMMANI, A., and HARTANI, T. (2016). Liberation or Anarchy? The Janus Nature of Groundwater Use on North Africa's New Irrigation Frontiers. In A. J. JAKEMAN, O. BARRETEAU, R. J. HUNT, J.-D. RINAUDO, and A. ROSS (Eds.), Integrated Groundwater Management (pp. 583-615). RINAUDO, and A. ROSS (Eds.), *Integrated Groundwater Management* (pp. 583-615). Springer Open

LAL, R. (2004). Soil carbon sequestration impacts on global climate change and food security. *Science*, 304(5677), 1623-1627.

LIU, J., HULL, V., BATISTELLA, M., DEFRIES, R., DIETZ, T., FU, F., HERTEL, T. W., IZAURRALDE, R. C., LAMBIN, E. F., LI, S., MARTINELLI, L. A., MCCONNELL, W. J., MORAN, E. F., NAYLOR, R., OUYANG, Z., POLENSKE, K. R., REENBERG, A., DE MIRANDA ROCHA, G., SIMMONS, C. S., ... ZHU, C. (2013). Framing sustainability in a telecoupled world. *Ecology and Society*, 18(2), 26.

LOTKA, A. J. (1956). *Elements of Mathematical Biology*. Dover Publications.

MAESTRE, F. T., BENITO, B. M., BERDUGO, M., CONCOSTRINA-ZUBIRI, L., DELGADO-BAQUERIZO, M., ELDRIDGE, D. J., GUIRADO, E., GROSS, N., KÉFI, S., LE BAGOUSSE-PINGUET, Y., OCHOA-HUESO, R., and SOLIVERES, S. (2021). Biogeography of global drylands. *New Phytologist*, 231(2), 540-558.

MAESTRE, F. T., SALGUERO-GÓMEZ, R., and QUERO, J. L. (2012). It is getting hotter in here: Determining and projecting the impacts of global environmental change on drylands. *Philosophical Transactions of the Royal Society B: Biological Sciences*, 367(1606), 3062-3075

MAESTRE, F. T., and CORTINA, J. (2004). Are Pinus halepensis plantations useful as a restoration tool in semiarid Mediterranean areas? *Forest Ecology and Management*, 198, 303-317.

MAGRAMA. (2008). Programa de Acción Nacional contra la Desertificación. Madrid. Ministerio de Agricultura y Medio Ambiente.

MARTIN-ORTEGA, J. (2023). We cannot address global water challenges without social sciences. *Nature Water*, 1, 2-3

MARTÍNEZ-VALDERRAMA, J. (2018). El riesgo de desertificación: evidencia y elementos para el análisis. In G. DELACÁMARA, J. C. DÍEZ, and F. LOMBARDO (Eds.), El libro blanco de la economía del agua (pp. 149-163). McGraw-Hill.

MARTÍNEZ-VALDERRAMA, J. (2016). *Los desiertos y la desertificación*. Ediciones Catarata.

MARTÍNEZ-VALDERRAMA, J., GUIRADO, E., and MAESTRE, F. T. (2021). Desertificación: nuevos enfoques para un viejo problema. *Ecosistemas*, 30(3), 1–4.

MARTÍNEZ-VALDERRAMA, J., GUIRADO, E., and MAESTRE, F. T. (2022). La vida adaptada a la precariedad: Ecología de las zonas áridas. *Mètode*, 13, 59-65.

MARTÍNEZ-VALDERRAMA, J., GUIRADO, E., and MAESTRE, F. T. (2020). Desertifying deserts. *Nature Sustainability*, 3, 572-575.

MARTÍNEZ-VALDERRAMA, J., IBÁÑEZ, J., DEL BARRIO, G., ALCALÁ, F. J., SANJUÁN, M. E., RUIZ, A., HIRCHE, A., and PUIGDEFÁBREGAS, J. (2018). Doomed to collapse: Why Algerian steppe rangelands are overgrazed and some lessons to help land-use transitions. *Science of the Total Environment*, 613-614, 1489-1497.

MARTÍNEZ-VALDERRAMA, J., GARTZIA, R., OLCINA, J., GUIRADO, E., IBÁÑEZ, J., and MAESTRE, F. T. (2023). Uberizing Agriculture in Drylands: A Few Enriched, Everyone Endangered. *Water Resources Management*, 38, 193-214.

MARTÍNEZ-VALDERRAMA, J., OLCINA, J., DELACÁMARA, G., GUIRADO, E., and MAESTRE, F. T. (2023). Complex Policy Mixes are Needed to Cope with Agricultural Water Demands Under Climate Change. *Water Resources Management*, 37, 2805-2834.

MARTÍNEZ-VALDERRAMA, J., SANJUÁN, M. E., BARRIO, G., GUIRADO, E., RUIZ, A., and MAESTRE, F. T. (2021). Mediterranean Landscape Re-Greening at the Expense of South American Agricultural Expansion. *Land*, 10(2), 204.

MARTÍNEZ FERNÁNDEZ, J., ESTEVE-SELMA, M. Á., CONTRERAS, S., and BRU RONDA, C. (2002). *Agua, regadío y sostenibilidad en el Sudeste ibérico* (J. MARTÍNEZ FERNÁNDEZ and M. Á. ESTEVE-SELMA (eds.)). Bakeaz.

MARTÍNEZ VICENTE, J.S. and REQUENA RODRÍGUEZ, A. (1988). *Simulación dinámica por ordenador*. Alliance.

MEA (MILLENIUM ECOSYSTEM ASSESSMENT). (2005). *Ecosystems and human well-being: Desertification synthesis*. World Resources Institute.

MICKLIN, P., ALADIN, N. V., and PLOTNIKOV, I. (2014). *The Aral Sea*. Springer.

MIRZABAEV, A., J. WU, J. EVANS, F. GARCÍA-OLIVA, I.A.G. HUSSEIN, M.H. IQBAL, J. KIMUTAI, T. KNOWLES, F. MEZA, D. NEDJRAOUI, F. TENA, M. TÜRKE⊠, R.J. VÁZQUEZ, M. W. (2019). Desertification. In J. M. P.R. SHUKLA, J. SKEA, E. CALVO BUENDIA, V. MASSON-DELMOTTE, H.-O. PÖRTNER, D.C. ROBERTS, P. ZHAI, R. SLADE, S. CONNORS, R. VAN DIEMEN, M. FERRAT, E. HAUGHEY, S. LUZ, S. NEOGI, M. PATHAK, J. PETZOLD, J. PORTUGAL PEREIRA, P. VYAS, E. HUNTLEY, K. KISSICK, M. (Ed.), *Climate Change and Land: an IPCC special report on climate change, desertification, land degradation, sustainable land management, food security, and greenhouse gas fluxes in terrestrial ecosystems* (pp. 249-343). UNEP.

NABHAN, G. P., RIORDAN, E. C., MONTI, L., REA, A. M., WILDER, B. T., EZCURRA, E., MABRY, J. B., ARONSON, J., BARRON, J., BARRON, E., MABRY, J. B., ARONSON, J., BARRON-GAFFORD, G. A., GARCÍA, J. M., BÚRQUEZ, A., CREWS, T. E., MIROCHA, P., and HODGSON, W. C. (2020). An Aridamerican model for agriculture in a hotter, water scarce world. *Plants, People, Planet*, 2, 627-639.

ORR, B. J., COWIE, A. L., CASTILLO, V. M., SANCHEZ, P., CHASEK, N. D., CROSSMAN, ERLEWEIN, A., LOUWAGIE, G., MARON, M., METTERNICHT, G. I., MINELLI, S., TENGBERG, A. E., WALTER, S., and WELTON, S. (2017). *Scientific*

Conceptual Framework for Land Degradation Neutrality. A report of the Science-Policy Interface. In United Nations Convention to Combat Desertification-UNCCD.

JÄCKLE, S. (1999). *Pillar of Sand: Can the Irrigation Miracle Last?* WW Norton & Company, World Watch Institute.

PRINCE, S. D. (2016). Where Does Desertification Occur? Mapping Dryland Degradation at Regional to Global Scales. In R. BEHNKE and M. MORTIMORE (Eds.), *The End of Desertification? Disputing Environmental Change in the Drylands* (pp. 225-263). Springer.

PUIGDEFÁBREGAS, J. (1995). Desertification: Stress beyond resilience, exploring a unifying process structure. *Ambio,* 24(5), 311-313.

PUIGDEFÁBREGAS, J. (1995): Erosion and desertification in Spain. *Campo,* 132: 63-83.

REYNOLDS, J. F. (2021). Desertification is a prisoner of history: An essay on why young scientists should care. *Ecosistemas,* 30(3), 2302.

REYNOLDS, J. F., KEMP, P. R., OGLE, K., and FERNANDEZ, R. J. (2004). Modifying the "pulse-reserve" paradigm for deserts of North America: Precipitation pulses, soil water, and plant responses. *Oecologia,* 141(2), 194-210.

REYNOLDS, J. F., and STAFFORD SMITH, D. M. (2002). Do humans cause deserts? In J. F. REYNOLDS and D. M. STAFFORD SMITH (Eds.), *Global Desertification: Do Humans Cause Deserts?* Dahlem Workshop Report 88 (pp. 1-21).

RODRÍGUEZ ROS, P. (2023). *El mar que muere.* Editorial Balduque

RONG, J. (2008). *Wolf totem.* Penguin Books.

SAFRIEL, U. (2017). Land degradation neutrality (LDN) in drylands and beyond – where has it come from and where does it go. *Silva Fennica,* 51(1), 1-19.

SANJUÁN, M.E.; DEL BARRIO, G.; RUIZ, A.; ROJO, L.; PUIGDEFÁBREGAS, J. and MARTÍNEZ, A. (2014): Evaluación y seguimiento de la desertificación en España: Mapa de la Condición de la Tierra 2000-2010. Ministerio de Agricultura, Alimentación y Medio Ambiente, Madrid.

SCANLON, B. R., FAKHREDDINE, S., RATEB, A., GRAAF, I. DE, FAMIGLIETTI, J., GLEESON, T., GRAFTON, R. Q., JOBBAGY, E., KEBEDE, S., KOLUSU, S. R., KONIKOW, L. F., and LONG, D. (2023). Global water resources and the role of groundwater in a resilient water future. *Nature Reviews Earth & Environment,* 4, 87–101.

SCHUBERT, S. D., SUAREZ, M. J., PEGION, P. J., KOSTER, R. D., and BACMEISTER, J. T. (2004). On the Cause of the 1930s Dust Bowl. *Science,* 303, 1855–1859.

SIMS, N. C., NEWNHAM, G. J., ENGLAND, J. R., GUERSCHMAN, J., COX, S. J. D., ROXBURGH, S. H., VISCARRA ROSSEL, R. A., FRITZ, S., and WHEELER, I. (2021). *Good Practice Guidance. SDG Indicator 15.3.1, Proportion of Land That Is Degraded Over Total Land Area.* Version 2.0.

STEFFEN, W., BROADGATE, W., DEUTSCH, L., GAFFNEY, O., and LUDWIG, C. (2015). The trajectory of the Anthropocene: The Great Acceleration. *The Anthropocene Review,* 2(1), 81-98.

STEINBECK, J. (1939). *The Grapes of Wrath.* The Viking Press-James Lloyd.

STRINGER, L. C., MIRZABAEV, A., BENJAMINSEN, T. A., HARRIS, R. M. B., JAFARI, M., LISSNER, T. K., STEVENS, N., and TIRADO-VON DER PAHLEN, C. (2021). Climate change impacts on water security in global drylands. *One Earth*, 4(6), 851-864.

UNCCD. (2022). The Global Land Outlook, second edition. UNCCD.

UNEP-WCMC. (2007). A spatial analysis approach to the global delineation of dryland areas of relevance to the CBD Programme of Work on Dry and Sub-humid Lands. Dataset based on spatial analysis between WWF terrestrial ecoregions (WWF-US, 2004) and aridity zones (CRU/UEA; UNEPGRID, 1991).

UNEP. (2006). Global Deserts Outlook (E. EZCURRA (ed.)). UNEP (United Nations Environmental Programme).

VERNE, J. (2001). *Twenty Thousand Leagues Under the Seas.* Hieronymus Press.

VOLTERRA, V. (1931). Variations and fluctuations of the number of individuals in animal species living together. In B. M. Chapman (Ed.), *Animal Ecology* (pp. 409-448). McGraw-Hill.

WADA, Y., VAN BEEK, L. P. H., VAN KEMPEN, C. M., RECKMAN, J. W. T. M., VASAK, S., & BIERKENS, M. F. P. (2010). Global depletion of groundwater resources. *Geophysical Research Letters,* 37(20), L20402.

YU, Y., FENG, K., and HUBACEK, K. (2013). Tele-connecting local consumption to global land use. *Global Environmental Change,* 23(5), 1178-1186.

ZHANG, X., ZHANG, L., HE, C., LI, J., & JIANG, Y. (2014). Quantifying the impacts of land use / land cover change on groundwater depletion in Northwestern China – A case study of the Dunhuang oasis. *Agricultural Water Management,* 146, 270-279.

Biography

Jaime Martínez Valderrama holds a Ph.D. in Agricultural Engineering from the Polytechnic University of Madrid. He is a specialist in Desertification and Global Change and serves as a tenured scientist at the Experimental Station of Arid Zones within the Spanish National Research Council (CSIC). His research is grounded in a holistic approach to socio-ecological systems. His aim is to analyze, within a unified framework, the processes of dryland degradation, their socio-economic causes, and potential solutions in order to timely counteract a problem that often leads to permanent land degradation.

He has dedicated a significant portion of his research activity to the development of dynamic simulation models, with a particular focus on grazing systems and irrigated agriculture based on groundwater exploitation. He has also taught various courses and seminars, and organized conferences on these subjects, publishing dozens of research papers in high-impact scientific journals. He has contributed to over 30 national and international research projects related to desertification and played a role in developing an early warning tool for desertification risk in the National Action Program against Desertification. Currently, he is a member of the expert group for the National Strategy to Combat Desertification.

Integrating science with his role as a writer, he has devoted a considerable part of his efforts to scientific outreach. Notable in this context are his books "Deserts and Desertification" and "Expeditions to the Atlantic Sahara," co-written in collaboration with the Harmusch Association, of which he is a founding member. Additionally, he collaborates with various blogs and platforms dedicated to scientific communication, such as The Conversation, Naukas, or La cuadratura del círculo, and serves as the editor of the blog Arida Cutis, dedicated to the study and dissemination of the importance of drylands.